LANGENSCHEIDTS
PRAKTISCHE LEHRBÜCHER

LANGENSCHEIDTS
PRAKTISCHES LEHRBUCH
HEBRÄISCH

von
DR. MANUEL WIZNITZER

LANGENSCHEIDT
BERLIN · MÜNCHEN · WIEN · ZÜRICH · NEW YORK

Langenscheidts Praktisches Lehrbuch Hebräisch
Ein Standardwerk für Anfänger
von Dr. Manuel Wiznitzer
unter Mitarbeit von Dr. Barbara Linner und Dirk Bültmann

Zeichnungen: Barbara Köhler (S. 104, 105), Polyglott Verlag (S. 178, 179),
alle übrigen: Janusz Korterman Jauch
Karten und Stadtpläne: Polyglott Verlag (S. 96, 148)
Foto: Dr. Aribert Linner (S. 153)

Ein Schlüssel zu den Übungen ist gesondert lieferbar.
*Es empfiehlt sich, zu diesem Lehrbuch auch die zwei Begleitcassetten zu
verwenden.*
Sie enthalten die Lesetexte der Lektionen 1–21 sowie Ausspracheübungen.
*Schlüssel (Best.-Nr. 26165) und Cassetten (Best.-Nr. 80416) sind im Buchhandel
erhältlich.*

*Titelfoto: Jaffa, alter Hafen mit Leuchtturm
(APA Photo Agency, Gary John Norman)*

| *Auflage:* | 6. | 5. | 4. | 3. | | *Letzte Zahlen* |
| *Jahr:* | 02 | 01 | 2000 | 1999 | | *maßgeblich* |

© 1996 Langenscheidt KG, Berlin und München
Druck: Druckhaus Langenscheidt, Berlin-Schöneberg
Printed in Germany / ISBN 3-468-26160-8

Vorwort

Langenscheidts Praktisches Lehrbuch Hebräisch ermöglicht dem Anfänger einen grundlegenden Einstieg in die geschriebene und gesprochene hebräische Sprache. Der Kurs beginnt mit einer schrittweisen Einführung in Aussprache und Schrift, ergänzt durch Lese- und Schreibübungen zu den Konsonanten.
Daran schließen sich 21 Lektionen an, die in jeweils drei Teile gegliedert sind:
– Teil A bietet einen Text mit den dazugehörigen Vokabeln und Redewendungen
– Teil B bringt einen leichtverständlichen Kommentar zu den im Lektiontext vorkommenden grammatischen Strukturen
– Teil C enthält die zugehörigen Übungen.
Im Anhang des Lehrbuchs finden Sie die Übersetzungen sämtlicher Lektionstexte.
Die hebräische Schrift basiert auf konsonantischen Wortstrukturen, d. h. Vokale sind im modernhebräischen Schriftbild häufig nicht zu erkennen. Es gibt jedoch Vokalzeichen zur Verdeutlichung der Vokale, wie sie zunächst für liturgische und biblische Texte verwendet wurden, die sogenannte Punktierung.
Da dem europäischen Lernenden nicht nur die Sprache, sondern vor allem auch die andersartige Schrift nähergebracht werden muß, sind die Texte der Lektion 1–10 mit vollständiger Punktierung wiedergegeben. Das erleichtert den Einstieg in grammatische Strukturen und schafft Klarheit bei der Aussprache. Zusätzlich sind die Texte der ersten fünf Lektionen in besonders großer Schrift gesetzt.
Tageszeitungen und Bücher werden in Israel allerdings in der Regel ohne Vokalisierung gedruckt. Um den Lernenden so bald wie möglich auch an dieses Schriftbild zu gewöhnen, wird die Punktierung in den Lesetexten ab der 11. Lektion schrittweise eingeschränkt.
In den Vokabelteilen dagegen sind die hebräischen Wörter durchgehend sowohl vokalisiert als auch in Lautschrift dargeboten, um den Lernstoff möglichst leicht zugänglich zu machen.
Sämtliche Grammatik- und Vokabelteile sind durchgängig mit internationaler Lautschrift (IPA) versehen. So können auch Anfänger das Buch als Nachschlagewerk zur Grammatik benutzen.
Dieses Lehrbuch wird ergänzt durch zwei Begleitcassetten (Bestell-Nr. 80416) mit ersten, einfachen Aussprachübungen und sämtlichen Lektionstexten.
Von den ersten acht Lektionstexten gibt es je zwei Aufnahmen:
– in langsamer Geschwindigkeit, um den Text für den Anfänger zu erschließen
– mit normaler Sprechgeschwindigkeit zum Auf- und Ausbau des Hörverständnisses.
Bis Lektion 15 werden auch jeweils neue Vokabeln langsam vorgesprochen.
Ein Schlüssel (Bestell-Nr. 26165) zu den Übungen aller Lektionen des Lehrbuchs ist ebenfalls gesondert erhältlich.
Wir wünschen Ihnen viel Spaß und Erfolg beim Lernen!

DER VERLAG

Inhaltsverzeichnis

Nr.	Lesetext	Grammatikschwerpunkte
1	הַסְטוּדֶנְט דָּנִיאֵל	Der Artikel 37 Das Verb 37 „sein" im Präsens 38 Die Konjunktion וְ „und" 38 Die Präpositionen בְּ „in" und לְ „nach, zu" 38 כָּל „ganz" 39
2	מִשְׁפָּחָה יִשְׂרְאֵלִית	Das Geschlecht der Substantive 41 Das Adjektiv 42 Die Präposition בְּ „in" + Artikel 43 Das Verb 43
3	מִכְתָּב מִתֵּל-אָבִיב	Die Präposition לְ „zu, nach" + Artikel 47 Das Personalpronomen 47 Konjugation eines Verbs im Präsens 47 Das Demonstrativpronomen זֶה , זֹאת „dieser, dieser" 48 Das Verneinungswort לֹא „nein, nicht" 48 יֵשׁ „es gibt" / אֵין „es gibt nicht" 48

Grammatikalische Fachausdrücke und ihre Erklärung

Adjektiv = Eigenschaftswort: das *weiße* Tuch

adjektivisch = als Eigenschaftswort gebraucht

Adverb = Umstandswort: Er spricht *ruhig*

Akkusativ = 4. Fall, Wenfall: Er holt das Buch für *den Vater*

Aktiv = Tätigkeitsform: Er *geht* in die Schule

Apposition = Beisatz; Attribut in Form eines Substantivs: Paris, *die Hauptstadt Frankreichs*, ist groß

Artikel = Geschlechtswort: *der, die, das, ein, eine, ein*

Attribut = Beifügung, Eigenschaft: Das *junge* Mädchen ist hübsch

Dativ = 3. Fall, Wemfall: Ich schreibe *ihm* einen Brief

Deklination = Beugung des Hauptwortes: Nominativ - *der Bruder*, Genitiv - *des Bruders*, Dativ - *dem Bruder*, Akkusativ - *den Bruder*

Demonstrativpronomen = hinweisendes Fürwort: *dieser, jener*

Dual = Mehrzahlform für Dinge, die paarweise auftreten, z.B. Körperteile oder bestimmte Kleidungsstücke (Schuhe usw.)

Femininum = weibliches Geschlecht, weibliches Hauptwort (Abkürzung: *f*)

Futur = Zukunftsform: Ich *werde essen*

Genitiv = 2. Fall, Wesfall: Das ist der Hund *meines Vaters*

Imperativ = Befehlsform: *Komm!*

Imperfekt = Vergangenheitsform: ich *schlief*

Infinitiv = Nennform, Grundform des Verbs: *laufen, schreiben*

Intensiv = Aktionsart des Verbs, die sich wiederholende Vorgänge ausdrückt

intransitiv(es Verb) = ohne Ergänzung im Akkusativ, nicht zielend: *Der Vogel fliegt*

kausativ = Aktionsart des Verbs; eine Handlung, die eine andere Handlung oder einen Zustand verursacht: *töten*

Komparativ = 1. Steigerungsform: *schöner, größer*

Konjugation = Beugung des Zeitworts: *ich laufe, du läufst* usw.

Konjunktion = Bindewort: Die Frau ist traurig, *weil* sie keine Post bekommt

Konsonant = Mitlaut; *b, d, f* usw.

Maskulinum = männliches Geschlecht, männliches Hauptwort (Abkürzung: *m*)

Modalverb = Zeitwort, das Art und Weise des Geschehens bezeichnet: *sollen, können, müssen*

Negation = Verneinung

Nomen = Hauptwort: das *Buch*

Nominativ = 1. Fall, Werfall: *Das Kind* spielt im Garten

Objekt = Satzergänzung: Der Mann schreibt *den Brief*

Partizip = Mittelwort: *gebacken, backend*

Passiv = Leideform: Das Haus *wird* von den Arbeitern *gebaut*

Personalpronomen = persönliches Fürwort: *ich, du, er, sie* usw.

Plural = Mehrzahl: Bücher, Tische (Abkürzung: *Pl*)

Possessivpronomen = besitzanzeigendes Fürwort: *mein, dein, unser, euer* usw.

prädikativ = aussagend

Präfix = Vorsilbe: *ab*fahren, *an*kommen

Präposition = Verhältniswort: *auf, gegen, mit, unter* usw.

Präsens = Gegenwart: ich *gehe*

Pronomen = Fürwort: *er, sie, es*

reflexiv = rückbezüglich: er wäscht *sich*

Reflexivpronomen = rückbezügliches Fürwort: *mich, dich, sich*

Relativpronomen = bezügliches Fürwort: Wo ist das Buch, *das* ich gekauft habe?

Relativsatz = Nebensatz, der mit einem bezüglichen Fürwort eingeleitet wird

Singular = Einzahl: Buch, Tisch

Subjekt = Satzgegenstand: *Das Kind* spielt mit der Katze

Substantiv = Hauptwort: *der Tisch*

Suffix = Endung, Ableitungssilbe: Acht*ung*

Superlativ = Höchststufe bei der Steigerung des Eigenschaftswortes: *am höchsten, am besten*

Syntax = Satzlehre; beschreibt den Aufbau von Sätzen und Wortgruppen

transitiv = mit Ergänzung im Akkusativ, zielend: Ich *begrüße* einen Freund

Verb = Zeitwort: *gehen, kommen*

Vergangenheitsform = ich *schlief*

Vokal = Selbstlaut: *a, e, i, o, u*

Wurzel = Grundlage eines hebräischen Wortes, meist aus drei Stammkonsonanten bestehend

Einleitung

1. Die Konsonanten

Das hebräische Alphabet besteht aus 22 Konsonanten, die aneinandergereiht werden, und zwar von rechts nach links (wie das Arabische und andere semitische Sprachen). Es gibt eine Druckschrift (auch Quadratschrift genannt) und eine Kurrentschrift (auch Kursivschrift genannt). Die Konsonanten der Quadratschrift werden nicht miteinander verbunden; einige Konsonanten der Kursivschrift können auch verbunden werden.

In der vokalisierten Schrift erhalten die Konsonanten ‫ב‬ bet, ‫כ‬ kaf und ‫פ‬ pe (Lippen- und Kehllaute) in der Mitte einen Punkt, genannt „Dagesch" („Betonung"): ‫בּ‬ , ‫כּ‬ , ‫פּ‬. Ohne Punkt werden sie anders ausgesprochen: ‫ב‬ wie deutsches w, ‫כ‬ wie gutturales ch, ‫פ‬ wie deutsches f (s. Übersicht). In vokalisierten Texten haben diese drei Buchstaben am Wort- und Silbenanfang immer ein „Dagesch" (s. Übersicht).

Bei anderen Konsonanten bezeichnet der „Dagesch" die Verdoppelung, die in der Aussprache nicht hörbar ist.

Der Konsonant ‫ו‬ waw wird durch einen Punkt zu einem Vokal: zu ‫וּ‬ u, wenn der Punkt in der Mitte, zu ‫וֹ‬ o, wenn der Punkt oben steht (s. Vokalübersicht).

Der Konsonant ‫ש‬ wird wie das deutsche sch ausgesprochen, wenn der Punkt rechts oben (‫שׁ‬), wie Doppel-s (ß), wenn der Punkt links oben steht (‫שׂ‬).

Fünf Konsonanten haben besondere, meist längere Schreibformen, wenn sie am Wortende stehen (s. Übersicht).

2. Die Vokale

Vokale werden im Hebräischen nicht durch Buchstaben, sondern durch Zeichen (Punkte und Striche, auch Punktierung genannt) ausgedrückt (s. Übersicht „Die Vokalzeichen"). Die Konsonanten ‫א‬, ‫ה‬ (am Wortende), ‫ו‬ und ‫י‬ können als Lesehilfe auch Vokale bezeichnen.

Ursprünglich besaß die hebräische Sprache keine Vokalzeichen; Vokale wurden zwar gesprochen, aber nicht geschrieben. Erst als Hebräisch nicht mehr die Umgangssprache in Palästina war, wurden Vokalzeichen erfunden, um eine einheitliche Aussprache für Bibel und Literatur zu gewährleisten. Im modernen Hebräisch verwendet man Vokalzeichen nur in Wörterbüchern, in der Poesie, in Lehr- und Kinderbüchern sowie in Zeitungen und in Lesestoff für Neueinwanderer. Tageszeitungen und Bücher werden in Israel ohne jede Vokalzeichensetzung gedruckt.

Da die Punktierung lediglich als Brücke zum Verständnis hebräischer Texte dienen soll, genügt die „passive Kenntnis" der Vokalzeichen. Der Lernende sollte so bald wie möglich in der Lage sein, hebräische Texte ohne Vokalzeichen zu lesen. Im vorliegenden Lehrbuch wird die Vokalbezeichnung in den Lesetexten von der 11. Lektion an eingeschränkt, ab der 16. Lektion werden nur noch neue Vokabeln punktiert. In den Lektionen 20 und 21 erscheinen die Lesetexte völlig ohne Vokalzeichen.

3. Allgemeine Übersicht über das hebräische Alphabet

Name des Buchstabens	Druckschrift	Kursive Schrift	Lautwert	Lautschrift
Alef	א	ℂ	–	nur Vokalträger bzw. „Trennlaut"
Bet (Wet)	(ב) בּ	(כ) בּ	b (w,v)	b (v)
Gimmel	ג	₹	g	g
Dalet	ד	₹	d	d
He	ה	ה	h	h
Waw	ו	I	w, v	v, u, o
Sajin	ז	ز	s weich, wie in „Sonne"	z
Chet	ח	ח	ch Kehllaut, wie in „Buch"	x
Tet	ט	ﻉ	t	t
Jod, Jud	י	?	j wie in „ja"	j, i
Kaf (Chaf)	(כ) כּ	(כ) כּ	k (ch = Kehllaut)	k (x)
Lamed	ל	ſ	l	l
Mem	ם מ	N	m	m
Nun	נ	J	n	n
Samech	ס	O	ß	s
Ajin	ע	ﻉ	–	nur Vokalträger bzw. „Trennlaut"
Pe (Fe)	(פ) פּ	(פ) פּ	p (f)	p (f)
Zade	צ	3	z wie in „Zahl"	ts
Kof, Kuf	ק	ק	k	k
Resch	ר	)	r	r
Schin (Sin)	(שׂ) שׁ	(ﻉ) ﻉ	sch (ß)	ʃ (s)
Tav	ת	ת	t	t

Nur in orientalischen Ländern unterscheidet man in der Aussprache zwischen א und ע, ה und כ. Ein phonetischer Unterschied zwischen den Lauten ט und ת, כ und ק besteht heute nicht mehr.

14

Die Buchstaben כ מ נ פ צ haben besondere Formen als Endbuchstaben am Ende des Wortes:

Name des Buchstabens	Druckschrift	Kursive Schrift	Lautwert	Lautschrift
Schluß-Chaf	ך	⌐	ch (Kehllaut)	x
Schluß-Mem	ם	℗	m	m
Schluß-Nun	ן	∤	n	n
Schluß-Fe	ף	℘	f	f
Schluß-Zade	ץ	℘	z	ts

4. Die Vokalzeichen („Punktierung")

Lange Vokale		Kurze Vokale	
◻	= a	◻	= a
◻	= é	◻	= e, ä
◻	= i	◻	= i
◻ וֹ◻	= o*	◻	= o
ו◻	= u	◻	= u

Der Längenunterschied zwischen langen und kurzen Vokalen ist in der modernen hebräischen Sprache unbeträchtlich.

5. Das Zeichen „Schva"

Wenn unter einem Konsonanten kein Vokalzeichen steht, so erhält er das Zeichen „Schva" (◻). Am Anfang einer Silbe wird ein Schva wie ein kurzes e ausgesprochen (wie im deutschen Wort *bekannt* – Lautschrift: [ə]). Man nennt es dann ein „schwebendes Schva". Beispiel: מְדַבֵּר [mədabér] *spricht*.
Am Ende einer Silbe bleibt das Schva stumm. Man nennt es ein „ruhendes Schva".**
Beispiel: שֻׁלְחָן [ʃulxan] *Tisch*.
Ein stummes Schva erscheint nicht in der Lautschrift. Am Wortende steht gewöhnlich kein Schva.
Unter den Konsonanten ע , ח , ה , א kann kein schwebendes, hörbares Schva stehen. Stattdessen benutzt man einen der drei Halbvokale (s. unter „Halbvokale").

---

* Der Vokal o ist immer offen, wie im deutschen Wort *„Post"*.
** Das Zeichen Schva existiert auch in der indogermanischen Sprachwissenschaft („Schva mobile" und „Schva quiescens") und bezeichnet auch hier den Murmelvokal [ə].

In der heute üblichen Aussprache bleibt das schwebende Schva auch am Wortanfang stumm, wenn die Konsonanten bequem gesprochen werden können.

Beispiel: כְּלָל [klal] *Regel.*

Gehört es aber zu einem Präfix, wird es immer ausgesprochen.

Beispiel: מְדַבֵּר [mədabér] *spricht.*

6. Die Halbvokale

Ein Halbvokal besteht aus einem Vokal und dem Zeichen Schva. Er steht gelegentlich als kurzer Vokal anstelle eines normalen Vokalzeichens, wobei die Aussprache fast die gleiche ist. Ein Halbvokal steht ferner unter den Konsonanten ע , ח , ה , א anstelle eines Schva, um die Aussprache zu erleichtern (s. auch unter 5. Das Zeichen „Schva").

Es gibt nur drei Halbvokale: ⃞ (a), ⃞ (ä), ⃞ (o). Letzteres wird gewöhnlich wie ein kurzes o ausgesprochen.

⃞ = a	⃞ = ä	⃞ = o

7. Betonung

Hebräische Wörter werden meist auf der letzten Silbe betont. Wenn dies nicht der Fall ist, so wird in der Lautschrift vor der betonten Silbe das Betonungszeichen ' gesetzt (z.B. ['aba]).

8. Lautschrift

Die Lautschrift in diesem Buch richtet sich im allgemeinen nach der internationalen phonetischen Umschrift für Fremdsprachen. Da sämtliche Laute der modernen hebräischen Sprache auch im Deutschen vorhanden sind, bereitet die Aussprache des Hebräischen keine Schwierigkeiten. Man achte besonders auf folgende Buchstaben der Lautschrift:

Lautschrift	Lautwert im Deutschen
x	ch (wie in Buch)
s	ß (wie in Bus)
v	w (wie in Wein)
z	s (wie in Sonne)

Lautschrift	Lautwert im Deutschen
ʃ	sch (wie in S<u>ch</u>ule)
ə	kurzes e (wie in B<u>e</u>ruf)
é	langes e (wie in S<u>ee</u>le)
éi	ei (wie in engl. l<u>a</u>te, d<u>ay</u>)
e	offenes e (wie in g<u>e</u>lb, sp<u>ä</u>t)

Alle anderen Buchstaben der Lautschrift werden wie die entsprechenden deutschen Buchstaben ausgesprochen.

Der Apostroph (ʹ) bezeichnet die Trennung von zwei Vokalen, von denen jeder gesondert ausgesprochen wird (z.B. [haʹav]), was meist in Verbindung mit den Konsonanten א [alef] und ע [ajin] auftritt.

9. Wortbildung

Die meisten hebräischen Wörter bestehen aus drei Stammkonsonanten, die die Grundbedeutung des Wortes vermitteln. Mit Hilfe von Vokalen, Präfixen und Endungen werden Wortfamilien gebildet, wobei die drei Stammkonsonanten die Grundpfeiler oder „Wurzel" der Wörter sind. So vermitteln z.B. die drei Konsonanten

ל – מ – ד   L – M – D

den Begriff des Lernens und ermöglichen die Bildung zahlreicher Wörter auf diesem Gebiet:

לוֹמֵד	loméd	*(er) lernt*
לָמַד	lamad	*(er) lernte*
מְלַמֵּד	məlaméd	*(er) lehrt*
תַּלְמִיד	talmid	*Schüler*
תַּלְמִידָה	talmida	*Schülerin*
תַּלְמוּד	talmud	*Lehre, Talmud*
לִמּוּד	limud	*(das) Lernen*
לִמּוּדִים	limudim	*Studium*
מְלֻמָּד	məlumad	*Gelehrter*

Es gibt auch hebräische Wörter mit zwei oder mit vier Stammkonsonanten, z.B.:
גַּן gan *Garten*; שֻׁלְחָן ʃulxan *Tisch*.

10. Lese- und Schreibübungen zu den Konsonanten

Kursiv: ℟   Alef = א

א ist ein stummer Konsonant. Es kann aber Träger eines Vokals sein, besonders am Anfang eines Wortes. Zwischen zwei Vokalen wird es als Trennlaut verwendet, die Lautschrift ist dann ʲ (Apostroph).

Lese- und Schreibübung:

אֱ   אֶ   אוֹ   אַ   אְ   אִי   אָ   אֵי   אֻ   אֹ   אֲ

....

....

Bedeutung und Aussprache hebräischer Wörter:

אוֹ   o   oder   אִי   i   Insel

Kursiv: יִ   Bet = בּ
Aussprache (mit Punkt): b. Lautschrift: [b]

Bekommt am Anfang eines Wortes oder einer Silbe (nach ruhendem Schva) immer einen Punkt.

Kursiv: ﬞ   Vet = ב
Aussprache (ohne Punkt): w, v. Lautschrift: [v]

Lese- und Schreibübung:

בְּ   בָּא   בְ   בוֹ   בִּי   בֵּ   בָא   אַבָּא

....

....

Bedeutung und Aussprache hebräischer Wörter:

בָּא	ba	(er) kommt	אַבָּא	'aba	Papa
אָב	av	Vater	אָבִיב	aviv	Frühling
בְּ	bə	in			

18

Kursiv: ℷ　　　　　　　　　# Gimmel = ﬁ

Aussprache: g. Lautschrift: [g]
Bekommt am Anfang eines Wortes oder einer Silbe (nach ruhendem Schva) immer
einen Punkt (ohne Veränderung der Aussprache).

Lese- und Schreibübung:

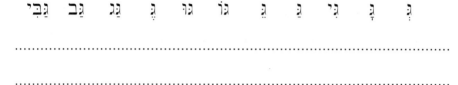

גְּבִי   גַּב   בַּג   גַּג   גֶ   גֻ   גוּ   גוֹ   גֵ   גַ   גִי   גָ   גְ

....

....

Bedeutung und Aussprache hebräischer Wörter:

| גַּג | gag | *Dach* | גַּב | gav | *Rücken* |
| גְּבִי | 'gabi | *Gabi* (Name) | אַגַּב | agav | *übrigens* |

Kursiv: ﬃ　　　　　　　　　# Dalet = ד

Aussprache: d. Lautschrift: [d]
Bekommt am Anfang eines Wortes oder einer Silbe (nach ruhendem Schva) immer
einen Punkt (ohne Veränderung der Aussprache).

Lese- und Schreibübung:

בֶּגֶד   בַּד   דָּג   דְ   דָ   דוּ   דוֹד   דוֹ   בּוֹדֵד   דֹב

....

....

Bedeutung und Aussprache hebräischer Wörter:

דּוֹד	dod	*Onkel*	בּוֹדֵד	bodéd	*einzeln, einsam*
דָּג	dag	*Fisch*	בַּד	bad	*Stoff*
בֶּגֶד	'beged	*Kleidung*	גַּד	gad	*Gad* (Name)
דֹב	dov	*Bär*			

19

Kursiv: ה)   He = ה

Aussprache: h. Lautschrift: [h]
Ist am Wortende stumm und erscheint nicht in der Lautschrift. Die Endsilbe הָ◻ (mit
Punkt) wird wie a ausgesprochen.

Lese- und Schreibübung:

הַד הִיא הוּא הוֹ הֹ הֵ הֶ הַ הָ

....

....

דְּאָגָה אַהֲבָה הַבָּבָה הַדּוֹדָה הָאָב הַדּוֹד הֶגֶה

....

....

Bedeutung und Aussprache hebräischer Wörter:

הָ , הַ	ha	der, die, das	הָאָב	haʲav	der Vater
הוּא	hu	er	בֻּבָּה	buba	Puppe
הִיא	hi	sie	אַהֲבָה	ahava	Liebe
הֵד	héd	Echo	דְּאָגָה	dəʲaga	Sorge
הֶגֶה	ʼhege	Steuer(rad)	הַדּוֹד	hadod	der Onkel
הַדּוֹדָה	hadoda	die Tante			

Kursiv: ו   Waw = ו

Aussprache als Konsonant: w, v. Lautschrift: [v].
(s. auch Vokale וֹ o und וּ u).

Lese- und Schreibübung:

וְגָד דָוִד וַדַּאי וָו וָן וֶ וַ וְ וִי וֻ וֹ וְ

....

....

הוּא וְהִיא. הָאָב בָּא. הַבָּבָה וְהַדֹּב.

....

....

Bedeutung und Aussprache hebräischer Wörter:

וְ ...	və	*und*	אָבִי	avi	*mein Vater*
וָו	vav	*Haken*	יְהוּדָה	jə'huda	*Jehuda* (Name)
וַדַּאי	vadai	*gewiß*	דָוִד	david	*David* (Name)

Kursiv: ʓ   Sajin = ז

Aussprache: weiches s, wie in Sonne. Lautschrift: [z].

Lese- und Schreibübung:

אֱגוֹז אַוָּז זוּג זֶהוּ זְבוּב זְאֵב זָהָב זֶה זָז זוּ זִי

....

....

Bedeutung und Aussprache hebräischer Wörter:

זָז	zaz	*(er) rückt, bewegt sich*	זוּג	zug	*Paar*
זֶה	ze	*dieser*	אֱגוֹז	egoz	*Nuß*
זָהָב	zahav	*Gold*	זֶהוּ	zehu	*das ist es (er)*
זְאֵב	zəʲév	*Wolf*	אַוָּז	avaz	*Gans*
זְבוּב	zvuv	*Fliege*			

21

Kursiv: ח   **Chet = ח**

Aussprache: ch (Kehllaut) wie in Dach. Lautschrift: [x].
Die Endsilbe חַ wird wie ach (Lautschrift: [ax]) ausgesprochen.

Lese- und Schreibübung:

אֶחָד   חוֹב   אָח   חָזֶה   חַד   חַג   חַוָּה   חוּג   חַ

....

....

Bedeutung und Aussprache hebräischer Wörter:

חוּג	xug	*Kreis, Zirkel*	חַד	xad	*spitz*
חָזֶה	xaze	*Brust*	אָח	ax	*Bruder*
חַוָּה	xava	*Eva* (Name)	חוֹב	xov	*Schuld*
חַג	xag	*Fest*	אֶחָד	exad	*einer*

Kursiv: ט   **Tet = ט**

Aussprache: t. Lautschrift: [t].

Lese- und Schreibübung:

חוּט   בָּטוּחַ   טַבָּח   טוֹבָה   טוֹב

....

....

Bedeutung und Aussprache hebräischer Wörter:

טוֹב	tov	*gut*	טוֹבָה	tova	*gut* (weibl.),
טַבָּח	tabax	*Koch*			*Tova* (Name)
בָּטוּחַ	ba'tu'ax	*sicher*	חוּט	xut	*Faden, Garn*

22

Kursiv: ﾞ   Jod = י

Aussprache als Konsonant: j. Lautschrift: [j].
Siehe auch Vokal ﾞ i in der Vokalübersicht. Nach anderen Vokalen, besonders am
Wortende, wie i ausgesprochen.

Lese- und Schreibübung:

חָיַט דִּיוֹ הָיָה יְחִידִי דַּי יְהוּדִיָּה יְהוּדִי יָד יַחַד

....

....

Bedeutung und Aussprache hebräischer Wörter:

יַחַד	'jaxad	*zusammen*		יְחִידִי	jəxidi	*einzig*
יָד	jad	*Hand*		הָיָה	haja	*(er) war*
יְהוּדִי	jəhudi	*Jude*		דִּיוֹ	djo	*Tinte*
יְהוּדִיָּה	jəhudja	*Jüdin*		חָיַט	xajat	*Schneider*
דַּי	dai	*genug*				

Wiederholung

Kursiv: ﾞ   Kaf = כ

Aussprache (mit Punkt): k. Lautschrift: [k].
Bekommt am Anfang eines Wortes oder einer Silbe (nach ruhendem Schva) immer
einen Punkt.

Kursiv: כ   Chaf = כ

Aussprache (ohne Punkt): ch (Kehllaut wie in Dach). Lautschrift: [x].

Kursiv: ך   Schluß-Chaf = ך

Aussprache: wie כ.
Steht nur am Wortende und trägt ein Schva, das nur in punktierten Texten geschrieben wird.

Lese- und Schreibübung:

כָּבוֹד אַךְ כָּ כָּכָה כְּדַאי כּוֹכָב כּוֹחַ כָּבֵד כַּד כִּי

....

....

Bedeutung und Aussprache hebräischer Wörter:

כִּי	ki	denn, weil, daß	כְּדַאי	kədai	es lohnt sich,
כַּד	kad	Krug			lohnend, wert
כָּבֵד	kavéd	schwer	אַךְ	ax	nur, aber
כּוֹכָב	koxav	Stern	כָּבוֹד	kavod	Ehre
כּוֹחַ	'koʲax	Kraft	כָּכָה , כָּךְ	'kaxa, kax	so

Kursiv: ל   Lamed = ל

Aussprache: l. Lautschrift: [l].

Lese- und Schreibübung:

בְּלִי כְּלָל כָּל לַיְלָה לֵב לוֹ לְךָ לִי

....

....

לֵאָה לוּחַ כֶּלֶב יֶלֶד כָּחֹל דֶּגֶל גָּדוֹל

....

....

Bedeutung und Aussprache hebräischer Wörter:

לִי	li	*mir*	יֶלֶד	'jeled	*Kind*
לְךָ	ləxa	*dir*	כָּחֹל	kaxol	*blau*
לוֹ	lo	*ihm*	דֶּגֶל	'degel	*Fahne*
לֵב	lév	*Herz*	גָּדוֹל	gadol	*groß*
לַיְלָה	'laila	*Nacht*	בְּלִי	bli	*ohne*
כָּל	kol	*ganz*	לֵאָה	'léa	*Lea* (Name)
כְּלָל	klal	*Regel*	כֶּלֶב	'kelev	*Hund*
לוּחַ	'luʲax	*Tafel*			

Kursiv: ℕ   Mem = מ

Aussprache: m. Lautschrift: [m].

Kursiv: 𝒟   Schluß-Mem = ם

Aussprache: wie מ. Steht nur am Wortende.

Lese- und Schreibübung:

מִלָּה מָלֵא מוּל מִדָּה מֶלֶךְ לֶחֶם מַיִם יוֹם יָמִים אֵם

....

....

Bedeutung und Aussprache hebräischer Wörter:

מִי	mi	*wer*	יוֹם	jom	*Tag*
מַה	ma	*was*	יָמִים	jamim	*Tage*
מִלָּה	mila	*Wort*	אֵם	ém	*Mutter*
מָלֵא	malé	*voll*	חֹם	xom	*Wärme, Hitze*
מוּל	mul	*gegenüber*	מִטָּה	mita	*Bett*
מִדָּה	mida	*Maß*	מֶלֶךְ	'melex	*König*
לֶחֶם	'lexem	*Brot*	מַיִם	'majim	*Wasser*

25

Kursiv: J   Nun = נ

Aussprache: n. Lautschrift: [n].

Kursiv: | Schluß-Nun = ן

Aussprache: wie נ. Steht nur am Wortende.

Lese- und Schreibübung:

מִין   מִן   מְנוּחָה   אֲנַחְנוּ   אֲנִי   הִנֵּה

....

....

כֵּן   אֶבֶן   חַלּוֹן   אָדוֹן   דָּן

....

....

Bedeutung und Aussprache hebräischer Wörter:

הִנֵּה	hiné	*hier ist, da ist*	דָּן	dan	*Dan* (Name)
אֲנִי	ani	*ich*	אָדוֹן	adon	*Herr*
אֲנַחְנוּ	a'naxnu	*wir*	חַלּוֹן	xalon	*Fenster*
מְנוּחָה	mənuxa	*Ruhe*	אֶבֶן	'even	*Stein*
מִן	min	*von*	כֵּן	kén	*ja*
מִין	min	*Art, Geschlecht*			

Kursiv: O   Samech = ס

Aussprache: ß. Lautschrift: [s].

Lese- und Schreibübung:

מְסִבָּה סְבִיבָה סוּס סַכִּין סַבּוֹן סִינַי סֵמֶל סַל

....

....

אָסוֹן סַכָּנָה סוֹד נֵס

....

....

Bedeutung und Aussprache hebräischer Wörter:

סַל	sal	*Korb*	סְבִיבָה	sviva	*Gegend,*
סֵמֶל	'sémel	*Abzeichen*			*Umgebung*
סִינַי	sinai	*Sinai*	מְסִבָּה	məsiba	*Feier*
סַבּוֹן	sabon	*Seife*	נֵס	nes	*Wunder*
סַכִּין	sakin	*Messer*	סוֹד	sod	*Geheimnis*
סוּס	sus	*Pferd*	סַכָּנָה	sakana	*Gefahr*
אָסוֹן	ason	*Unglück*			

Kursiv: ﻉ

Ajin = ע

ע ist (wie א) ein stummer Vokal, kann aber auch Träger eines Vokals sein, besonders am Anfang und am Ende eines Wortes. Zwischen zwei Vokalen wird er als Trennlaut benutzt, Lautschrift ist dann ˈ (Apostroph). ע war ursprünglich ein Kehllaut.

Lese- und Schreibübung:

עֲבוֹדָה עַם עָם עַל עוֹד עַד עַד

....

....

בַּעַל הָעוֹלָם עֲגָלָה נָעִים יוֹדֵעַ

....

....

Bedeutung und Aussprache hebräischer Wörter:

עַד	ad	*bis*	בַּעַל	'baʲal	*Herr, Ehemann*
עֵד	éd	*Zeuge*	הָעוֹלָם	haʲolam	*die Welt*
עוֹד	od	*noch*	עֲגָלָה	agala	*(Pferde-)*
עַל	al	*auf*			*Wagen*
עַם	am	*Volk*	נָעִים	naʲim	*angenehm*
עִם	im	*mit*	יוֹדֵעַ	jo'déʲa	*(er) weiß*
עֲבוֹדָה	avoda	*Arbeit*			

Kursiv: ϑ   Pe = פ

Aussprache (mit Punkt): p. Lautschrift: [p].
Bekommt am Anfang eines Wortes oder einer Silbe (nach ruhendem Schva) immer einen Punkt.

Kursiv: ϑ   Fe = פ

Aussprache (ohne Punkt): f. Lautschrift: [f].

Kursiv: 𝒇   Schluß-Fe = ף

Aussprache: wie פ. Steht nur am Wortende.

Lese- und Schreibübung:

פֶּה פֹּה פַּח סְפִינָה פָּנִים פָּנָה לִפְנֵי

....

....

אַף כַּף סוֹף   גוּף   אֶלֶף   יוֹסֵף

....

....

Bedeutung und Aussprache hebräischer Wörter:

פֶּה	pé	*Mund*		אַף	af	*Nase*
פֹּה	po	*hier*		כַּף	kaf	*Löffel*
פַּח	pax	*Blech*		סוֹף	sof	*Schluß*
סְפִינָה	sfina	*Schiff*		גוּף	guf	*Körper*
פָּנִים	panim	*Gesicht*		אֶלֶף	'elef	*tausend*
פִּנָּה	pina	*Ecke*		יוֹסֵף	joséf	*Josef* (Name)
לִפְנֵי	lifnéi	*vor*				

Kursiv: *3*   Zade = צ

Aussprache: z. Lautschrift: [ts].

Kursiv: *ႜ*   Schluß-Zade = ץ

Aussprache: wie צ. Steht nur am Wortende.

Lese- und Schreibübung:

יְצִיאָה   מִצְוָה   עֵצָה   צִלְצוּל   צֵל

....

....

בֵּיצָה   עֵץ   חוּץ   חֵץ   מִיץ

....

....

Bedeutung und Aussprache hebräischer Wörter:

צֵל	tsél	*Schatten*	בֵּיצָה	béitsa	*Ei*
צִלְצוּל	tsiltsul	*Anruf, Klingeln*	עֵץ	éts	*Baum*
עֵצָה	étsa	*Rat*	חוּץ	xuts	*außer*
מִצְוָה	mitsva	*religiöses Gebot*	חֵץ	xéts	*Pfeil*
יְצִיאָה	jətsiʲa	*Ausgang*	מִיץ	mits	*Saft*

Wiederholung

Schluß-Buchstaben

Kursiv: ק   Kof = ק

Aussprache: k. Lautschrift: [k].

Lese- und Schreibübung:

קוֹנֶה   קָטָן   קָדִימָה   קָם   קוֹל   קַל

....

....

מָקוֹם   קַמְקוֹם   בַּקְבּוּק   קְבוּצָה   קִבּוּץ

....

....

Bedeutung und Aussprache hebräischer Wörter:

קַל	kal	*leicht*	קְבוּצָה	kvutsa	*Gruppe*
קוֹל	kol	*Stimme*	בַּקְבּוּק	bakbuk	*Flasche*
קָם	kam	*(er) steht auf*	קַמְקוֹם	kumkum	*Wasserkessel*
קָדִימָה	ka'dima	*vorwärts*	מָקוֹם	makom	*Ort, Platz*
קָטָן	katan	*klein*	קִבּוּץ	kibuts	*Kibbuz*
קוֹנֶה	koné	*(er) kauft*			

Kursiv: ר   Resch = ר

Aussprache: r. Lautschrift: [r].

Lese- und Schreibübung:

קַר   אַרְבַּע   רוּחַ   רֶגַע   רַע   רַב

....

....

צִפּוֹר   הַרְבֵּה   פַּרְפַּר   מַהֵר   רָץ   בָּרוּר

....

....

31

Bedeutung und Aussprache hebräischer Wörter:

רַב	rav	*Rabbiner, Ober-*	בָּרוּר	barur	*klar*
רַע	ra	*schlecht*	רָץ	rats	*(er) läuft*
רֶגַע	'rega	*Moment*	מַהֵר	mahér	*schnell*
רוּחַ	'ruʲax	*Geist, Wind*	פַּרְפַּר	parpar	*Schmetterling*
אַרְבַּע	arba	*vier*	הַרְבֵּה	harbé	*viel*
קַר	kar	*kalt*	צִפּוֹר	tsipor	*Vogel*

Kursiv: ℓ̇   Schin = שׁ

Aussprache: (mit Punkt rechts oben): sch. Lautschrift: [ʃ].

Kursiv: ℓ̇   Sin = שׂ

Aussprache: (mit Punkt links oben): ß. Lautschrift: [s].

Lese- und Schreibübung:

שָׁנָה שִׁיר שֵׁם שֶׁם שָׁם שָׁמַיִם שֶׁמֶשׁ שֶׁל

....

....

יִשְׂרָאֵל שִׂמְלָה שִׂיחָה מִשְׁפָּחָה שֻׁלְחָן חָדָשׁ שֶׁל

....

....

Bedeutung und Aussprache hebräischer Wörter:

שֶׁל	ʃel	*Genitiv-Partikel (engl. „of")*	שִׂיחָה	sixa	*Gespräch*
			שִׂמְלָה	simla	*Kleid*
שֶׁמֶשׁ	'ʃemeʃ	*Sonne*	יִשְׂרָאֵל	jisraʲél	*Israel*
שָׁם	ʃam	*dort*	שֵׁם	ʃém	*Name*
שִׁיר	ʃir	*Lied, Gedicht*	חָדָשׁ	xadaʃ	*neu*
שָׁנָה	ʃana	*Jahr*	שֻׁלְחָן	ʃulxan	*Tisch*
מִשְׁפָּחָה	miʃpaxa	*Familie*	שָׁמַיִם	ʃa'majim	*Himmel*

Aussprache: t. Lautschrift: [t].
Bekommt am Anfang eines Wortes oder einer Silbe (nach ruhendem Schva) immer
einen Punkt (ohne Veränderung der Aussprache).

Lese- und Schreibübung:

‏תִּיק   תְּעוּדָה   תָּא   תַּלְמִיד   תּוֹדָה   בַּיִת   שַׁבָּת‏

....

....

‏כּוֹתֵב   בַּת   כִּתָּה   תַּרְגִּיל   מַחְבֶּרֶת   כּוֹתְבִים   הֵם‏

....

....

Bedeutung und Aussprache hebräischer Wörter:

‏תּוֹדָה‏	toda	*danke*	‏כּוֹתֵב‏	kotév	*(er) schreibt*
‏תַּלְמִיד‏	talmid	*Schüler*	‏בַּת‏	bat	*Tochter*
‏תָּא‏	ta	*Zelle, Kabine*	‏כִּתָּה‏	kita	*Klasse*
‏תְּעוּדָה‏	təʼuda	*Dokument*	‏תַּרְגִּיל‏	targil	*Übung*
‏תִּיק‏	tik	*Mappe*	‏מַחְבֶּרֶת‏	max'beret	*Heft*
‏בַּיִת‏	'bajit	*Haus*	‏הֵם כּוֹתְבִים‏	hém kotvim	*sie schreiben*
‏שַׁבָּת‏	ʃabat	*Sabbat, Samstag*			

Wiederholung

‏ת ש ר ק‏
‏ק ר ע ת‏

11. Das Alphabet in Quadrat- und in Kursivschrift

Quadratschrift:

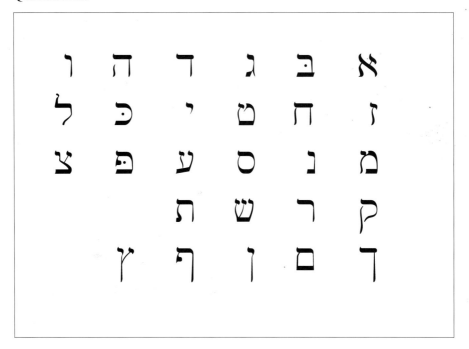

Kursivschrift:

כ Kaf (Chaf)	ב Bet (Vet)
ר Resch	ד Dalet
ח Chet	ה He
ת Tav	ח Chet
ז Sajin	ו Waw
ס Samech	ם Schluß-Mem

ץ Schluß-Zade	כ Kaf
ף Schluß-Fe	ב Bet

1A

1A Text

הַסְטוּדֶנְט דָּנִיֵאל

דָּנִיֵאל לַנְדְמַן סְטוּדֶנְט גֶּרְמָנִי.* הוּא גָּר בְּמִינְכֶן.
הוּא לוֹמֵד הִיסְטוֹרְיָה בָּאוּנִיבֶרְסִיטָה. הוּא גַּם
יוֹדֵעַ אַנְגְלִית טוֹב מְאֹד. הוּא מַכִּיר מִשְׁפָּחָה
בְּיִשְׂרָאֵל: אָדוֹן גּוּרִי, גְּבֶרֶת גּוּרִי, הַבַּת מִרְיָם
וְהַבֵּן דָּוִד. אָדוֹן גּוּרִי הָיָה פַּעַם בְּגֶרְמַנְיָה עִם כָּל
הַמִּשְׁפָּחָה. עַכְשָׁיו דָּנִיֵאל לוֹמֵד עִבְרִית. לָמָה?
אוּלַי יוֹם אֶחָד הוּא נוֹסֵעַ לְתֵל־אָבִיב!

hastudent danjél

danjél 'landman student germani. hu gar bə'minxen. hu loméd his'torja bəʲuni'versita.
hu gam jo'déʲa anglit tov məʲod. hu makir miʃpaxa bəjisraʲél: adon 'guri, gə'veret
'guri, habat mirjam vəhabén david. adon 'guri haja 'paʲam bəger'manja im kol
hamiʃpaxa. axʃav danjél loméd ivrit. 'lama? ulai jom exad hu no'séʲa lətélaviv!

der, die das (s. Grammatik)	[ha...] ־הַ	Familie	[miʃpaxa] מִשְׁפָּחָה
Student	[student] סְטוּדֶנְט	Israel	[jisraʲél] יִשְׂרָאֵל
deutsch	[germani] גֶּרְמָנִי	Herr	[adon] אָדוֹן
er wohnt	[hu gar] הוּא גָּר	Frau, Dame	[gə'veret] גְּבֶרֶת
in	[bə] ...־בְּ	Tochter	[bat] בַּת
München	['minxen] מִינְכֶן	er war	[hu haja] הוּא הָיָה
er lernt	[hu loméd] הוּא לוֹמֵד	einmal	['paʲam] פַּעַם
Geschichte	[his'torja] הִיסְטוֹרְיָה	Deutschland	[ger'manja] גֶּרְמַנְיָה
Universität	[uni'versita] אוּנִיבֶרְסִיטָה	mit	[im] עִם
auch	[gam] גַּם	ganz; all; jede(r,s)	[kol] כָּל
er weiß, er kann	[hu jo'déʲa] הוּא יוֹדֵעַ	die ganze Familie	[kol hamiʃpaxa] כָּל הַמִּשְׁפָּחָה
Englisch	[anglit] אַנְגְלִית	jetzt	[axʃav] עַכְשָׁיו
gut	[tov] טוֹב	Hebräisch	[ivrit] עִבְרִית
sehr	[məʲod] מְאֹד	warum?, wozu?	['lama] ?לָמָה
sehr gut	[tov məʲod] טוֹב מְאֹד	vielleicht	[ulai] אוּלַי
er kennt	[hu makir] הוּא מַכִּיר		

* Vgl. 2B2

Tag	[jom] יוֹם	Kind, Junge	['jeled] יֶלֶד
eins, ein (*betont*)	[exad] אֶחָד	Menschen, Leute	[anaʃim] אֲנָשִׁים
eines Tages	[jom exad] יוֹם אֶחָד	wer?	[mi] מִי?
er fährt, er reist	[hu no'séʲa] הוּא נוֹסֵעַ	wer ist das?	[mi ze] *m* מִי זֶה?
nach, zu	[lə...] ...לְ		[mi zot] *f* מִי זֹאת?
Tel Aviv	[télaviv] תֵּל־אָבִיב	wo?	[éifo] אֵיפֹה?
		was?	[ma] מַה?

1B Grammatik

1. Der Artikel

Der unbestimmte Artikel: Im Hebräischen gibt es kein eigenes Wort für den unbestimmten Artikel. *Ein Student* heißt einfach סְטוּדֶנְט *student*, *eine Universität* אוּנִיבֶרְסִיטָה uni'versita.

Der bestimmte Artikel: „*der, die, das*" wird für alle Geschlechter mit הַ־ **ha-*** wiedergegeben. Der bestimmte Artikel wird direkt mit dem Substantiv verbunden und bleibt auch im Plural unverändert. Der folgende Konsonant (außer א,ה,ח,ע,ר) bekommt einen Punkt; ב,כ,פ werden dann hart gesprochen.

הַמִּשְׁפָּחָה	hamiʃpaxa	*die Familie*
הַיֶּלֶד	ha'jeled	*das Kind*
הָאֲנָשִׁים	haʲanaʃim	*die Menschen*

2. Das Verb

Das hebräische Verb besteht gewöhnlich aus drei Konsonanten. Sie bilden die Wurzel des Verbs und werden Stammkonsonanten genannt. Die Stammkonsonanten bzw. Wurzel des Verbs *lernen* sind z.B.:

> ל-מ-ד   L-M-D

Alle Wörter und Begriffe, die mit diesem Verb inhaltlich verwandt sind, enthalten diese drei Stammkonsonanten:

תַּלְמוּד	taLMuD	*Lehre, Talmud*
תַּלְמִיד	taLMiD	*Schüler*
לַמְדָנִי	LaMDani	*gelehrt*

Auf diesen drei Stammkonsonanten kann durch das Einsetzen verschiedener Vokale und Vokalfolgen, das Hinzufügen von Vor- und Nachsilben ein ganzes Wortfeld aufgebaut werden. Kennt man also die Bedeutung einer solchen Wurzel wie z.B. **L-M-D**,

---

* Vgl. Anmerkung S. 132.

kann man mit Grundkenntnissen der Grammatik bereits selbst Wörter „bauen". Und ebenso umgekehrt: Auch wenn man das Wort in einer bestimmten Form noch nicht kennt, kann man anhand dieser drei Stammkonsonanten oft schon die Grundbedeutung verstehen (s. auch Einleitung 7 und Lektion 6 B 5).

Einige Verben haben nur zwei Stammkonsonanten, wie z.B. גָּר gar *er wohnte*.

Die Grundform des hebräischen Verbs wird nicht wie im Deutschen im Infinitiv angegeben, sondern in der 3. Person Singular maskulin der Vergangenheit:

לָמַד	lamad	*er lernte*

Dies ist die einfachste Vokalfolge in Verbindung mit den drei Stammkonsonanten ohne Präfixe, Suffixe etc. und so findet man die Verben auch im Wörterbuch.

Das hebräische Verb hat sieben Konjugationen (s. 18 B 4 „Die Menora"). Als Musterverb und zur Bezeichnung der Konjugation wird das Verb פָּעַל paʿal *machen, tun* genommen. Die 1. Konjugation heißt demnach „paʿal", die 2. Konjugation „piʿel", die 3. Konjugation „hifʿil", die 4. Konjugation „nifʿal", die 5. Konjugation „puʿal", die 6. Konjugation „hofʿal", die 7. Konjugation „hitpaʿel".

Die meisten Verben gibt es nicht in allen sieben Konjugationen. Zum Teil drücken diese Konjugationen das Passiv eines Verbs aus, zum Teil stehen sie für reflexive Verben, kausative Verben oder eine Intensivform des Verbs. Alle Konjugationen bauen auf den drei Stammkonsonanten des Verbs auf.

3. „sein" im Präsens

Die hebräische Entsprechung des deutschen Hilfsverbs *sein* hat keine eigene Präsensform. Es heißt ganz einfach:

דָּנִיֵּאל סְטוּדֶנְט. danjel student. *Daniel ist ein Student.*

אָדוֹן גּוּרִי עַכְשָׁיו בְּיִשְׂרָאֵל. adon guri axʃav bəjisra'él. *Herr Guri ist jetzt in Israel.*

4. Die Konjunktion וְ və „und"

Die Konjuntion וְ və *und* wird direkt mit dem folgenden Wort verbunden:

הַבֵּן וְהַבַּת habén vəhabat *der Sohn und die Tochter*

הוּא יוֹדֵעַ עִבְרִית hu jo'dé·a ivrit *Er kann Hebräisch*

וְגֶרְמָנִית. vəgermanit. *und Deutsch.*

5. Die Präposition בְּ bə „in" und לְ lə „nach, zu"

Die Präpositionen בְּ bə *in* und לְ lə *nach, zu* werden direkt mit dem Substantiv verbunden:

הוּא גָּר בְּגֶרְמַנְיָה.   hu gar bəger'manja.   *Er wohnt in Deutschland.*

הוּא נוֹסֵעַ לְתֵל־אָבִיב.   hu no'séʲa lətélaviv.   *Er fährt nach Tel Aviv.*

6. כָּל kol „ganz"

Nach כָּל kol *ganz* erhält das folgende Substantiv den bestimmten Artikel:

כָּל הַמִּשְׁפָּחָה   kol hamiʃpaxa   *die ganze Familie*

Ohne den Artikel bedeutet כָּל kol *jeder, jede, jedes*:

כָּל מִשְׁפָּחָה   kol miʃpaxa   *jede Familie*

1C Übungen

1. *Antworten Sie auf die Fragen:*
   a) mi (*wer*) ze danjél 'landman?   מִי זֶה דָּנִיֵּאל לַנְדְמַן?
   b) 'éifo (*wo*) hu gar?   אֵיפֹה הוּא גָּר?
   c) 'éifo hu loméd?   אֵיפֹה הוּא לוֹמֵד?
   d) ma (*was*) hu loméd?   מַה הוּא לוֹמֵד?
   e) hu jodéʲa anglit?   הוּא יוֹדֵעַ אַנְגְלִית?
   f) lama hu loméd ivrit?   לָמָה הוּא לוֹמֵד עִבְרִית?
   g) 'éifo gar adon 'guri?   אֵיפֹה גָּר אָדוֹן גּוּרִי?
   h) mi zot mirjam 'guri? mi ze david 'guri?   מִי זֹאת מִרְיָם גּוּרִי?
   מִי זֶה דָּוִד גּוּרִי?

2. *Setzen Sie* בְּ bə- *oder* לְ lə- *ein:*
   a) danjél no'séʲa ... télaviv.   דָּנִיֵּאל נוֹסֵעַ ... תֵּל־אָבִיב.
   b) david gar ... jisraʲél.   דָּוִד גָּר ... יִשְׂרָאֵל.
   c) danjel loméd ... minxen.   דָּנִיֵּאל לוֹמֵד ... מִינְכֶן.
   d) adon 'guri haja 'paʲam ... ger'manja.   אָדוֹן גּוּרִי הָיָה פַּעַם ... גֶּרְמַנְיָה.

3. *Übersetzen Sie:*
   a) Herr Guri ist der Vater, David ist der Sohn und Mirjam ist die Tochter. b) Herr Guri kann sehr gut Deutsch; David lernt auch Englisch.   c) Der Student Daniel wohnt in Deutschland; vielleicht fährt er nach Israel.   d) Er ist den ganzen Tag in der Universität.

2A Text

מִשְׁפָּחָה יִשְׂרְאֵלִית

מִרְיָם גוּרִי גָּרָה בְּתֵל־אָבִיב. תֵּל־אָבִיב עִיר גְּדוֹלָה. יֵשׁ שָׁם
הַרְבֵּה תְּנוּעָה. מִרְיָם מַזְכִּירָה בְּמִשְׂרָד גָּדוֹל. הִיא יוֹדַעַת עִבְרִית
וְאַנְגְּלִית. הָאָב, אָדוֹן גוּרִי, פָּקִיד בַּמֶּכֶס. הוּא מְדַבֵּר גֶּרְמָנִית דַּי
טוֹב; גַּם הָאֵם מְדַבֶּרֶת קְצָת גֶּרְמָנִית. הָאָח הַקָּטָן, דָּוִד, עוֹד
תַּלְמִיד. הוּא יוֹדֵעַ רַק עִבְרִית, אֲבָל הוּא לוֹמֵד אַנְגְּלִית, וְהוּא
לוֹמֵד מַהֵר. גַּם הָאָחוֹת מִרְיָם עוֹד "תַּלְמִידָה". אֵיךְ? הִיא
לוֹמֶדֶת גֶּרְמָנִית בָּעֶרֶב, בָּאוּנִיבֶרְסִיטָה הָעֲמָמִית...

miʃpaxa jisrəᵉélit

mirjam 'guri gara bətelaviv. télaviv ir gədola; jéʃ ʃam harbé tnuᵉa. mirjam mazkira
bəmisrad gadol. Hi jo'daᵉat ivrit vəᵉanglit. haᵉav, adon 'guri, pakid ba'mexes. hu
mədabér germanit dái tov; gam haᵉém məda'beret kətsat germanit. haᵉax hakatan,
david, od talmid. hu jo'déᵉa rak ivrit, aval hu loméd anglit, vəhu loméd mahér. gam
haᵉaxot mirjam „talmida". éix? hi lo'medet germanit baᵉ'erev, baᵉuni'versita
haᵉamamit...

israelisch	[jisrə'éli] *m* יִשְׂרְאֵלִי		ziemlich; genug	[dai] דַּי
	[jisrə'élit] *f* יִשְׂרְאֵלִית		Mutter, Mama	[ém] *f* אֵם
sie	[hi] הִיא		etwas, ein bißchen	[kətsat] קְצָת
sie wohnt	[hi gara] הִיא גָּרָה		Bruder	[ax] *m* אָח
Stadt	[ir] *f* עִיר		klein	[katan] קָטָן
groß	[gadol, gədola] גָּדוֹל, גְּדוֹלָה		noch	[od] עוֹד
es gibt, es ist	[jéʃ] יֵשׁ		Schüler	[talmid] *m* תַּלְמִיד
dort	[ʃam] שָׁם		Schülerin	[talmida] *f* תַּלְמִידָה
viel(e)	[harbé] הַרְבֵּה		nur	[rak] רַק
Verkehr	[tnu'a] *f* תְּנוּעָה		aber	[aval] אֲבָל
Sekretär	[mazkir] *m* מַזְכִּיר		schnell	[mahér] מַהֵר
Sekretärin	[mazkira] *f* מַזְכִּירָה		Schwester	[axot] *f* אָחוֹת
Büro	[misrad] *m* מִשְׂרָד		wie?, wieso?	[éix] ? אֵיךְ
sie weiß	[hi jo'da'at] הִיא יוֹדַעַת		Abend	['erev] *m* עֶרֶב
Vater	[av] *m* אָב		am Abend	[ba'erev] בָּעֶרֶב
Beamter, Angestellter	[pakid] *m* פָּקִיד		Volk	[am] *m* עַם
Zoll	['mexes] *m* מֶכֶס		Volks-	[amami] עֲמָמִי
er (sie) spricht	[hu mədabér] הוּא מְדַבֵּר		Volks-	אוּנִיבֶרְסִיטָה עֲמָמִית
	[hi məda'bəret] הִיא מְדַבֶּרֶת		hochschule	[uni'versita amamit]
Deutsch *(Sprache)*	[germanit] גֶּרְמָנִית			

2B Grammatik

1. Geschlecht der Substantive

Es gibt im Hebräischen nur zwei Geschlechter: Maskulin und Feminin. Die meisten weiblichen Substantive haben die Endung הָ -a:

מַזְכִּירָה	mazkira	*Sekretärin*
אוּנִיבֶרְסִיטָה	uni'versita	*Universität*
תַּלְמִידָה	talmida	*Schülerin*

Manche weiblichen Substantive haben die Endung תָ -et, תִ -it, ־וּת- -ut. Die Endung תָ -et wird nicht betont.

גְּבֶרֶת	gə'veret	*Frau, Dame*
סְטוּדֶנְטִית	stu'dentit	*Studentin*
תַּרְבּוּת	tarbut	*Kultur*

41

Die anderen Substantive sind männlich, z.B.:

תַּלְמִיד	talmid	*Schüler*
בֵּן	bén	*Sohn*
יוֹם	jom	*Tag*

Es gibt einige Ausnahmen, z.B.: עִיר ir *Stadt* ist weiblich; בַּיִת 'bajit *Haus* ist männlich. Von nun an wird bei den Vokabeln nach jedem Substantiv das Geschlecht angegeben.

2. Das Adjektiv

Das Adjektiv wird in Geschlecht und Zahl seinem Substantiv angepaßt. Die Endung der weiblichen Adjektive ist ebenfalls הָ -a. Das Adjektiv steht immer **nach** seinem Substantiv:

מִשְׂרָד גָּדוֹל	misrad gadol	*ein großes Büro*
אוּנִיבֶּרְסִיטָה גְּדוֹלָה*	uni'versita gədola*	*eine große Universität*

Hat das Substantiv den bestimmten Artikel, so hat auch das Adjektiv den bestimmten Artikel:

הַמִּשְׂרָד הַגָּדוֹל	hamisrad hagadol	*das große Büro*
הָאוּנִיבֶּרְסִיטָה הַגְּדוֹלָה*	haʲuni'versita hagdola*	*die große Universität*

Das prädikative Adjektiv (d. h. das Adjektiv, das im Deutschen nach dem Verb *sein* steht) bekommt keinen Artikel:

הַמִּשְׂרָד גָּדוֹל.	hamisrad gadol.	*Das Büro ist groß.*
הָאוּנִיבֶּרְסִיטָה גְּדוֹלָה.	haʲuni'versita gədola.	*Die Universität ist groß.*

Adjektive auf ִ -i bilden die weibliche Form auf ִ ת -it:

אַנְגְּלִי - אַנְגְּלִית	angli – anglit
עֲמָמִי - עֲמָמִית	amami – amamit

Um eine Sprache zu bezeichnen, benutzt man die weibliche Form des betreffenden Adjektivs:

הוּא מְדַבֵּר אַנְגְּלִית.	hu mədabér anglit.	*Er spricht Englisch.*
הוּא יוֹדֵעַ גֶּרְמָנִית.	hu jo'déʲa germanit.	*Er kann Deutsch.*

---

* Das ָ von גָּדוֹל gadol wird wegen der Verschiebung der Betonung auf ְ ə (Schva) abgeschwächt: גְּדוֹלָה gədola.

3. Die Präposition בְּ bə + Artikel

Die Präposition בְּ bə und der Artikel הַ־ ha verschmelzen zu einer Silbe: בַּ , בָּ ba:

בְּמִשְׂרָד bəmisrad *in einem Büro*   בַּמִּשְׂרָד bamisrad *im Büro*

בָּעֶרֶב baʲerev *am Abend*   בָּאוּנִיבֶרְסִיטָה baʲuniˈversita *auf der Universität*

4. Das Verb

Auch das hebräische Verb wird seinem Subjekt in Geschlecht und Zahl angepaßt. Die weibliche Endung des Verbs (im Singular Präsens) ist meist ◌ֶת -et, bei manchen Verben ◌ָה -a. Verben mit zwei Stammkonsonanten haben die weibliche Endung ◌ָה -a:

דָּנִיֵאל לוֹמֵד. danjél lomèd.   *Daniel lernt.*

מִרְיָם לוֹמֶדֶת. mirjam loˈmedet.   *Mirjam lernt.*

Die Endung ◌ֶת -et wird nicht betont.

דָּנִיֵאל גָּר בְּמִינְכֶן. danjel gar bəˈminxen.   *Daniel wohnt in München.*

מִרְיָם גָּרָה בְּתֵל־אָבִיב. mirjam gara bətélaviv.   *Miriam wohnt in Tel Aviv.*

Zusammenfassung: Das weibliche Geschlecht der Substantive (im Singular) kann man also fast immer an den Endungen **-a, -et, -it** und **-ut** erkennen, bei Adjektiven (im Singular) sind die Endungen **-a, -it**, bei Verben (im Präsens Singular) **-a, -et**.

2C Übungen

1. *Antworten Sie auf die Fragen:*

   a) éifo télaviv?   אֵיפֹה תֵּל־אָבִיב?

   b) mi zot mirjam ˈguri?   מִי זֹאת מִרְיָם גּוּרִי?

   c) hi mədaˈberet gam anglit?   הִיא מְדַבֶּרֶת גַּם אַנְגְלִית?

   d) éix haʲav mədabér germanit?   אֵיךְ הָאָב מֵדַבֵּר גֶּרְמָנִית?

   e) éix ˈima mədaˈberet germanit?   אֵיךְ אִמָּא מְדַבֶּרֶת גֶּרְמָנִית?

   f) ma joˈdéʲa david?   מַה יוֹדֵעַ דָּוִד?

   g) éix hu loméd anglit?   אֵיךְ הוּא לוֹמֵד אַנְגְלִית?

   h) éifo mirjam loˈmedet germanit?   אֵיפֹה מִרְיָם לוֹמֶדֶת גֶּרְמָנִית?

2. *Setzen Sie die richtige Form des Adjektivs ein:*
   a) david talmid dai ... *(gut)*.   דָּוִד תַּלְמִיד דַּי ...
   b) mirjam mazkira ... məʲod *(gut)*.   מִרְיָם מַזְכִּירָה ... מְאֹד.
   c) danjél loméd bəʲuni'versita ... *(groß)*.   דָּנִיֵּאל לוֹמֵד בָּאוּנִיבֶרְסִיטָה ...
       mirjam lo'medet bəʲuni'versita ... *(klein)*.   מִרְיָם לוֹמֶדֶת בָּאוּנִיבֶרְסִיטָה ...
   d) hatalmida ... lo'medet mahér *(gut)*.   הַתַּלְמִידָה ... לוֹמֶדֶת מַהֵר.

3. *Setzen Sie die richtige Form des Verbs ein:*
   a) mirjam ... ivrit tov məʲod. *(kann)*   מִרְיָם ... עִבְרִית טוֹב מְאֹד.
   b) gə'veret 'guri ... bətélaviv. *(wohnt)*   גְּבֶרֶת גּוּרִי ... בְּתֵל־אָבִיב.
   c) mirjam ... baʲuni'versita. *(studiert)*   מִרְיָם ... בָּאוּנִיבֶרְסִיטָה.
   d) danjél ... kətsat ivrit. *(spricht)*   דָּנִיֵּאל ... קְצָת עִבְרִית.

4. *Übersetzen Sie:*
   a) Die Familie wohnt in der Stadt.   b) Herr Guri ist auch am Abend im Büro.   c) Die Schwester kann Englisch, der Bruder lernt Englisch.   d) Die Universität in Tel Aviv ist ziemlich groß.

3A Text

מִכְתָּב מִתֵּל־אָבִיב

יוֹם אֶחָד מִרְיָם כּוֹתֶבֶת מִכְתָּב לְדָנִיֵּאל.

"שָׁלוֹם דָּנִיֵּאל! מַה שְׁלוֹמְךָ? אֲנִי כּוֹתֶבֶת בְּעִבְרִית כִּי אֲנִי יוֹדַעַת
שֶׁאַתָּה לוֹמֵד עִבְרִית, וְהַשָּׂפָה הַזֹּאת לֹא קָשָׁה... הַיּוֹם אֲנִי
שׁוֹאֶלֶת שְׁאֵלָה: מַדּוּעַ אַתָּה לֹא בָּא לְיִשְׂרָאֵל? אִמָּא אוֹמֶרֶת שֶׁיֵּשׁ
הַרְבֵּה מָקוֹם בַּבַּיִת! נוּ, מָתַי אַתָּה בָּא? בַּקַּיִץ חַם מְאֹד פֹּה, יֵשׁ
הַרְבֵּה שֶׁמֶשׁ וְאֵין גֶּשֶׁם. בַּחֹרֶף אֵין זְמַן: כָּל הַמִּשְׁפָּחָה עוֹבֶדֶת
וְלוֹמֶדֶת... אָז אוּלַי בָּאָבִיב? מַה אַתָּה אוֹמֵר? כֵּן אוֹ לֹא?
שָׁלוֹם,

מִרְיָם.

נ.ב. הַמִּכְתָּב הַזֶּה קַל מְאֹד, נָכוֹן?

mixtav mitélaviv

jom exad, mirjam ko'tevet mixtav ledanjél.

"ʃalom danjél! ma ʃlomxa? ani ko'tevet bəʲivrit ki ani jo'daʲat ʃeʲata loméd ivrit, vəhasafa hazot lo kaʃa... hajom ani ʃoʲélet ʃəʲéla: ma'duʲa ata lo ba ləjisra'él? 'ima o'meret ʃejéʃ harbé makom ba'bajit! nu, matai ata ba? ba'kajits xam məʲod po, jéʃ harbé 'ʃemeʃ vəʲéin 'geʃem. ba'xoref éin zman: kol hamiʃpaxa o'vedet vəlo'medet... az ulai baʲaviv? ma ata omér: kén o lo?

ʃalom
mirjam.

n.b. hamixtav haze kal mə'od, naxon?

Brief	[mixtav] m מִכְתָּב	er schreibt	[hu kotev] הוּא כּוֹתֵב
von, aus	[min, mi] ... מִן, מִ	sie schreibt	[hi ko'tevet] הִיא כּוֹתֶבֶת
(kann mit dem folgenden Wort verbunden werden; der erste Konsonant bekommt dann einen Punkt und ב, כ, פ *werden hart ausgesprochen)*		Friede; *als Gruß*: sei (seien Sie) gegrüßt!; *auch:* adieu!	[ʃalom] m שָׁלוֹם

was?	[ma] ?מַה	Haus	['bajit] *m* בַּיִת
wie geht's Dir	[ma ʃlomxa] ?מַה שְׁלוֹמְךָ	im Haus, zu Hause	[ba'bajit] בַּבַּיִת
(Ihnen)? (*wörtl.:* Wie ist dein Friede?)		nun?	[nu] ?נוּ
daß	[ʃe...] ...שֶׁ	wann?	[matai] ?מָתַי
(*mit Verdoppelung des ersten Konsonanten*		heiß	[xam] חַם
des unmittelbar folgenden Wortes)		hier	[po] פֹּה
ich	[ani] אֲנִי	es gibt nicht (kein)	[éin] אֵין
du	[ata] אַתָּה	Regen	['geʃem] *m* גֶּשֶׁם
Sprache	[safa] *f* שָׂפָה	Winter	['xoref] חֹרֶף
diese	(*nachgestellt*) [hazot] הַזֹּאת	Zeit	[zman] *m* זְמַן
schwer,	[kaʃe, kaʃa] קָשֶׁה, קָשָׁה	er arbeitet	[hu ovéd] הוּא עוֹבֵד
schwierig		sie arbeitet	[hi o'vedet] הִיא עוֹבֶדֶת
heute	[hajom] הַיּוֹם	dann, also	[az] אָז
er fragt	[hu ʃoʔél] הוּא שׁוֹאֵל	Frühling	[aviv] *m* אָבִיב
sie fragt	[hi ʃoʔelet] הִיא שׁוֹאֶלֶת	ja	[kén] כֵּן
Frage	[ʃəʔéla] *f* שְׁאֵלָה	oder	[o] אוֹ
er stellt	[hu ʃoʔél ʃəʔéla] הוּא שׁוֹאֵל	nein; nicht	[lo] לֹא
eine Frage	שְׁאֵלָה	dieser	(*nachgestellt*) [haze] הַזֶּה
warum?, weshalb?	[ma'duʔa] ?מַדּוּעַ	leicht	[kal, kala] קַל, קַלָּה
er kommt	[hu ba] הוּא בָּא	richtig, wahr	[naxon] נָכוֹן
sie kommt	[hi baʔa] הִיא בָּאָה	nicht wahr?	[naxon] ?נָכוֹן
er sagt	[hu omér] הוּא אוֹמֵר	P.S.	[nota bene (n.b.)] נ.ב.
sie sagt	[hi o'meret] הִיא אוֹמֶרֶת	wem?	[ləmi] ?לְמִי
Platz, Ort	[makom] *m* מָקוֹם		

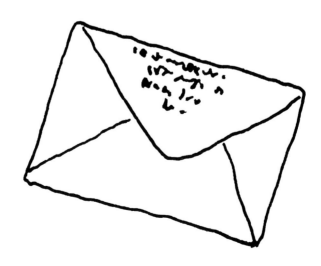

3B Grammatik

1. Die Präposition ...לְ lə „zu, nach, an" + Artikel

מִרְיָם כּוֹתֶבֶת לְדָנִיֵּאל.　mirjam ko'tevet lədanjel.　*Mirjam schreibt (an) Daniel.*

Hat das auf ...לְ folgende Substantiv den bestimmten Artikel, so verschmelzen לְ lə und הַ zu einer Silbe לַ la:

מַה אַתָּה אוֹמֵר לַתַּלְמִיד?　ma ata omér latalmid?　*Was sagst du (zu) dem Schüler?*

הוּא נוֹסֵעַ לָאוּנִיבֶּרְסִיטָה.　hu no'sé'a la'uni'versita.　*Er fährt in die Universität.*

Merke: Die Präposition לְ lə zeigt u.a. den Dativ an.

2. Das Personalpronomen

Im Hebräischen gibt es in der 2. Person Singular und Plural und in der 3. Person Plural maskuline und feminine Formen:

Singular			Plural		
אֲנִי	ani *(m+f)*	*ich*	אֲנַחְנוּ	a'naxnu	*wir*
אַתָּה	ata *(m)*	*du/Sie*	אַתֶּם	atem *(m)*	*ihr*
אַתְּ	at *(f)*	*du/Sie*	אַתֶּן	aten *(f)*	*ihr*
הוּא	hu	*er*	הֵם	hém	*sie*
הִיא	hi	*sie*	הֵן	hén *(f)*	*sie*

3. Konjugation eines Verbs im Präsens (Singular)

Regelmäßige Verben der 1. Konjugation haben im Präsens Singular immer die Vokalfolge „o – e". Für die weibliche Form wird die Endung תֶ -et angehängt.

m			f		
אֲנִי כּוֹתֵב	ani kotév	*ich schreibe*	אֲנִי כּוֹתֶבֶת	ani ko'tevet	
אַתָּה כּוֹתֵב	ata kotév	*du schreibst, Sie schreiben**	אַתְּ כּוֹתֶבֶת	at ko'tevet	
הוּא כּוֹתֵב	hu kotév	*er schreibt/ sie schreibt*	הִיא כּוֹתֶבֶת	hi ko'tevet	

* Es gibt für die 2. Person keine besondere Höflichkeitsform.

Merke: Weil das Hebräische der Form nach kein Präsens kennt, wird es durch die Verbindung von Personalpronomen und Aktivpartizip ausgedrückt.

כּוֹתֵב   kotév   *schreibend, ein Schreibender*

הוּא כּוֹתֵב   hu kotév   *er schreibt*

4. Das Demonstrativpronomen זֶה, זֹאת ze, zot „dieser, diese"

Das Demonstrativpronomen זֶה ze (*m*), זֹאת zot (*f*) erhält gewöhnlich den bestimmten Artikel und steht **nach** dem Substantiv, das gleichfalls den Artikel bekommt.

הַתַּלְמִיד הַזֶּה   hatalmid haze   *dieser Schüler*

הַשָּׂפָה הַזֹּאת   hasafa hazot   *diese Sprache*

Das Pronomen זֶה ze ohne den bestimmten Artikel bedeutet *dies, das (ist)*:

מַה זֶּה?   ma ze?   *Was ist das?*

זֶה בַּיִת   ze 'bajit.   *Das ist ein Haus.*

Das Demonstrativpronomen im Plural lautet אֵלֶּה 'éle (m/f).

5. Das Verneinungswort לֹא lo „nein, nicht, kein(e)"

לֹא lo bedeutet sowohl *nein* (wenn es allein steht) als auch *nicht/kein(e)*. In der Bedeutung von *nicht/kein(e)* steht es immer **vor** dem Verb*, Adjektiv oder Substantiv:

אַתָּה עוֹבֵד הַיּוֹם? לֹא.   ata ovéd hajom? lo.   *Arbeiten Sie/arbeitest du heute? Nein.*

אֲנִי לֹא עוֹבֵד.   ani lo ovéd.   *Ich arbeite nicht.*

אֲנִי לֹא תַּלְמִיד.   ani lo talmid.   *Ich bin kein Schüler.*

זֶה לֹא טוֹב.   ze lo tov.   *Das ist nicht gut.*

6. יֵשׁ jéʃ „es gibt" / אֵין éin „es gibt nicht"

יֵשׁ jéʃ bedeutet *es gibt, es ist (es sind) da, vorhanden*
אֵין éin bedeutet *es gibt nicht, es gibt kein(e)(n)*:

בַּבַּיִת יֵשׁ מָקוֹם.   ba'bajit jéʃ makom.   *Zu Hause gibt es Platz.*

בַּחֹרֶף אֵין זְמַן.   ba'xoref éin zman.   *Im Winter hat man keine Zeit.*

---

* Zur Verneinung des Verbs s. auch 4 B 2 und 17 B 1.

3C Übungen

1. *Antworten Sie auf die Fragen:*
   a) ləmi *(wem)* mirjam ko'tevet mixtav?   לְמִי מִרְיָם כּוֹתֶבֶת מִכְתָּב?
   b) ivrit safa kaʃa?   עִבְרִית שָׂפָה קָשָׁה?
   c) ma ʃoʲ'elet mirjam?   מַה שׁוֹאֶלֶת מִרְיָם?
   d) mi omér ʃejéʃ makom ba'bajit?   מִי אוֹמֵר שֶׁיֵּשׁ מָקוֹם בַּבַּיִת?
   e) matai jéʃ harbé 'ʃemeʃ bəjisraʲél?   מָתַי יֵשׁ הַרְבֵּה שֶׁמֶשׁ בְּיִשְׂרָאֵל?
   f) matai jéʃ 'geʃem?   מָתַי יֵשׁ גֶּשֶׁם?
   g) ma'duʲa éin zman ba'xoref?   מַדּוּעַ אֵין זְמַן בַּחֹרֶף?
   h) ma'duʲa ze tov baʲaviv?   מַדּוּעַ זֶה טוֹב בָּאָבִיב?

2. *Setzen Sie das Demonstrativpronomen (dieser, diese, dieses) ein:*
   a) hapakid ovéd baʲir.   הַפָּקִיד עוֹבֵד בָּעִיר.
   b) hasafa kala məʲod.   הַשָּׂפָה קַלָּה מְאוֹד.
   c) hamixtav bəgermanit.   הַמִּכְתָּב בְּגֶרְמָנִית.
   d) hatalmida lo'medet baʲuni'versita.   הַתַּלְמִידָה לוֹמֶדֶת בָּאוּנִיבֶרְסִיטָה.

3. *Fügen Sie das passende Personalpronomen ein:*
   a) mirjam o'meret: מִרְיָם אוֹמֶרֶת:
      hajom ... ko'tevet lədanjel.   "הַיּוֹם ... כּוֹתֶבֶת לְדָנִיאֵל."
   b) danjél ʃoʲél: mirjam,   דָּנִיאֵל שׁוֹאֵל: "מִרְיָם,
      ... o'vedet hajom?   ... עוֹבֶדֶת הַיּוֹם?"
   c) mar 'guri, gə'veret 'guri, mirjam vədavid –   מַר גּוּרִי, גְּבֶרֶת גּוּרִי, מִרְיָם וְדָוִד –
      ... miʃpaxa jisrəʲélit.   ... מִשְׁפָּחָה יִשְׂרְאֵלִית.
   d) danjél student; ... gar bəminxen.   דָּנִיאֵל סְטוּדֶנְט; ... גָּר בְּמִינְכֶן.
      mirjam mazkira; ... gara bətélaviv.   מִרְיָם מַזְכִּירָה; ... גָּרָה בְּתֵל־אָבִיב.

4. *Übersetzen Sie:*
   a) Ich schreibe einen Brief.   b) Mirjam stellt eine Frage.   c) Daniel sagt zu Frau Guri: Sie sprechen sehr gut Deutsch!   d) Was ist das? Das ist ein Haus.   e) Im Frühling gibt es viel Regen in Israel.   f) Daniel ist Student; er arbeitet viel.

4A Text

הַתְּשׁוּבָה

אַחֲרֵי כַּמָּה יָמִים דָּנִיאֵל עוֹנֶה לְמִרְיָם. הוּא כּוֹתֵב: שָׁלוֹם מִרְיָם!
מַה שְׁלוֹמֵךְ? תּוֹדָה רַבָּה בִּשְׁבִיל הַמִּכְתָּב וְהַהַזְמָנָה; אֲנִי בֶּאֱמֶת
חוֹשֵׁב לְבַקּוּר בְּיִשְׂרָאֵל, אֲבָל עַכְשָׁיו יֵשׁ לִי הַרְבֵּה עֲבוֹדָה וְעוֹד
אֵין לִי מַסְפִּיק כֶּסֶף בִּשְׁבִיל נְסִיעוֹת... בָּאָבִיב הַמַּצָּב יִהְיֶה יוֹתֵר
טוֹב. בֵּינְתַיִם אֲנִי לוֹמֵד אֶת הַשָּׂפָה הָעִבְרִית. אֶת הַמִּכְתָּב הַזֶּה
אֲנִי כּוֹתֵב לְבַדִּי, בְּלִי מִלּוֹן! (אוּלַי יֵשׁ לָךְ מִלּוֹן טוֹב?)
בְּגֶרְמַנְיָה עַכְשָׁיו קַר מְאֹד, יֵשׁ רוּחַ וְשֶׁלֶג; כִּמְעַט כָּל הַזְּמַן אֲנַחְנוּ
יוֹשְׁבִים בַּבַּיִת...וְאַתֶּם? אַתֶּם בְּוַדַּאי מְטַיְּלִים הַרְבֵּה – לָכֶם יֵשׁ
הַרְבֵּה שֶׁמֶשׁ אֲפִלוּ בַּחֹרֶף. יֵשׁ לָכֶם מַזָּל!
כָּל טוּב – לְהִתְרָאוֹת בְּתֵל־אָבִיב!
דָּנִיאֵל.
נ.ב. בָּרֶגַע הַזֶּה אֲנִי חוֹשֵׁב לַשִׁיר הַיִּשְׂרָאֵלִי
"בַּשָּׁנָה הַבָּאָה בִּירוּשָׁלַיִם.".

hatʃuva

axaréi 'kama jamim danjél one ləmirjam. hu kotév: ʃalom mirjam! ma ʃloméx? toda
raba biʃvil hamixtav vəhahazmana. ani beᵉemet xoʃév ləvikur bəjisraᵉel, aval axʃav jéʃ
li harbé avoda vəᵉod éin li maspik 'kesef biʃvil nəsi'ot... baᵉaviv hamatsav jihje jotér
tov. béin'tajim ani loméd et hasafa haᵉivrit. et hamixtav haze ani kotév ləvadi, bli
milon! (ulai jéʃ !ax milon tov?)
bəger'manja axʃav kar məᵉod, jéʃ 'ruᵉax vəʃeleg; kim'at kol hazman a'naxnu joʃvim
ba'bajit... vəᵉatem? atem bəvadai mətajəlim harbé – laxem jéʃ harbé 'ʃemeʃ a'filu
ba'xoref. jéʃ laxem mazal!
kol tuv – ləhitraᵉot bətélaviv!
danjél.
p.s. ba'rega haze ani xoʃév laʃir hajisrə'éli „baʃana habaᵉa biruʃa'lajim...“

Antwort [tʃuva, tʃuvot] f/Pl תְּשׁוּבָה, תְּשׁוּבוֹת

nach (zeitlich) [axaréi] אַחֲרֵי

einige; wieviel (unveränderl.) [kama] כַּמָּה

er antwortet [hu oné] הוּא עוֹנֶה

sie antwortet [hi ona] הִיא עוֹנָה

weibl. Form zu [ʃlomxa] [ʃloméx] שְׁלוֹמֵךְ
(s. 3. Lektion)

danke [toda] תּוֹדָה

vielen Dank [toda raba] תּוֹדָה רַבָּה

für [biʃvil] בִּשְׁבִיל

Einladung הַזְמָנָה, הַזְמָנוֹת
[hazmana, hazmanot] f/Pl

Wahrheit [emet] f אֱמֶת

tatsächlich, wirklich [beʲemet*] בֶּאֱמֶת

er denkt [hu xoʃév] הוּא חוֹשֵׁב

sie denkt [hi xo'ʃevet] הִיא חוֹשֶׁבֶת
(an...) (lə) (... לְ)

Besuch [bikur, bikurim] m/Pl בִּקּוּר, בִּקּוּרִים

Arbeit [avoda, avodot] f/Pl עֲבוֹדָה, עֲבוֹדוֹת

genug [maspik] מַסְפִּיק

Geld ['kesef] m כֶּסֶף

Reise, Fahrt נְסִיעָה, נְסִיעוֹת
[nəsiʲa, nəsiʲot] f/Pl

Lage, Situation [matsav] m מַצָּב

wird sein [jihje] יִהְיֶה

mehr [jotér] יוֹתֵר

besser [jotér tov] יוֹתֵר טוֹב

inzwischen [béin'tajim] בֵּינְתַיִם

allein [ləvad] לְבַד

ich allein [ləvadi] לְבַדִּי

ohne [bli] בְּלִי

Wörterbuch מִלּוֹן , מִלּוֹנִים
[milon, milonim] m/Pl

kalt [kar] קַר

Wind ['ruax, ruxot] f/Pl רוּחַ, רוּחוֹת

Schnee ['ʃeleg] m שֶׁלֶג

fast [kimʲat] כִּמְעַט

er sitzt [hu joʃév] הוּא יוֹשֵׁב

sie sitzt [hi jo'ʃevet] הִיא יוֹשֶׁבֶת

ihr [atem] אַתֶּם

sicher, gewiß (Adverb) [bəvadai] בְּוַדַּאי

er geht spazieren [hu mətajél] הוּא מְטַיֵּל

sie geht [hi məta'jelet] הִיא מְטַיֶּלֶת
spazieren

euch (Dativ) [laxem] לָכֶם

Sonne ['ʃemeʃ] m שֶׁמֶשׁ

sogar [a'filu] אֲפִלּוּ

Glück [mazal] m מַזָּל

alles Gute [kol tuv] כָּל טוּב

auf Wiedersehen [ləhitraʲot] לְהִתְרָאוֹת

Moment ['rega, rəgaʲim] m/Pl רֶגַע, רְגָעִים

Lied [ʃir, ʃirim] m/Pl שִׁיר, שִׁירִים

Jahr [ʃana, ʃanim] f/Pl שָׁנָה, שָׁנִים

der nächste [haba] הַבָּא

die nächste [habaʲa] הַבָּאָה
(der/die kommende)

im nächsten [baʃana habaʲa] בַּשָּׁנָה הַבָּאָה
Jahr

Jerusalem [Jəruʃa'lajim] יְרוּשָׁלַיִם

in Jerusalem [biruʃa'lajim] בִּירוּשָׁלַיִם
(s. Grammatik)

Familie Guri [miʃ'paxat 'guri] מִשְׁפַּחַת גּוּרִי
(verbundene Form, s. 5 B 2)

---

* Bei diesem Wort wird der erste Vokal an die folgenden zwei Vokale angeglichen.

4B Grammatik

1. ‎לְ‎ + Personalpronomen

Mit Präpositionen werden Personalpronomen in verkürzten Formen, den sogenannten Personalsuffixen, verbunden. Neben ‎לְ‎ tritt vor Personalsuffixen die Variante ‎לָ‎ auf.　　2. Person Singular feminin　– Endung ‎ךְ‎ – **ax**

　　　　　　3. Person Singular maskulin – Endung ‎ו‎ – **o**

　　　　　　3. Person Singular feminin　– Endung ‎ה‎ – **a**

Bezieht man sich im Plural auf mehrere Personen unterschiedlichen Geschlechts, werden die männlichen Formen verwendet.

Singular			Plural		
‎לִי‎	li	*mir*	‎לָנוּ‎	'lanu	*uns*
‎לְךָ‎	ləxa *(m)*	*dir/Ihnen*	‎לָכֶם‎	laxem *(m)*	*euch/Ihnen*
‎לָךְ‎	lax *(f)*	*dir/Ihnen*	‎לָכֶן‎	laxen *(f)*	*euch/Ihnen*
‎לוֹ‎	lo	*ihm*	‎לָהֶם‎	lahem *(m)*	*ihnen*
‎לָהּ‎	la	*ihr*	‎לָהֶן‎	lahen *(f)*	*ihnen*

2. Entsprechungen von „haben"

Um *haben* im Hebräischen auszudrücken, benutzt man die Wörter:

　　　　‎יֵשׁ‎ jéʃ *es gibt, es ist da;*　　　　　　‎אֵין‎ éin *es gibt nicht/kein*

mit ...‎לְ‎ + Personalsuffix oder Substantiv (s. auch 3 B 6):

Singular			Plural		
‎יֵשׁ לִי‎	jéʃ li	*ich habe*	‎יֵשׁ לָנוּ‎	jéʃ 'lanu	*wir haben*
‎יֵשׁ לְךָ‎	jéʃ ləxa	*du hast/Sie haben*	‎יֵשׁ לָכֶם‎	jéʃ laxem	*ihr habt*
‎יֵשׁ לָךְ‎	jéʃ lax	*"/"*	‎יֵשׁ לָכֶן‎	jéʃ laxen	*"/"*
‎יֵשׁ לוֹ‎	jéʃ lo	*er hat*	‎יֵשׁ לָהֶם‎	jéʃ lahem	*sie haben*
‎יֵשׁ לָהּ‎	jéʃ la	*sie hat*	‎יֵשׁ לָהֶן‎	jéʃ lahen	*"/"*
‎אֵין לִי‎	éin li	*ich habe nicht*	‎אֵין לָנוּ‎	éin 'lanu	*wir haben nicht*
‎אֵין לְךָ‎	éin ləxa	*du hast nicht/ Sie haben nicht*	‎אֵין לָכֶם‎	éin laxem	*ihr habt nicht*
‎אֵין לָךְ‎	éin lax	*"/"*	‎אֵין לָכֶן‎	éin laxen	*"/"*
‎אֵין לוֹ‎	éin lo	*er hat nicht*	‎אֵין לָהֶם‎	éin lahem	*sie haben nicht*
‎אֵין לָהּ‎	éin la	*sie hat nicht*	‎אֵין לָהֶן‎	éin lahen	*"/"*

Beispiele:

יֵשׁ לְךָ כֶּסֶף?	jéʃ ləxa 'kesef?	*Hast du Geld?*
אֵין לִי כֶּסֶף.	éin li 'kesef.	*Ich habe kein Geld.*
יֵשׁ לְדָוִד זְמַן?	jéʃ lədavid zman?	*Hat David Zeit?*
אֵין לַסְטוּדֶנְט זְמַן.	éin lastudent zman.	*Der Student hat keine Zeit.*

3. Pluralbildung der Substantive

Der Plural der Substantive wird mittels folgender Endungen gebildet:

a) **Männliche** Substantive erhalten die Endung ‍ים -im:

מִכְתָּב	mixtav	*ein Brief*	מִכְתָּבִים	mixtavim	*Briefe*
הַמִּכְתָּב	hamixtav	*der Brief*	הַמִּכְתָּבִים	hamixtavim	*die Briefe*

b) **Weibliche** Substantive erhalten die Endung ות -ot an Stelle der Singularendungen ה -a und ת -et:

שָׂפָה	safa	*eine Sprache*	שָׂפוֹת	safot	*Sprachen*
הַשָּׂפָה	hasafa	*die Sprache*	הַשָּׂפוֹת	hasafot	*die Sprachen*
גְּבֶרֶת	gə'veret	*eine Dame*	גְּבָרוֹת	gəvarot	*Damen*
הַגְּבֶרֶת	hagə'veret	*die Dame*	הַגְּבָרוֹת	hagəvarot	*die Damen*

Bei den Substantiven gibt es einige Ausnahmen: Männliche Substantive können die Endung ות -ot und weibliche die Endung ‍ים -im haben, z.B.:

שָׁנָה	ʃana *(f)*	*ein Jahr*	שָׁנִים	ʃanim	*Jahre*
מָקוֹם	makom *(m)*	*ein Platz*	מְקוֹמוֹת	məkomot	*Plätze*

Merke: Bei manchen Substantiven tritt wegen der Verschiebung der Betonung eine kleine Vokalveränderung ein, z.B.

יוֹם	jom	*ein Tag*	יָמִים	jamim	*Tage*
גְּבֶרֶת	gə'veret	*eine Dame*	גְּבָרוֹת	gəvarot	*Damen*

Von jetzt an wird im Vokabular bei jedem Substantiv nicht nur das Geschlecht, sondern auch der Plural angegeben, vor allem, wenn er von der Regel abweicht.

4. Pluralbildung der Adjektive

Die Adjektive richten sich nach dem Geschlecht der Substantive. Sie erhalten **immer** die Pluralendung ‍ים -im, wenn sie sich auf **männliche** Wesen oder Dinge beziehen, oder die Endungen ות -ot, wenn sie sich auf **weibliche** Wesen oder Dinge beziehen. Hier gibt es keine Ausnahmen. Bezieht sich das Adjektiv auf männliche **und** weibliche Wesen, wird die Maskulin-Form gebraucht:

תַּלְמִידִים טוֹבִים	talmidim tovim	*gute Schüler*
תַּלְמִידוֹת טוֹבוֹת	talmidot tovot	*gute Schülerinnen*
תַּלְמִידִים וְתַלְמִידוֹת טוֹבִים	talmidim vətalmidot tovim	*gute Schüler und Schülerinnen*

Merke: Wegen Verschiebung der Betonung wird bei manchen Adjektiven der erste Vokal in weiblichen und Pluralformen zu einem ☐ (Schva) abgeschwächt:

בַּיִת גָּדוֹל	'bajit gadol	*ein großes Haus*
בָּתִּים גְּדוֹלִים	batim gədolim	*große Häuser*
מִשְׁפָּחָה גְּדוֹלָה	miʃpaxa gədola	*eine große Familie*
מִשְׁפָּחוֹת גְּדוֹלוֹת	miʃpaxot gədolot	*große Familien*

5. Der Akkusativ im Hebräischen

Ein Substantiv ohne Artikel bleibt im Akkusativ unverändert:

הוּא לוֹמֵד הִיסְטוֹרְיָה.	hu loméd his'torja.	*Er lernt Geschichte.*
אֲנִי כּוֹתֵב מִכְתָּב.	áni kotév mixtav.	*Ich schreibe einen Brief.*

Vor Substantiven mit Artikel und vor Eigennahmen steht im Akkusativ das Wörtchen אֶת **et**:

אֲנִי לוֹמֵד אֶת הַשָׂפָה.	ani loméd et hasafa.	*Ich lerne die Sprache.*
דָּנִיֵּאל מַכִּיר אֶת מִרְיָם.	danjél makir et mirjam.	*Daniel kennt Miriam.*

6. Konjugation eines Verbs im Präsens (Singular und Plural)

	m			f	
אֲנִי לוֹמֵד	ani loméd	*ich lerne*	אֲנִי לוֹמֶדֶת	ani lo'medet	
אַתָּה לוֹמֵד	ata loméd	*du lernst (Sie lernen)*	אַתְּ לוֹמֶדֶת	at lo'medet	
הוּא לוֹמֵד	hu loméd	*er lernt/sie lernt*	הִיא לוֹמֶדֶת	hi lo'medet	
אֲנַחְנוּ לוֹמְדִים	a'naxnu lomdim	*wir lernen*	אֲנַחְנוּ לוֹמְדוֹת	a'naxnu lomdot	
אַתֶּם לוֹמְדִים	atem lomdim	*ihr lernt*	אַתֶּן לוֹמְדוֹת	aten lomdot	
הֵם לוֹמְדִים	hém lomdim	*sie lernen*	הֵן לוֹמְדוֹת	hén lomdot	

Es gibt also im Präsens nur vier Formenunterscheidungen für das Verb:
männlich und weiblich, Singular und Plural.

Merke: Ist der mittlere Konsonant eines Verbs ein Kehllaut (ע oder א,ה,ח), so steht
im Plural an Stelle des ⃞ Schva der Halbvokal ⃞ :

Singular: *(er, sie) fragt*   ʃoʲél, ʃoʲ'elet   שׁוֹאֵל, שׁוֹאֶלֶת
Plural: *(sie) fragen*   ʃoʲalim, ʃoʲalot   שׁוֹאֲלִים, שׁוֹאֲלוֹת

7. Konjugation eines Verbs mit Stammkonsonanten

	m			f	
אֲנִי גָּר	ani gar	*ich wohne*	אֲנִי גָּרָה	ani gara	
אַתָּה גָּר	ata gar	*du wohnst (Sie wohnen)*	אַתְּ גָּרָה	at gara	
הוּא גָּר	hu gar	*er wohnt/sie wohnt*	הִיא גָּרָה	hi gara	
אֲנַחְנוּ גָּרִים	a'naxnu garim	*wir wohnen*	אֲנַחְנוּ גָּרוֹת	a'naxnu garot	
אַתֶּם גָּרִים	atem garim	*ihr wohnt*	אַתֶּן גָּרוֹת	aten garot	
הֵם גָּרִים	hém garim	*sie wohnen*	הֵן גָּרוֹת	hén garot	

Auch hier gibt es nur vier Formen für das Verb im Präsens, wobei die Endungen des
Plurals die gleichen wie beim oben dargestellten Verb sind, nur die Singularformen
weichen ab. Weitere Variationen für die Präsensformen des Verbs gibt es hier jedoch
nicht.

4C Übungen

1. *Antworten Sie auf die Fragen!*

   Verwenden Sie das Personalpronomen bei der Antwort:

   a) éifo gar danjél, éifo gara mirjam?   אֵיפֹה גָּר דָּנִיאֵל, אֵיפֹה גָּרָה מִרְיָם?
   b) ma'duʲa danjél lo ba ləjisraʲel axʃav?   מַדּוּעַ דָּנִיאֵל לֹא בָּא לְיִשְׂרָאֵל עַכְשָׁיו?
   c) lədanjél jéʃ harbé 'kesef?   לְדָנִיאֵל יֵשׁ הַרְבֵּה כֶּסֶף?
   d) éix ha'xoref bəger'manja?   אֵיךְ הַחֹרֶף בְּגֶרְמַנְיָה?
   e) ma osa miʃ'paxat 'guri ba'xoref?   מַה עוֹשָׂה מִשְׁפַּחַת גּוּרִי בַּחֹרֶף?
   f) lədanjél jéʃ milon ivri-germani?   לְדָנִיאֵל יֵשׁ מִלּוֹן עִבְרִי-גֶרְמָנִי?

2. *Setzen Sie in den Plural:*
   a) hatalmid loméd ivrit.　　　　　　　הַתַּלְמִיד לוֹמֵד עִבְרִית.
   b) hamazkira o'vedet bəmisrad gadol.　הַמַּזְכִּירָה עוֹבֶדֶת בְּמִשְׂרָד גָּדוֹל.
   c) hamakom haze jafe mə'od.　　　　　הַמָּקוֹם הַזֶּה יָפֶה מְאֹד.
   d) latalmid jéʃ milon tov.　　　　　　לַתַּלְמִיד יֵשׁ מִלּוֹן טוֹב.

3. *Setzen Sie die richtige Verbform ein:*
   a) miʃpaxat 'guri ... *(wohnen)* bətelaviv.　　מִשְׁפַּחַת גּוּרִי ... בְּתֵל־אָבִיב.
   b) hatalmidot ... *(lernen)* 'kama safot.　　הַתַּלְמִידוֹת ... כַּמָּה שָׂפוֹת.
   c) gə'veret 'guri ... *(spazierengehen)* gam ba'xoref.　גְּבֶרֶת גּוּרִי ... גַּם בַּחֹרֶף.
   d) ha'ax ... *(fragen)*, vəha'axot ... *(antworten)*.　הָאָח ... וְהָאָחוֹת ...

4. *Stellen Sie Fragen:*
   a) jeʃ li harbé avoda. və'at? jéʃ ...?　　יֵשׁ לִי הַרְבֵּה עֲבוֹדָה. וְאַתְּ? יֵשׁ ... ?
   b) éin li maspik 'kesef. vəhu? jéʃ ...?　אֵין לִי מַסְפִּיק כֶּסֶף. וְהוּא? יֵשׁ ... ?
   c) jéʃ li milon tov. və'ata? jéʃ ...?　　יֵשׁ לִי מִלּוֹן טוֹב. וְאַתָּה? יֵשׁ ...?
   d) jéʃ lanu misrad gadol. və'atem? jéʃ ...?　יֵשׁ לָנוּ מִשְׂרָד גָּדוֹל. וְאַתֶּם? יֵשׁ ... ?

5. *Bilden Sie hebräische Sätze:*
   a) Folgende Dinge sind vorhanden:
      Platz, Geld, Arbeit, Verkehr,
      im Haus, in Tel Aviv, im Winter, im Büro.
   b) Folgende Dinge sind nicht vorhanden:
      Zeit, Schnee, Sonne, Regen,
      im Sommer, in Tel Aviv, im Büro, in der Universität.

6. *Übersetzen Sie:*
   a) Wir haben noch nicht genug Geld für eine Reise nach Israel.　b) Ich schreibe jetzt einen Brief an Miriam – ohne Wörterbuch!　c) Viele Studenten sagen: Deutsch und Hebräisch sind keine (nicht) schweren Sprachen.　d) Der Schüler hat ein gutes Wörterbuch, und er lernt schnell.　e) Daniel kennt Miriam gut; er schreibt ihr Briefe, und sie antwortet ihm.　f) „Ihr habt viel Sonne, sogar im Winter", schreibt er ihr. „Hier ist es jetzt sehr kalt – wir haben keine Sonne."

5A Text

בָּאֲוִיר

בְּחֹדֶשׁ מֶרְץ דָּנִיאֵל מְקַבֵּל שְׁבוּעַיִם חֹפֶשׁ. וְהִנֵּה הָרֶגַע הַגָּדוֹל: נְסִיעָה לְיִשְׂרָאֵל! יֵשׁ לוֹ כְּבָר הַכֹּל: דַּרְכּוֹן (וִיזָה לֹא צָרִיךְ), כֶּסֶף וְכַרְטִיס־טִיסָה. הַכַּרְטִיס לֹא יָקָר (כִּסְטוּדֶנְט דָּנִיאֵל מְשַׁלֵּם רַק חֲצִי מְחִיר), וְהַהוֹרִים נוֹתְנִים לוֹ עוֹד קְצָת כֶּסֶף־כִּיס. בְּתֵל־אָבִיב הוּא גָּר אֵצֶל מִשְׁפַּחַת גּוּרִי...

בִּנְמַל הַתְּעוּפָה יֵשׁ בִּקֹרֶת בִּטָּחוֹן חֲמוּרָה: הַשּׁוֹטְרִים בּוֹדְקִים אֶת הַמִּזְוָדוֹת שֶׁל כָּל הַנּוֹסְעִים. סוֹף־סוֹף דָּנִיאֵל עוֹלֶה לַמָּטוֹס שֶׁל חֶבְרַת אֶל־עָל. בִּפְנִים שׁוֹמְעִים מוּסִיקָה יִשְׂרְאֵלִית. הַדַּיֶּלֶת נֶחְמָדָה; הִיא מְדַבֶּרֶת, כַּמּוּבָן, עִבְרִית וְגַם אַנְגְּלִית וְגֶרְמָנִית. בַּדֶּרֶךְ הַנּוֹסְעִים מְקַבְּלִים תֵּה, קָפֶה, מִיץ תַּפּוּזִים (מִיִּשְׂרָאֵל!) וַאֲרוּחָה קַלָּה. דָּנִיאֵל יוֹשֵׁב עַל־יַד הַחַלּוֹן וְהוּא רוֹאֶה אֶת הָאֲלָפִים וְאֶת הַיָּם הַתִּיכוֹן.

אַחֲרֵי שָׁלוֹשׁ שָׁעוֹת הַמָּטוֹס מַגִּיעַ לְלוֹד. זֶה כְּבָר בָּעֶרֶב: לְמַטָּה
רוֹאִים אֶת הָאוֹרוֹת שֶׁל תֵּל־אָבִיב. הִנֵּה עַכְשָׁיו נְמַל־הַתְּעוּפָה
בֶּן־גּוּרְיוֹן. הַנּוֹסְעִים יוֹרְדִים. עַל שֶׁלֶט גָּדוֹל כָּתוּב (בְּעִבְרִית
וּבְאַנְגְּלִית):

בְּרוּכִים הַבָּאִים לְיִשְׂרָאֵל!

Welcome to Israel!

ba'avir

bə'xodeʃ merts danjél məkabél ʃvu'ajim 'xofeʃ. vəhiné ha'rega hagadol: nəsi'a
ləjisra'él! jéʃ lo kvar hakol: darkon ('viza lo tsarix), 'kesef vəkartis-tisa. Hakartis lo
jakar (kəstudent danjél məʃalém rak xatsi məxir), vəhahorim notnim lo od kətsat
'kesef-kis. bətélaviv hu gar 'etsel miʃ'paxat 'guri...
binmal hatə'ufa jéʃ bi'koret bitaxon xamura; haʃotrim bodkim et hamizvadot ʃel kol
hanos'im. sof-sof danjél ole lamatos ʃel xevrat el al. bifnim ʃom'im 'musika jisrə'élit.
hada'jelet nexmada; hi məda'beret, kamuvan, ivrit vəgam anglit vəgermanit. Ba'derex
hanos'im məkablim té, kafe, mits-tapuzim (mijisra'él!) va'aruxa kala. danjél joʃév
aljad haxalon vəhu ro'e et ha'alpim və'et hajam hatixon. axaréi ʃaloʃ ʃa'ot hamatos
ma'gi'a ləlod. ze kvar ba'erev; lə'mata ro'im et ha'orot ʃel télaviv. hiné axʃav nəmal-
hatə'ufa ben-gurion. hanos'im jordim. al 'ʃelet gadol katuv (bə'ivrit uvə'anglit):
bruxim haba'im ləjisra'él!

Welcome to Israel!

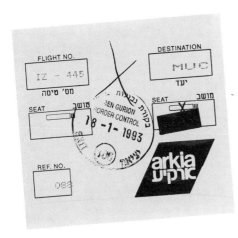

Luft	[avir] *m* אֲוִיר
Monat	['xodeʃ, xodaʃim] *m* חֹדֶשׁ, חֳדָשִׁים
er bekommt	[hu məkabél] הוּא מְקַבֵּל
sie bekommt	[hi məka'belet] הִיא מְקַבֶּלֶת
Woche	[ʃa'vu'a, ʃavu'ot] *m* שָׁבוּעַ, שָׁבוּעוֹת
zwei Wochen	[ʃvu'ajim] שְׁבוּעַיִם
Urlaub, Ferien	['xofeʃ] *m* חֹפֶשׁ
Paß	[darkon, darkonim] *m* דַּרְכּוֹן, דַּרְכּוֹנִים
Visum	['viza, vizot] *f* וִיזָה, וִיזוֹת
es ist nötig, man muß	[tsarix] צָרִיךְ
Billett, (Fahr-)Karte	[kartis, kartisim] *m* כַּרְטִיס, כַּרְטִיסִים
Flug	[tisa, tisot] *f* טִיסָה, טִיסוֹת
teuer	[jakar, jəkara] יָקָר, יְקָרָה

als, wie [kə] ...כְּ
(wird mit dem folgenden Wort
verbunden)

er bezahlt [hu məʃalém] הוּא מְשַׁלֵּם

sie bezahlt [hi məʃa'lemet] הִיא מְשַׁלֶּמֶת

Hälfte; halb [xatsi] חֲצִי

Preis [məxir, məxirim] *m/Pl* מְחִיר, מְחִירִים

Eltern [horim] *m/Pl* הוֹרִים

er gibt [hu noten] הוּא נוֹתֵן

sie gibt [hi no'tenet] הִיא נוֹתֶנֶת

(Hosen-, Mantel-)Tasche כִּיס, כִּיסִים
[kis, kisim] *m*

bei ['étsel] אֵצֶל

Hafen [namal, nəmalim] *m* נָמֵל, נְמֵלִים

Flugwesen, Luftfahrt [təʲufa] *f* תְּעוּפָה

Flughafen [nəmal-təʲufa] נְמַל-תְּעוּפָה

Kontrolle [bi'koret] *f* בִּקֹּרֶת

Sicherheit [bitaxon] בִּטָּחוֹן

streng [xamur, xamura] חָמוּר, חֲמוּרָה

Polizist [ʃotér, ʃotrim] *m* שׁוֹטֵר, שׁוֹטְרִים

er kontrolliert [hu bodék] הוּא בּוֹדֵק

sie kontrolliert [hi bo'deket] הִיא בּוֹדֶקֶת

Reisender, נוֹסֵעַ, נוֹסְעִים

Fahrgast [no'séʲa, nosʲim] *m*

Koffer מִזְוָדָה, מִזְוָדוֹת
[mizvada, mizvadot] *f*

Ende [sof] *m* סוֹף

schließlich, endlich [sof-sof] סוֹף-סוֹף

er steigt ein [hu olé] הוּא עוֹלֶה

sie steigt ein [hi ola] הִיא עוֹלָה

Flugzeug מָטוֹס, מְטוֹסִים
[matos, mətosim] *m*

Gesellschaft חֶבְרָה, חֲבָרוֹת
[xevra, xavarot] *f*

(*eig.:* nach oben) El Al [el al] אֶל-עַל
(israelische Fluggesellschaft)

Fluggesell- [xevrat el al] חֶבְרַת אֶל-עַל
schaft El Al *(verbundene Form,*
s. Grammatik)

drinnen [bifnim] בִּפְנִים

er hört [hu ʃo'méʲa] הוּא שׁוֹמֵעַ

sie hört [hi ʃo'maʲat] הִיא שׁוֹמַעַת

man hört [ʃomʲim] שׁוֹמְעִים

Musik ['musika] *f* מוּסִיקָה

Stewardeß דַּיֶּלֶת, דַּיָּלוֹת
[da'jelet, dajalot] *f*

nett [nexmad, nexmada] נֶחְמָד, נֶחְמָדָה

selbstverständlich [kamuvan] כַּמּוּבָן

Weg ['derex, draxim] *f* דֶּרֶךְ, דְּרָכִים

unterwegs [ba'derex] בַּדֶּרֶךְ

Tee [té] *m* תֵּה

Saft [mits, mitsim] *m* מִיץ, מִיצִים

Orange, Apfelsine תַּפּוּז, תַּפּוּזִים
[tapuz, tapuzim] *m*

Orangensaft [mits tapuzim] *m* מִיץ תַּפּוּזִים

Mahlzeit [aruxa, aruxot] *f* אֲרוּחָה, אֲרוּחוֹת

er sitzt [hu joʃev] הוּא יוֹשֵׁב

sie sitzt [hi jo'ʃevet] הִיא יוֹשֶׁבֶת

neben [aljad] עַל-יָד

Fenster [xalon, xalonot] *m* חַלּוֹן, חַלּוֹנוֹת

er sieht [hu roʲe] הוּא רוֹאֶה

sie sieht [hi roʲa] הִיא רוֹאָה

die Alpen [haʲ'alpim] *m/Pl* הָאַלְפִּים

Meer [jam] יָם

Mittel- [tixon] תִּיכוֹן

Mittelmeer [hajam hatixon] הַיָּם הַתִּיכוֹן

Stunde [ʃaʲa, ʃaʲot] *m/Pl* שָׁעָה, שָׁעוֹת

er kommt an [hu ma'giʲa] הוּא מַגִּיעַ לְ

sie kommt an [hi magiʲa] הִיא מַגִּיעָה לְ

Lod (früher Lydda) [lod] לוֹד
(Stadt und Flughafen bei Tel Aviv)

schon [kvar] כְּבָר

unten [lə'mata] לְמַטָּה

man sieht [roʲim] רוֹאִים

Licht [or, orot] *m* אוֹר, (אוֹרוֹת)

David Ben-Gurion דָּוִד בֶּן-גּוּרִיוֹן
(1886-1973) [david bengurjon*]
(erster Ministerpräsident Israels)

* בֶּן ist die verbundene Form von בֵּן (Sohn). Aussprache unverändert.

er steigt aus (hinunter)	[hu joréd] הוּא יוֹרֵד	gesegnet	[barux, bruxa] בָּרוּךְ, בְּרוּכָה
sie steigt aus (hinunter)	[hi joʼredet] הִיא יוֹרֶדֶת	willkommen	[barux haba] בָּרוּךְ הַבָּא
auf	[al] עַל	(wörtl. „gesegnet, der kommt")	
Schild	[ʃelet, ʃlatim] m שֶׁלֶט, שְׁלָטִים	[bruxim habaʼim] Pl בְּרוּכִים הַבָּאִים	
geschrieben	[katuv, ktuva] כָּתוּב, כְּתוּבָה	Garten, Park	[gan] גַּן

5B Grammatik

1. Genitiv

Der Genitiv wird im Hebräischen mit Hilfe der Präposition שֶׁל ʃel gebildet (vgl. englisch „of", französisch „de"):

הַמִּשְׂרָד שֶׁל הַפָּקִיד   hamisrad ʃel hapakid   *das Büro des Beamten*

הַמִּכְתָּב שֶׁל מִרְיָם   hamixtav ʃel mirjam   *Miriams Brief*

2. Verbundene Form (סְמִיכוּת smixut)

Der Genitiv kann aber auch durch eine andere, kürzere Form ausgedrückt werden. Den Artikel -הַ ha erhält dann nur das zweite Substantiv, das meist mit einem Bindestrich an das erste angeschlossen wird.

Diese „verbundene Form" nennt man in der hebräischen Grammatik סְמִיכוּת smixut, das heißt Assoziation, Anlehnung – weil sich ein Hauptwort auf das andere „stützt" (סְמִיכָה smixa *Stütze*).

Beispiele:

סוֹף־הַנְּסִיעָה   sof-hanəsiʼa   *das Ende der Reise*

אוֹרוֹת־הָעִיר   orot-haʼir   *die Lichter der Stadt*

Oft entspricht der „verbundenen Form" im Deutschen ein zusammengesetztes Substantiv:

גַּן־הָעִיר   gan-haʼir   *der Stadtpark*

כַּרְטִיס־הַטִּיסָה   kartis-hatisa   *das Flugticket*

כֶּסֶף־כִּיס   ʼkesef-kis   *Taschengeld*

Beim letzten Beispiel entfällt der Artikel, das zusammengesetzte Substantiv ist unbestimmt.

3. Die Verben der 2. Konjugation (Präsens)

Die Verben der 2. Konjugation erhalten im Präsens die Vorsilbe -מְ *mə*; die Vokale des Wortstammes sind ☐ **a** und ☐ **e**:

אֲנִי מְדַבֵּר	ani mədabér	*ich spreche*
אֲנִי מְקַבֵּל	ani məkabél	*ich erhalte*
אֲנִי מְשַׁלֵם	ani məʃalém	*ich bezahle*

m		Präsens	f	
אֲנִי מְקַבֵּל	ani məkabél	*ich bekomme*	אֲנִי מְקַבֶּלֶת	ani məka'belet
אַתָּה מְקַבֵּל	ata məkabél	*du bekommst*	אַתְּ מְקַבֶּלֶת	at məka'belet
		Sie bekommen		
הוּא מְקַבֵּל	hu məkabél	*er/sie bekommt*	הִיא מְקַבֶּלֶת	hi məka'belet
אֲנַחְנוּ	a'naxnu	*wir bekommen*	אֲנַחְנוּ	a'naxnu
מְקַבְּלִים	məkablim		מְקַבְּלוֹת	məkablot
אַתֶּם	atem	*ihr bekommt*	אַתֶּן	aten
מְקַבְּלִים	məkablim		מְקַבְּלוֹת	məkablot
הֵם מְקַבְּלִים	hém məkablim	*sie bekommen*	הֵן מְקַבְּלוֹת	hén məkablot

Infinitiv: לְקַבֵּל ləkabél *(zu) bekommen*

Merke: Charakteristisch ist für alle Formen die Verdoppelung des zweiten Konsonanten, die durch das Dagesch angezeigt wird.

4. Übersetzung von „man"

Man wird im Hebräischen durch die männliche Pluralform des Verbs wiedergegeben, ohne Pronomen:

רוֹאִים אוֹרוֹת	ro'im orot	*man sieht Lichter*
מְדַבְּרִים עִבְרִית	mədabrim ivrit	*man spricht Hebräisch*

5. Die Konjunktion וְ *və* „und"

וְ *və*... wird vor den Konsonanten בּ **b** und ו **v**, מ **m**, פּ **p** (also den Labiallauten) zu וּ **u**; die Buchstaben בּ **b** und פּ **p** werden dann zu בּ **v** und פ **f**:

בְּמִינְכֶן וּבְתֵל־אָבִיב	bəminxen uvətélaviv	*(nicht:* vəbətélaviv!)
דָּנִיֵּאל וּמִרְיָם	danjél umirjam	*(nicht:* vəmirjam!)

In der Umgangssprache wird diese Regel nicht immer beachtet.

6. כָּל kol „jeder; alle" – הַכֹּל hakol „alles"

כָּל kol *ganz* (s. 1 B 6) hat auch die Bedeutungen *jeder, jede, jedes* und *alle*. Nach כָּל kol *jeder* hat das folgende Substantiv keinen Artikel, nach כָּל kol *alle* den bestimmten Artikel:

כָּל נוֹסֵעַ	kol noʲséʲa	*jeder Reisende*
כָּל תַּלְמִידָה	kol talmida	*jede Schülerin*
כָּל הַנּוֹסְעִים	kol hanosʲim	*alle Reisenden*
כָּל הַתַּלְמִידוֹת	kol hatalmidot	*alle Schülerinnen*

הַכֹּל bedeutet *alles, das Ganze*:

יֵשׁ לוֹ הַכֹּל	jéʃ lo hakol	*er hat alles*

5C Übungen

1. *Antworten Sie auf die Fragen:*
   a) 'kama 'xofeʃ məkabél danjél? — כַּמָּה חֹפֶשׁ מְקַבֵּל דָּנִיאֵל?
   b) ma hu tsarix biʃvil hanəsiʲa? — מַה הוּא צָרִיךְ בִּשְׁבִיל הַנְּסִיעָה?
   c) ma'duʲa kartis-hatisa lo jakar? — מַדּוּעַ כַּרְטִיס הַטִּיסָה לֹא יָקָר?
   d) 'éifo hu gar bətélaviv? — אֵיפֹה הוּא גָּר בְּתֵל-אָבִיב?
   e) ma haʃotrim bodkim binmal-hatəʲufa? — מַה הַשּׁוֹטְרִים בּוֹדְקִים בִּנְמַל-הַתְּעוּפָה?
   f) bə'éize matos noʲséʲa danjél? — בְּאֵיזֶה מָטוֹס נוֹסֵעַ דָּנִיאֵל?
   g) hanosʲim məkablim aruxa gədola? — הַנּוֹסְעִים מְקַבְּלִים אֲרוּחָה גְּדוֹלָה?
   h) lədanjél jéʃ makom tov bamatos? — לְדָנִיאֵל יֵשׁ מָקוֹם טוֹב בַּמָּטוֹס?

2. *Setzen Sie die richtigen Verbformen ein:*
   a) 'kama stu'dentim ... — כַּמָּה סְטוּדֶנְטִים ...
      ivrit vəgermanit. *(sprechen)* — עִבְרִית וְגֶרְמָנִית.
   b) bamatos hanosʲim ... — בַּמָּטוֹס הַנּוֹסְעִים ...
      té umits tapuzim. *(bekommen)* — תֵּה וּמִיץ תַּפּוּזִים.
   c) hadajalot ... et hakartisim. *(kontrollieren)* — הַדַּיָּלוֹת ... אֶת הַכַּרְטִיסִים.
   d) a'naxnu ... et haté vəʲet ha'mits? *(bezahlen)* — אֲנַחְנוּ ... אֶת הַתֵּה וְאֶת הַמִּיץ?

3. *Bilden Sie Sätze mit dem Genitiv wie im Beispiel:*
   misrad, pakid, gadol: מִשְׂרָד, פָּקִיד, גָּדוֹל:
   hamisrad ʃel hapakid gadol.   הַמִּשְׂרָד שֶׁל הַפָּקִיד גָּדוֹל.

   a) darkon, student, xadaʃ   דַּרְכּוֹן, סְטוּדֶנְט, חָדָשׁ
   b) da'jelet, xevrat el al, nexmad   דַּיֶּלֶת, חֶבְרַת אֶל-עָל, נֶחְמָד
   c) ʃotrim, mizvada, student, bodkim   שׁוֹטְרִים, מִזְוָדָה, סְטוּדֶנְט, בּוֹדְקִים
   d) namal, télaviv, lo gadol   נָמָל, תֵּל-אָבִיב, לֹא גָּדוֹל

4. *Bilden Sie Sätze mit Verbformen der 2. Konjugation und der verbundenen Form:*
   bekommen: wir ... (Orangensaft)
   bezahlen: sie ... (Flugticket)
   sprechen: ich ... (Englisch)
   spazieren gehen: du (*weibl.*) ... (im Flughafen)

5. *Wie sagen Sie auf Hebräisch: ...?*
   jeder Tag – das ganze Geld – das ganze Jahr – alle Häuser – ich bezahle alles –
   den ganzen Tag – alle Schülerinnen.

6. *Übersetzen Sie:*
   a) Ester geht heute im Stadtpark* spazieren.   b) Der Student fährt nach Israel in
   den Sommerferien*.   c) Im Flugzeug hört Daniel leichte Musik.   d) Am Abend
   kommt er in Lod an und sieht unten die große Stadt Tel Aviv. Es ist das Ende der
   Reise*. e) Im Flughafen Lod kontrolliert der Zollbeamte auch Daniels Paß und
   sagt: „Willkommen in Israel, mein Herr**!"   f) Daniel antwortet: „Danke
   schön." Jetzt bekommt er auch die Koffer.

---

* Verwenden Sie die verbundene Form!
** אֲדוֹנִי ; vgl. 6A.

6A

6A Text

בָּרוּךְ הַבָּא!

דָּנִיאֵל עָבַר אֶת הַבִּקֹרֶת שֶׁל הַמִּשְׁטָרָה וְשֶׁל הַמֶּכֶס בְּלִי בְּעָיָה. בַּחוּץ מֶזֶג־אֲוִיר חַם
וְנָעִים. דָּנִיאֵל רוֹאֶה הַרְבֵּה אוֹטוֹבּוּסִים, הַרְבֵּה מוֹנִיּוֹת, הַרְבֵּה יִשְׂרְאֵלִים. אֲבָל הוּא
לֹא רוֹאֶה אֶת מִרְיָם. אֵיפֹה הִיא? הִיא יוֹדַעַת שֶׁהוּא מַגִּיעַ הַיּוֹם: הוּא כָּתַב לָהּ לִפְנֵי
חֹדֶשׁ וְאֶתְמוֹל הוּא שָׁלַח לָהּ מִבְרָק. מַדּוּעַ הִיא לֹא בָּאָה? גַּם דָּוִד אֵינֶנּוּ...
"טַקְסִי, אֲדוֹנִי?" "לֹא, תּוֹדָה רַבָּה. אֵיפֹה יֵשׁ פֹּה טֶלֶפוֹן?" "שָׁם, בִּפְנִים, יֵשׁ טֶלֶפוֹן
צִבּוּרִי." דָּנִיאֵל מַחְלִיף קְצָת כֶּסֶף; עַכְשָׁיו יֵשׁ לוֹ שְׁקָלִים וַאֲגוֹרוֹת. אֲבָל אֵיךְ
מְטַלְפְּנִים? הַשֶּׁקֶל לֹא נִכְנָס... נַהַג הַטַּקְסִי מַסְבִּיר לוֹ: "אֲדוֹנִי, בִּשְׁבִיל טֶלֶפוֹן צִבּוּרִי
צָרִיךְ אֲסִימוֹן, וְרַק בְּמִשְׂרַד הַדֹּאַר מוֹכְרִים אֲסִימוֹנִים..." בָּרוּךְ הַשֵּׁם, יֵשׁ מִשְׂרַד דֹּאַר
בָּאוּלָם הַגָּדוֹל שֶׁל נְמַל־הַתְּעוּפָה, דָּנִיאֵל קוֹנֶה כַּמָּה אֲסִימוֹנִים, וְסוֹף־סוֹף הוּא מְדַבֵּר
עִם מַר גּוּרִי. "הַלוֹ דָּנִיאֵל, בָּרוּךְ הַבָּא! אֵיפֹה אַתָּה? מַדּוּעַ אַתָּה לֹא בָּא הֵנָּה? מַה,
מִרְיָם עוֹד לֹא שָׁם? הִיא עָזְבָה אֶת הַבַּיִת יַחַד עִם דָּוִד
לִפְנֵי שָׁעָה! אוּלַי הֵם עוֹד בַּדֶּרֶךְ ... הַיּוֹם יֵשׁ הַרְבֵּה
תְּנוּעָה!" דָּנִיאֵל שׁוֹאֵל: "אָז מַה אֲנִי עוֹשֶׂה?" פִּתְאֹם
מִישֶׁהוּ לוֹקֵחַ אֶת הַטֶּלֶפוֹן מִדָּנִיאֵל וְאוֹמֵר: "הַכֹּל בְּסֵדֶר,
אַבָּא. אֲנַחְנוּ כְּבָר פֹּה". זֶה דָּוִד ... דָּנִיאֵל רוֹאֶה גַּם אֶת
מִרְיָם בַּמְּכוֹנִית. אֵיזוֹ שִׂמְחָה!

64

barux haba!

danjél avar et habi'koret ʃel hamiʃtara vəʃel ha'mexes bli bəˠaja. baxuts 'mezeg-avir xam vənaˠim. danjél roˠe harbé otobusim, harbé moniot, harbé jisrəˠélim. aval hu lo roˠé et mirjam. 'éifo hi? hi jo'daˠat ʃehu ma'giˠa hajom; hu katav la lifnéi 'xodeʃ vəˠetmol hu ʃalax la mivrak. ma'duˠa hi lo baˠa? gam david éi'nenu... „taksi, adoni?" „lo, toda raba. éifo jéʃ po telefon?" „ʃam, bifnim, jéʃ telefon tsiburi." danjél max(a)lif kətsat 'kesef; axʃav jéʃ lo ʃkalim vaˠagorot. aval éix mətalfənim? ha'ʃekel lo nixnas... nahag hat:aksi* masbir lo: „adoni, biʃvil telefon tsiburi tsarix asimon, vərak bəmisrad ha'doˠar moxrim asimonim!" barux haʃém, jéʃ misrad-'doˠar baˠulam hagadol ʃel nəmal-hatəˠufa. danjél kone kama asimonim, vəsof-sof hu mədabér im mar 'guri. „halo danjél, barux haba! 'éifo ata? ma'du'a ata lo ba 'héna? ma, mirjam od lo ʃam? hi azva et ha'bajit 'jaxad im david lifnéi ʃaˠa! ulai hém od ba'derex ... hajom jéʃ harbé tnuˠa! danjél ʃoˠél: „az ma ani osé?" pitˠom miʃehu lo'kéˠax et hatelefon midanjél vəˠomér: „hakol bə'séder, aba. anaxnu kvar po." ze david ... danjél roˠe gam et mirjam baməxonit. 'éizo simxa!

er (sie) passiert,	[hu ovér]	הוּא עוֹבֵר
geht vorbei	[hi o'veret]	הִיא עוֹבֶרֶת
	([avar]	עָבַר)
Polizei	[miʃtara] f	מִשְׁטָרָה
Problem	[bəˠaja, bəˠajot] f	בְּעָיָה, בְּעָיוֹת
draußen	[baxuts]	בַּחוּץ
Wetter	['mezeg-avir] m	מֶזֶג־אֲוִיר
angenehm	[naˠim, nəˠima]	נָעִים, נְעִימָה
Autobus	['otobus, otobusim] m	אוֹטוֹבּוּס, אוֹטוֹבּוּסִים
Taxi	[monit, moniot] f	מוֹנִית, מוֹנִיוֹת
wo?	['éifo]	אֵיפֹה?
vor (zeitlich u. räumlich)	[lifnéi]	לִפְנֵי
gestern	[etmol]	אֶתְמוֹל
er (sie) schickt	[hu ʃo'léˠax]	הוּא שׁוֹלֵחַ
	[hi ʃo'laxat]	הִיא שׁוֹלַחַת
	([ʃalax]	שָׁלַח)
Telegramm	[mivrak] m	מִבְרָק
(er) ist nicht da	[éi'nenu]	אֵינֶנּוּ
mein Herr	[adoni]	אֲדוֹנִי
er (sie)	[hu max(a)lif]	הוּא מַחֲלִיף
wechselt	[hi max(a)lifa**]	הִיא מַחֲלִיפָה
Schekel (isr. Währung)	['ʃekel, ʃkalim] m	שֶׁקֶל, שְׁקָלִים
Agora	[agora, agorot] f	אֲגוֹרָה, אֲגוֹרוֹת
(1 Schekel=100 Agorot)		
er (sie)	[hu mətalfén]	הוּא מְטַלְפֵּן
telefoniert	[hi mətal'fenet]	הִיא מְטַלְפֶּנֶת
er (sie) geht	[hu nixnas]	הוּא נִכְנָס
hinein	[hi nix'neset]	הִיא נִכְנֶסֶת
Chauffeur, Fahrer	[nehag, nehagim] m	נֶהָג, נֶהָגִים
er (sie) erklärt	[hu masbir]	הוּא מַסְבִּיר
	[hi masbira]	הִיא מַסְבִּירָה
öffentlich	[tsiburi, tsiburit]	צִבּוּרִי, צִבּוּרִית
Telefon-Münze	[asimon, asimonim] m	אֲסִימוֹן, אֲסִימוֹנִים
er (sie) verkauft	[hu moxér]	הוּא מוֹכֵר
	[hi mo'xeret]	הִיא מוֹכֶרֶת
	([maxar]	מָכַר)
Post	['doˠar]	דֹּאַר
Name	[ʃém, ʃémot] m	שֵׁם, שֵׁמוֹת
auch: der Name Gottes	[haʃém]	הַשֵּׁם
Gott sei Dank!	[barux haʃem]	בָּרוּךְ הַשֵּׁם!

* Bei der Form נֶהַג הַטַקְסִי [nahag hataksi] handelt es sich um die verbundene Form (smixut).

** Nach ח (x) in der Mitte des Wortes wird der Halbvokal ◌ֲ meist nicht ausgesprochen.

Saal	[ulam, ulamot] *m* אוּלָם, אוּלָמוֹת	plötzlich	[pit'om] פִּתְאוֹם
er (sie) kauft	[hu koné] הוּא קוֹנֶה	jemand	[miʃehu] מִישֶׁהוּ
	[hi kona] הִיא קוֹנָה	er (sie) nimmt	[hu lo'kéax] הוּא לוֹקֵחַ
	([kana] קָנָה)		[hi lo'kaxat] הִיא לוֹקַחַת
Herr *(vor Namen)*	[mar] *m* מַר		([lakax] לָקַח)
her	['héna] הֵנָּה	alles	[hakol] הַכֹּל
er (sie) verläßt,	[hu ozév] הוּא עוֹזֵב	Ordnung	['séder] *m* סֵדֶר
geht fort	[hi o'zevet] הִיא עוֹזֶבֶת	in Ordnung	[bə'seder] בְּסֵדֶר
	([azav] עָזַב)	Vater; Papa (Anrede)	['aba] *m* אַבָּא
zusammen	['jaxad] יַחַד		*(erhält keinen Artikel)*
er (sie) macht	[hu ose] הוּא עוֹשֶׂה	welcher, welche	['eize, 'éizo] אֵיזֶה, אֵיזוֹ
	[hi osa] הִיא עוֹשָׂה	Freude	[simxa] *f* שִׂמְחָה
	([asa] עָשָׂה)	Lehrer	[more] *m* מוֹרֶה

6B Grammatik

1. Die Vergangenheit des Verbs der 1. Konjugation (פָּעַל pa'al)

Die Grundform der Vergangenheit ist die **3. Person Singular**.* Sie besteht aus den drei Stammkonsonanten und den zwei Vokalen ◌ָ –◌ַ **a–a**.

Präsens		Vergangenheit		
הוּא לוֹמֵד	hu loméd	*er lernt*	הוּא לָמַד	hu lamad *er lernte, hat(te) gelernt*

Es gibt also nur eine einzige Zeitform für die Vergangenheit (hebräisch: עָבָר avar). Weitere Beispiele:

Präsens			Vergangenheit			
הוּא כּוֹתֵב	hu kotév	*er schreibt*	(הוּא) כָּתַב	(hu) katav	*er schrieb*
הוּא אוֹמֵר	hu omér	*er sagt*	(הוּא) אָמַר	(hu) amar	*er sagte*
הוּא לוֹקֵחַ	hu lo'ké'ax	*er nimmt*	(הוּא) לָקַח	(hu) lakax	*er nahm*

---

* So findet man die Verben auch im Wörterbuch (**nicht** im Infinitiv).

Hat ein Verb nur zwei Stammkonsonanten, so erhält nur der erste Konsonant den Vokal ָ -a. Die Form ist daher identisch mit der entsprechenden Präsensform. Nur aus dem Zusammenhang ist zu ersehen, welche Zeit gemeint ist.

הוּא גָּר	hu gar	*er wohnt*	(הוּא) גָּר	(hu) gar	*er wohnte*
הוּא בָּא	hu ba	*er kommt*	(הוּא) בָּא	(hu) ba	*er kam*

Merke: Das Personalpronomen kann in der Vergangenheit fortfallen, wenn man es nicht betonen will.

Die weibliche Form der Vergangenheit (3. Person Singular) wird durch Anhängen der Endung ָה -a gebildet. Bei Verben mit drei Stammkonsonanten wird durch die Verschiebung der Betonung der zweite a-Vokal zu einem ְ (Schwa).

הִיא לוֹמֶדֶת	hi lo'medet	*sie lernt*	(הִיא) לָמְדָה	(hi) lamda	*sie lernte*
הִיא כּוֹתֶבֶת	hi ko'tevet	*sie schreibt*	(הִיא) כָּתְבָה	(hi) katva	*sie schrieb*
הִיא לוֹקַחַת*	hi lo'kaxat*	*sie nimmt*	(הִיא) לָקְחָה	(hi) lakxa	*sie nahm*

Bei Verben mit nur zwei Stammkonsonanten bleibt der a-Vokal unverändert:

הִיא גָּרָה	hi gara	*sie wohnt*	(הִיא) גָּרָה	(hi) 'gara	*sie wohnte*
הִיא בָּאָה	hi baʾa	*sie kommt*	(הִיא) בָּאָה	(hi) 'baʾa	*sie kam*

Also auch hier die gleichen Formen im Präsens und in der Vergangenheit. Allein die Betonung liegt in der Vergangenheit auf der ersten Silbe. Die 1. und 2. Person (Singular und Plural) der Vergangenheit werden in der 10. Lektion behandelt.

2. יֵשׁ jéʃ und אֵין éin mit Personalendungen

יֵשׁ jéʃ *ist da* und אֵין éin *ist nicht da* können Endungen erhalten und beziehen sich dann meist auf Personen. Die Endungen der 3. Person Singular sind נוֹ -no/ נוּ -nu (männlich) und נָה -na (weiblich), der 3. Person Plural נָם -nam (männlich) und נָן -nan (weiblich).

אַבָּא יֶשְׁנוֹ, וְגַם אִמָּא יֶשְׁנָה.	aba jéʃno, vəgam ima jeʃna.	*Vater ist da, und auch Mutter ist da.*
דָּוִד אֵינֶנּוּ, וְגַם מִרְיָם אֵינֶנָּה.	david éi'nenu vəgam mirjam éi'nena.	*David ist nicht da, und auch Miriam ist nicht da.*
הַהוֹרִים אֵינָם בַּבַּיִת.	hahorim éinam ba'bajit.	*Die Eltern sind nicht zu Hause.*

---

* Aufgrund des Kehllautes ח chet als 3. Stammkonsonant verschiebt sich die Vokalfolge im Präsens von o-e-e zu o-a-a.

Das Personalpronomen kann wegfallen, wenn es nicht betont ist, z. B.:

הוּא אֵינֶנּוּ.   hu éi'nenu.   *Er ist nicht da.*

Oder: אֵינוֹ.   éino.

3. Verben der 1. Konjugation, die auf ה h enden (Präsens)

Verben der 1. Konjugation, deren Stamm auf ה h ausgeht, haben im Präsens Singular die Endungen הֶ e (maskulin) und הָ a (feminin).

Konjugationsmuster: *„kaufen"*

m		Präsens	f	
אֲנִי קוֹנֶה	ani kone	*ich kaufe*	אֲנִי קוֹנָה	ani kona
אַתָּה קוֹנֶה	ata kone	*du kaufst*	אַתְּ קוֹנָה	at kona
הוּא קוֹנֶה	hu kone	*er/sie kauft*	הִיא קוֹנָה	hi kona
אֲנַחְנוּ קוֹנִים	a'naxnu konim	*wir kaufen*	אֲנַחְנוּ קוֹנוֹת	a'naxnu konot
אַתֶּם קוֹנִים	atem konim	*ihr kauft*	אַתֶּן קוֹנוֹת	aten konot
הֵם קוֹנִים	hém konim	*sie kaufen*	הֵן קוֹנוֹת	hén konot

Vergangenheit: קָנָה kana   (קָנְתָה kanta)   *er (sie) hat gekauft*

Ebenso:

אֲנִי רוֹאֶה   ani roʲe   (אֲנִי רוֹאָה ani roʲa)   *ich sehe*

רָאָה   raʲa   (רָאֲתָה raʲata)   *er (sie) hat gesehen*

Infinitive:

לִקְנוֹת   liknot   *(zu) kaufen*

לִרְאוֹת   lirʲot   *(zu) sehen*

4. Verben der 2. Konjugation, die auf ה h enden (Präsens)

Verben der 2. Konjugation, deren Stamm auf ה h ausgeht, haben – wie die Verben der 1. Konjugation mit dem Endkonsonanten ה h – im Präsens die Endungen הֶ e (maskulin) und הָ a (feminin).

Konjugationsmuster: „warten"

m		Präsens	f	
אֲנִי מְחַכֶּה	ani məxake	ich warte	אֲנִי מְחַכָּה	ani məxaka
אַתָּה מְחַכֶּה	ata məxake	du wartest	אַתְּ מְחַכָּה	at məxaka
הוּא מְחַכֶּה	hu məxake	er/sie wartet	הִיא מְחַכָּה	hi məxaka
אֲנַחְנוּ מְחַכִּים	a'naxnu məxakim	wir warten	אֲנַחְנוּ מְחַכּוֹת	a'naxnu məxakot
אַתֶּם מְחַכִּים	atem məxakim	ihr wartet	אַתֶּן מְחַכּוֹת	aten məxakot
הֵם מְחַכִּים	hém məxakim	sie warten	הֵן מְחַכּוֹת	hén məxakot

Vergangenheit: siehe 10 B 1
Infinitiv: לְחַכּוֹת ləxakot (zu) warten

5. Wortfeld

Der systematische Grammatikaufbau im Hebräischen kann eine Hilfe bieten, um selbst Wörter zu „bauen" oder viele Wörter, die man in der Form noch nicht gelernt hat, passiv bereits zu verstehen. Hat man die hebräische Wortwurzel, das heißt die (überwiegend) drei Stammkonsonanten und kennt deren Bedeutung in der Grund–form oder einer anderen Grammatikform, kann man im allgemeinen davon ausgehen, daß alle Wörter mit diesen drei Konsonanten eine verwandte Bedeutung haben. Welche Bedeutung sie haben, kann man meistens systematisch aus der jeweiligen Grammatikform ersehen. Sollte man diese noch nicht kennen, gilt das vorher Gesagte: Kennt man die Wurzel, hat man zumindest eine Vorstellung von der Bedeutung des Wortes.
Wir nehmen das einfache Standardbeispiel der Wortwurzel ל-מ-ד L-M-D.
Nach der obigen Erklärung haben also alle Wörter, die diese Wurzel haben, eine Bedeutung, die mehr oder weniger mit „Lernen" zu tun haben muß.

Vorgekommen sind bisher die Formen:

לוֹמֵד	loméd	er lernt	– 1. Konjugation ('paʲal) Präsens Sg. m
לוֹמֶדֶת	lo'medet	sie lernt	– 1. Konjugation ('paʲal) Präsens Sg. f
לוֹמְדִים	lomdim	sie lernen	– 1. Konjugation ('paʲal) Präsens Pl. m
לוֹמְדוֹת	lomdot	sie lernen	– 1. Konjugation ('paʲal) Präsens Pl. f
לָמַד	lamad	er lernte	– 1. Konjugation ('paʲal) Vergangenheit Sg. m
לָמְדָה	lamda	sie lernte	– 1. Konjugation ('paʲal) Vergangenheit Sg. f

In der 4. Lektion wurden auch die Präsensformen einiger Verben der 2. Konjugation ('piʲél) eingeführt. Das Verb mit der Wurzel L-M-D war nicht darunter. Nach der Systematik der Formenbildung kann man nun jedoch diese Konjugation genauso für diese Wortwurzel bilden:

מְלַמֵּד   məlaméd   *ich, du, er lehrt* (m)

מְלַמֶּדֶת   məla'medet   *ich, du, sie lehrt* (f)

analog den in der Lektion angeführten Beispielen mədabér, məda'beret *sprechen*, ohne diese Form bisher eigens gelernt zu haben. Die 2. Konjugation ('piʲél) gilt als eine Art „Intensivstamm". Die Bedeutung der Wortwurzel verstärkt sich im allgemeinen.

Heißt also z. B. פָּעַל paʲal *tun*, hieße פִּעֵל piʲél *aktiv sein*.

Und noch etwas: Die Gegenwartsform des Verbs stellt im Hebräischen gleichzeitig auch immer das Partizip dar. So heißt נוֹסֵעַ no'séʲa (1. Lektion) nicht nur *er reist*, sondern auch *reisend* und damit *Reisender, Fahrgast*; יוֹדֵעַ jo'déʲa *wissend* und damit *Wissender* etc.

Natürlich gibt es nicht von allen Wortwurzeln jeweils alle Konjugationen oder sonstigen Grammatikformen. Man sollte jedoch ruhig versuchen, solche Formen selbst zu bauen und dann im Wörterbuch (unter der Wurzel) nachschauen, ob sie existieren.

Eingangs wurde gesagt, daß auch der passive Wortschatz weitaus größer als der momentane Lernstand sein kann, wenn man die Grundbedeutung einer hebräischen Wortwurzel kennt.

Wir nehmen wieder die Wurzel ל-מ-ד L-M-D.

Bisher kamen dazu vor: תַּלְמִיד talmid *der Schüler*; תַּלְמִידָה talmida *die Schülerin*.

Würde man nun auf das Wort תַּלְמוּד talmud stoßen, weiß man sofort, daß es ähnliche Bedeutung haben muß; in diesem Fall heißt es *Studium* (und natürlich der „*Talmud*"). Ebenso das Wort לִמּוּד limud. Die Stammkonsonanten sind die der Wurzel L-M-D lernen. Bedeutung ist hier: *Lernen, Unterricht*.

In der 2. Lektion wurden auch die möglichen Formen weiblicher Substantive gelernt, die auf -a, -et, -it, -ut enden (vernachlässigt man die eher seltenen Ausnahmen).

Hat man also z. B. die Wortwurzel נ-ס-ע N-S-ʲ *reisen* gelernt, erkennt man an der Wurzel und der a-Endung von נְסִיעָה nəsiʲa sofort, daß dies das Substantiv sein kann: *Reise*.

Ebenso kann man vom Substantiv auf das Verb schließen: חֶבְרָה xevra *Gesellschaft*. Stammkonsonanten sind ח-ב-ר X-B(V)-R, also heißt das Verb in der Grundform חָבַר xavar *sich zusammentun*. Auch das Präsens kennen wir, analog zu den anderen Verben: חוֹבֵר xovér. Ebenso die 2. Konjugation (piʲél) Präsens: מְחַבֵּר məxabér *verbinden, zusammenzählen, addieren.* Hätte man schließlich das Wort חָבֵר xavér vor sich, muß auch dieses eine verwandte Bedeutung haben: *Freund, Kamerad, Mitglied.*

Es gilt: Je mehr Grammatikformen man kennt, desto mehr kann man auch die Bedeutung von Wörtern, die man noch nicht eigens gelernt hat, entweder an der Wurzel oder an der Form erkennen.

Es gibt verschiedene Arten, eine Sprache zu lernen. Wem dieser systematische Aspekt der hebräischen Sprache seiner Lernart nach fremd ist, der kann die Beispielseiten dazu in den folgenden Lektionen auch überblättern. Es soll eine mögliche Lernhilfe sein und nicht zur Verwirrung beitragen.

6C Übungen

1. *Antworten Sie auf die Fragen:*
   a) éix danjél avar et ha'mexes?   אֵיךְ דָּנִיאֵל עָבַר אֶת הַמֶּכֶס?
   b) éix haja 'mezeg-ha^javir bəlod?   אֵיךְ הָיָה מֶזֶג־הָאֲוִיר בְּלוֹד?
   c) ma ra^ja danjél baxuts?   מָה רָאָה דָּנִיאֵל בַּחוּץ?
   d) 'éifo haja telefon tsiburi?   אֵיפֹה הָיָה טֶלֶפוֹן צִבּוּרִי?
   e) ma tsarix biʃvil telefon tsiburi?   מַה צָּרִיךְ בִּשְׁבִיל טֶלֶפוֹן צִבּוּרִי?
   f) im mi danjél mədabér batelefon?   עִם מִי דָּנִיאֵל מְדַבֵּר בַּטֶּלֶפוֹן?
   g) matai mirjam vədavid azvu et ha'bajit?   מָתַי מִרְיָם וְדָוִד עָזְבוּ אֶת הַבַּיִת?
   h) ma danjél ʃalax ləmirjam miminxen?   מַה דָּנִיאֵל שָׁלַח לְמִרְיָם מִמִּינְכֶן?

2. *Setzen Sie Verbformen in die Vergangenheit:*
   a) mirjam ko'tevet lədanjél.   מִרְיָם כּוֹתֶבֶת לְדָנִיאֵל.
   b) david lo'ké^jax et hatelefon.   דָּוִד לוֹקֵחַ אֶת הַטֶּלֶפוֹן.
   c) misʃ'paxat 'guri gara bətaviv.   מִשְׁפַּחַת גּוּרִי גָּרָה בְּתֵל־אָבִיב.
   d) mirjam jo'redet min haməxonit.   מִרְיָם יוֹרֶדֶת מִן הַמְּכוֹנִית.
   e) hamazkira lo'medet anglit.   הַמַּזְכִּירָה לוֹמֶדֶת אַנְגְּלִית.
   f) mirjam o'zevet et ha'bajit im david.   מִרְיָם עוֹזֶבֶת אֶת הַבַּיִת עִם דָּוִד.

3. *Setzen Sie die richtige Verbform im Präsens ein:*
   a) hastudent ... mizvada gədola. *(kaufen)*   הַסְּטוּדֶנְט ... מִזְוָדָה גְּדוֹלָה.
   b) hamiʃpaxa ... im aruxat-ha^j'erev. *(warten)*   הַמִּשְׁפָּחָה ... עִם אֲרוּחַת־הָעֶרֶב.*

---

* S. 8B6.

c) gə'veret 'guri ... mivrak ləminxen. *(schicken)*   גְּבֶרֶת גּוּרִי ... מִבְרָק לְמִינְכֶן.

d) hanosʲim od lo ... et haʲir. *(sehen)*   הַנּוֹסְעִים עוֹד לֹא ... אֶת הָעִיר.

4. *Ergänzen Sie die folgenden Sätze wie im Beispiel:*

a) haʲax éi'nenu, aval haʲaxot 'jeʃna.   הָאָח אֵינֶנּוּ, אֲבָל הָאֲחוֹת יֶשְׁנָהּ.

b) gə'veret 'guri ..., aval habén ...   גְּבֶרֶת גּוּרִי ... אֲבָל הַבֵּן ...

c) hatalmidim ..., aval hamore ...   הַתַּלְמִידִים ... אֲבָל הַמּוֹרֶה ...

d) mirjam vədavid ..., aval hahorim ...   מִרְיָם וְדָוִד ... אֲבָל הַהוֹרִים ...

e) hamore ..., aval hatalmidot ...   הַמּוֹרֶה ... אֲבָל הַתַּלְמִידוֹת ...

5. *Übersetzen Sie:*

a) Ist der Beamte im Büro? Nein, er ist heute nicht da. Sind die Studenten in der Uni? Ja, sie sind da.   b) Im Flugzeug saß Daniel am Fenster; es (זֶה ze) war ein guter Platz. Er sah das Meer und die Alpen.   c) In München stieg der Reisende in das Flugzeug, und in Lod stieg er aus.   d) Unterwegs erklärt die Stewardeß alles auf Hebräisch und auf Deutsch.   e) Daniel fragte Herrn Guri: „Warum ist die Tochter nicht gekommen? Ich warte schon lange (viel Zeit)!"

6. *Bilden Sie vier hebräische Sätze mit vier verschiedenen Verkehrsmitteln nach folgendem Muster:*

Ich fahre (reise) von ... nach ... mit (בְּ bə) ...

7A Text

בַּדֶּרֶךְ לְתֵל־אָבִיב

דָּוִד שָׂם אֶת הַמִּזְוָדָה שֶׁל דָּנִיאֵל בְּתוֹךְ הַמְּכוֹנִית – יֵשׁ לָהֶם מְכוֹנִית קְטַנָּה מִסּוּג רֶנוֹ –
וְתֵכֶף הֵם נוֹסְעִים לְתֵל־אָבִיב. בַּדֶּרֶךְ (עַל הַכְּבִישׁ הֶחָדָשׁ יְרוּשָׁלַיִם – תֵּל־אָבִיב)
מִרְיָם מַסְבִּירָה לְדָנִיאֵל מַדּוּעַ הִיא בָּאָה כָּל כָּךְ מְאֻחָר: "בְּתֵל־אָבִיב הָיְתָה הַיּוֹם
הַפְגָּנָה נֶגֶד הַמֶּמְשָׁלָה; הָרְחוֹב הָיָה מָלֵא אֲנָשִׁים, וְהָיָה קָשֶׁה מְאֹד לַעֲבוֹר – כִּמְעַט
אִי־אֶפְשָׁר ... גַּם הַכְּבִישׁ לְלוֹד הָיָה עָמוּס. זֶה לָקַח לִי יוֹתֵר מִשָּׁעָה עַד לוֹד בִּמְקוֹם
חֲצִי שָׁעָה! הָיִיתִי כְּבָר חֲצִי מְשֻׁגַּעַת!"

דָּנִיאֵל אֵינוֹ כּוֹעֵס. הוּא אוֹמֵר: "אֲבָל עַכְשָׁיו יֵשׁ לָנוּ מַזָּל: הַכְּבִישׁ פָּנוּי וְהַתְּנוּעָה
כִּמְעַט נוֹרְמָלִית. עוֹד מְעַט וַאֲנַחְנוּ בְּתֵל־אָבִיב!" "כֵּן, כֵּן" עוֹנֶה דָּוִד. "הַהוֹרִים כְּבָר
מְחַכִּים לָנוּ." וְהִנֵּה הָעִיר. דָּנִיאֵל רוֹאֶה הַרְבֵּה אֲנָשִׁים, הַרְבֵּה מְכוֹנִיּוֹת, בָּתִּים
גְּדוֹלִים. הַלַּיְלָה כְּבָר יָרַד, אֲבָל הַתְּנוּעָה עוֹד דַּי חֲזָקָה, וְיֵשׁ הַרְבֵּה רַעַשׁ. הִנֵּה הַבַּיִת
שֶׁל מִשְׁפַּחַת גּוּרִי. אָדוֹן וּגְבֶרֶת גּוּרִי עוֹמְדִים בַּחוּץ וְצוֹעֲקִים בְּקוֹל רָם: "שָׁלוֹם
דָּנִיאֵל, בָּרוּךְ הַבָּא!"

ba'derex lətélaviv

david sam et hamizvada ʃel danjél bətox haməxonit – jéʃ lahem məxonit kətana
misug reno – və'téxef hém nosʲim lətélaviv. ba'derex (al hakviʃ hexadaʃ jeruʃa'lajim-
telaviv) mirjam masbira lədanjel ma'duʲa hi 'baʲa kol kax məʲuxar. „bətélaviv hajta
hajom hafgana 'neged hamemʃala; harəxov haja malé anaʃim, vəhaja kaʃe məʲod
laʲavor – kimʲat i-ʲefʃar... gam hakviʃ ləlod haja amus. ze lakax li jotér miʃaʲa ad lod
bimkom xatsi ʃaʲa! hajiti kvar xatsi məʃu'gaʲat!"
danjél éino koʲés. hu omér:„aval axʃav jéʃ 'lanu mazal. hakviʃ panui, vəhatnuʲa kimʲat
nor'malit. od məʲat vaʲa'naxnu bətelaviv!" „kén, kén", one david. „hahorim kvar
məxakim 'lanu." vəhiné haʲir. danjél roʲe harbé anaʃim, harbé məxoniot, batim
gədolim. ha'laila kvar jarad, aval hatnuʲa od dai xazaka, vəjéʃ harbé raʲaʃ. hiné
ha'bajit ʃel miʃ'paxat 'guri. adon ugə'veret 'guri omdim baxuts vətsoʲakim bəkol ram:
„ʃalom danjél, barux haba!"

er (sie) stellt, legt [hu sam] הוּא שָׂם
[hi sama] הִיא שָׂמָה
([sam] שָׂם)
in...hinein [bətox] בְּתוֹךְ
Auto [məxonit, məxoniot] f מְכוֹנִית, מְכוֹנִיוֹת
Sorte, Typ [sug, sugim] m סוּג, סוּגִים
sofort ['téxef] תֵּכֶף
(Land-) Straße, Fahrbahn [kviʃ] m כְּבִישׁ
neu [xadaʃ, xadaʃa] חָדָשׁ, חֲדָשָׁה
Jerusalem [jəruʃa'lajim] יְרוּשָׁלַיִם
warum? [ma'duʲa?] מַדּוּעַ
so, so sehr [kol-kax] כָּל־כָּךְ
spät [məʲuxar] מְאֻחָר
(er, sie) war [haja, hajta] הָיָה, הָיְתָה
Demonstration [hafgana] f הַפְגָּנָה
gegen ['neged] נֶגֶד
Regierung [memʃala] f מֶמְשָׁלָה
Straße [rəxov, rəxovot] m רְחוֹב, רְחוֹבוֹת
vorbeikommen, (Infinitiv) [laʲavor] לַעֲבוֹר
durchkommen
möglich [efʃar] אֶפְשָׁר
unmöglich [i-ʲefʃar] אִי־אֶפְשָׁר
überlastet, [amus, amusa] עָמוּס, עֲמוּסָה
verstopft
es dauerte... [ze lakax...] זֶה לָקַח...
mehr (als), über [jotér (min)] יוֹתֵר (מִן)
Hälfte, halb [xatsi] חֲצִי

(ein)halb (nachgestellt) ['xétsi] חֵצִי
anderthalb Stunden [ʃaʲa va'xétsi] שָׁעָה וָחֵצִי
(s. 10B8)
bis [ad] עַד
anstatt [bimkom] בִּמְקוֹם
(=bə + makom) (בְּ+מָקוֹם)
verrückt מְשֻׁגָּע, מְשֻׁגַּעַת
[məʃuga, məʃu'gaʲat]
er (sie) ist böse, [hu koʲés], הוּא כּוֹעֵס,
verärgert [hi koʲ'eset] הִיא כּוֹעֶסֶת
([kaʲas] כַּעַס)
er ist nicht böse [éino koʲés] אֵינוֹ כּוֹעֵס
(s. Grammatik)
frei, leer [panui, pnuja] פָּנוּי, פְּנוּיָה
normal נוֹרְמָלִי, נוֹרְמָלִית
[nor'mali, nor'malit]
wenig [məʲat] מְעַט
gleich [od məʲat] עוֹד מְעַט
er (sie) wartet [hu məxaké] הוּא מְחַכֶּה
(auf...) [hi məxaka] (lə...) (לְ...) הִיא מְחַכָּה
Nacht ['laila, léilot] m לַיְלָה, לֵילוֹת
es wird dunkel [ha'laila joréd] הַלַּיְלָה יוֹרֵד
ziemlich [dai] דַּי
stark [xazak, xazaka] חָזָק, חֲזָקָה
Lärm ['raʲaʃ] m רַעַשׁ
er (sie) steht [hu oméd] הוּא עוֹמֵד
[hi o'medet] הִיא עוֹמֶדֶת
([amad] עָמַד)

er (sie) schreit, ruft	[hu tsoʲék] הוּא צוֹעֵק	Stimme	[kol, kolot] *m* קוֹל, קוֹלוֹת
	[hi tsoʲʼeket] הִיא צוֹעֶקֶת	hoch, erhaben	[ram, rama] * רָם, רָמָה
	([tsaʲak] צָעַק)	mit lauter Stimme, laut [bəkol ram] בְּקוֹל רָם

7B Grammatik

1. Hebräische Entsprechungen der Modalverben „wollen", „können" und „müssen" – Präsens

m		Präsens	*f*	
אֲנִי רוֹצֶה	ani rotse	*ich will*	אֲנִי רוֹצָה	ani rotsa
אַתָּה רוֹצֶה	ata rotse	*du willst, Sie wollen*	אַתְּ רוֹצָה	at rotsa
הוּא רוֹצֶה	hu rotse	*er, sie will*	הִיא רוֹצָה	hi rotsa
אֲנַחְנוּ רוֹצִים	aʼnaxnu rotsim	*wir wollen*	אֲנַחְנוּ רוֹצוֹת	aʼnaxnu rotsot
אַתֶּם רוֹצִים	atem rotsim	*ihr wollt*	אַתֶּן רוֹצוֹת	aten rotsot
הֵם רוֹצִים	hém rotsim	*sie wollen*	הֵן רוֹצוֹת	hén rotsot

Infinitiv: לִרְצוֹת lirtsot *(zu) wollen*

m		Präsens	*f*	
אֲנִי יָכוֹל	ani jaxol	*ich kann*	אֲנִי יְכוֹלָה	ani jəxola
אַתָּה יָכוֹל	ata jaxol	*du kannst, Sie können*	אַתְּ יְכוֹלָה	at jəxola
הוּא יָכוֹל	hu jaxol	*er (sie) kann*	הִיא יְכוֹלָה	hi jəxola
אֲנַחְנוּ יְכוֹלִים	aʼnaxnu jəxolim	*wir können*	אֲנַחְנוּ יְכוֹלוֹת	aʼnaxnu jəxolot
אַתֶּם יְכוֹלִים	atem jəxolim	*ihr könnt*	אַתֶּן יְכוֹלוֹת	aten jəxolot
הֵם יְכוֹלִים	hém jəxolim	*sie können*	הֵן יְכוֹלוֹת	hén jəxolot

* Das Adjektiv רַם ram (= hoch, erhaben) wird nur noch in einigen wenigen Wendungen gebraucht.

m		Präsens		f	
אֲנִי צָרִיךְ	ani tsarix	*ich muß*		אֲנִי צְרִיכָה	ani tsərixa
אַתָּה צָרִיךְ	ata tsarix	*du mußt*		אַתְּ צְרִיכָה	at tsərixa
		Sie müssen			
הוּא צָרִיךְ	hu tsarix	*er (sie) muß*		הִיא צְרִיכָה	hi tsərixa
אֲנַחְנוּ צְרִיכִים	a'naxnu tsərixim	*wir müssen*		אֲנַחְנוּ צְרִיכוֹת	a'naxnu tsərixot
אַתֶּם צְרִיכִים	atem tsərixim	*ihr müßt*		אַתֶּן צְרִיכוֹת	aten tsərixot
הֵם צְרִיכִים	hém tsərixim	*sie müssen*		הֵן צְרִיכוֹת	hén tsərixot

Der Infinitiv לִיכוֹל wird selten verwendet; צָרִיךְ ist ein Adjektiv: *nötig, notwendig*

אֲנִי צָרִיךְ ani tsarix mit nachfolgendem Substantiv: *ich brauche, habe nötig*:

    אֲנִי צָרִיךְ מִלּוֹן.   ani tsarix milon.   *Ich brauche ein Wörterbuch.*

צָרִיךְ tsarix ohne Pronomen: *man braucht, man benötigt, man muß.*

2. Pluralbildung

Die Wörter אִישׁ iʃ *Mann* und אִשָּׁה iʃa *Frau* haben besondere Pluralformen.

אִישׁ	iʃ	*Mann*	אֲנָשִׁים	anaʃim	*Männer, Leute*
אִשָּׁה	iʃa	*Frau*	נָשִׁים	naʃim (!)	*Frauen*

3. Die Vergangenheit der Verben „sein" und „haben"

Das Verb הָיָה hat zwar kein Präsens, aber es hat einen Infinitiv (לִהְיוֹת lihjot *sein*) und Formen der Vergangenheit:

m			f	
הָיִיתִי	ha'jiti	*ich war*	הָיִיתִי	ha'jiti
הָיִיתָ	ha'jita	*du warst*	הָיִית	hajit
הָיָה	ha'ja	*er/sie war*	הָיְתָה	hajta
הָיִינוּ	ha'jinu	*wir waren*	הָיִינוּ	ha'jinu
הֱיִיתֶם	hejitem	*ihr wart*	הֱיִיתֶן	hejiten
הָיוּ	haju	*sie waren*	הָיוּ	haju

Die Vergangenheit von יֵשׁ לִי jéʃ li *ich habe* ist demnach:

הָיָה לִי haja li *ich hatte*, הָיָה לְךָ haja ləxa *du hattest* usw. (s. 4 B 2).

הָיָה לִי סֵפֶר.	haja li 'séfer.	*Ich hatte ein Buch.*
הָיְתָה לִי מְכוֹנִית.	hajta li məxonit.	*Ich hatte ein Auto.*
הָיוּ לִי בָּתִּים.	haju li batim.	*Ich hatte Häuser.*

4. Der Infinitiv

Der Infinitiv wird gebildet, indem man vor die drei Stammbuchstaben des Verbs den Buchstaben ל lamed setzt (das dem deutschen „zu" entspricht). Bei den Verben der 1. Konjugation wird der Infinitiv meist durch die Vokale ◌ -וֹ **i-o** gekennzeichnet:

אֲנִי לוֹמֵד עִבְרִית.	ani loméd ivrit.	*Ich lerne Hebräisch.*
אֶפְשָׁר לִלְמוֹד עִבְרִית.	efʃar lilmod ivrit.	*Es ist möglich, Hebräisch zu lernen.*
הוּא כּוֹתֵב מִכְתָּב.	hu kotév mixtav.	*Er schreibt einen Brief.*
הוּא רוֹצֶה לִכְתּוֹב מִכְתָּב.	hu rotse lixtov mixtav.	*Er will einen Brief schreiben.*

Bei Verben, die mit ע ʲajin beginnen, erhalten das ל lamed und das ע ʲajin den Vokal a. Sie sind also durch die Vokalfolge ◌ - ◌ -וֹ **a-a-o** gekennzeichnet:

אֲנִי עוֹבֵד.	ani ovéd.	*Ich arbeite.*
אֵין לִי זְמַן לַעֲבוֹד.	éin li zman laʲavod.	*Ich habe keine Zeit zu arbeiten.*

Beginnt das Verb mit einem א 'alef, so erhalten das ל sowie das א den Vokal e. Sie sind durch die Vokalfolge ◌ - ◌ -וֹ **e-e-o** gekennzeichnet:

הוּא אוֹכֵל.	hu oxél.	*Er ißt.*
הוּא רוֹצֶה לֶאֱכוֹל.	hu rotsé leʲexol.	*Er will essen.*

Unregelmäßige Bildungen:

הוּא הוֹלֵךְ.	hu holéx.	*Er geht.*
הוּא צָרִיךְ לָלֶכֶת.	hu tsarix la'lexet.	*Er muß gehen.*
הוּא יוֹשֵׁב.	hu joʃév.	*Er sitzt.*
הוּא רוֹצֶה לָשֶׁבֶת.	hu rotsé la'ʃevet.	*Er will sitzen.*

Bei Verben, die auf ein ה h enden, wird aus dem ה h ein ת t. Die Vokalfolge ◌ -וֹ i-o bleibt dabei erhalten:

הוּא קוֹנֶה מְכוֹנִית.	hu kone mexonit.	*Er kauft ein Auto.*
הוּא יָכוֹל לִקְנוֹת מְכוֹנִית.	hu jaxol liknot məxonit.	*Er kann ein Auto kaufen.*

5. Das Verb אֲנִי מְחַכֶּה **ani məxake „ich warte"**

Bei אֲנִי מְחַכֶּה ani məxake steht das Präpositionalobjekt mit לְ־ :

אֲנִי מְחַכֶּה לָאוֹטוֹבּוּס.   ani məxake laʲotobus.   *Ich warte auf den Bus.*

דָּנִיאֵל מְחַכֶּה לִי.   danjel məxake li.   *Daniel erwartet mich (wartet auf mich).*

6. אֵין **éin statt** לֹא **lo**

אֵינוֹ עוֹבֵד éino ovéd *er arbeitet nicht* steht statt הוּא לֹא עוֹבֵד hu lo ovéd.
(s. Lektionen 6 B, éin und Personalendungen, und 17 B 1)

7C Übungen

1. *Antworten Sie auf die Fragen:*

   a) 'éizo məxonit jéʃ ləmirjam ulədanjel?   אֵיזוֹ מְכוֹנִית יֵשׁ לְמִרְיָם וּלְדָנִיאֵל?

   b) ma'duʲa mirjam 'baʲa kol kax məʲuxar?   מַדּוּעַ מִרְיָם בָּאָה כָּל כָּךְ מְאֻחָר?

   c) 'kama zman ze lakax la ad lod?   כַּמָּה זְמַן זֶה לָקַח לָהּ עַד לוֹד?

   d) éix hajta hatnuʲa ba'derex?   אֵיךְ הָיְתָה הַתְּנוּעָה בַּדֶּרֶךְ?

   e) mi məxaké lədanjél bətélaviv?   מִי מְחַכֶּה לְדָנִיאֵל בְּתֵל־אָבִיב?

   f) ma roʲe danjel ba'derex lətélaviv?   מַה רוֹאֶה דָּנִיאֵל בַּדֶּרֶךְ לְתֵל־אָבִיב?

   g) 'éifo adon ugə'veret 'guri məxakim?   אֵיפֹה אָדוֹן וּגְבֶרֶת גּוּרִי מְחַכִּים?

   h) ma hém omrim?   מַה הֵם אוֹמְרִים?

2. *Bilden Sie Sätze mit „wollen", „können", „müssen":*

   a) hatnuʲa xasaka, mirjam lo o'veret.   הַתְּנוּעָה חֲזָקָה, מִרְיָם לֹא עוֹבֶרֶת.

   b) danjél kotév ləmirjam mixtav ivri.   דָּנִיאֵל כּוֹתֵב לְמִרְיָם מִכְתָּב עִבְרִי.

   c) hu holéx la'bajit ʃel miʃ'paxat 'guri.   הוּא הוֹלֵךְ לַבַּיִת שֶׁל מִשְׁפַּחַת גּוּרִי.

   d) david loméd ivrit lifnéi hanəsiʲa.   דָּוִד לוֹמֵד עִבְרִית לִפְנֵי הַנְּסִיעָה.

3. *Setzen Sie die Sätze in die Vergangenheit:*

   a) haməxonit od lo bəlod.   הַמְּכוֹנִית עוֹד לֹא בְּלוֹד.

   b) mirjam vədavid od ba'bajit?   מִרְיָם וְדָוִד עוֹד בַּבַּיִת?

   c) danjél, éifo ata?   דָּנִיאֵל, אֵיפֹה אַתָּה?

   d) a'naxnu od ba'derex.   אֲנַחְנוּ עוֹד בַּדֶּרֶךְ.

   e) lədanjél jéʃ mizvadot gədolot.   לְדָנִיאֵל יֵשׁ מִזְוָדוֹת גְּדוֹלוֹת.

   f) ləmirjam éin mazal.   לְמִרְיָם אֵין מַזָּל.

4. *Setzen Sie den Infinitiv ein:*
   a) danjél rotse ... ivrit mahér *(lernen).*   דָּנִיאֵל רוֹצֶה ... עִבְרִית מַהֵר.
   b) hu od tsarix ... harbé *(arbeiten).*   הוּא עוֹד צָרִיךְ ... הַרְבֵּה.
   c) hapakid tsarix ... lamisrad *(gehen).*   הַפָּקִיד צָרִיךְ ... לַמִּשְׂרָד.
   d) hajəladim rotsim ... axʃav *(essen).*   הַיְלָדִים רוֹצִים ... עַכְשָׁיו.
   e) bamatos danjel jaxol   בַּמָּטוֹס דָּנִיאֵל יָכוֹל
       ... aljad haxalon *(sitzen).*   ... עַל־יַד הַחַלּוֹן.
   f) lo kaʃe ... mixtav bəʲivrit *(schreiben).*   לֹא קָשֶׁה ... מִכְתָּב בְּעִבְרִית.

5. *Übersetzen Sie:*
   a) Daniel sah viele Leute in den Straßen von Tel Aviv.   b) Miriam und David hatten einen kleinen Wagen; sie waren lange (viel Zeit) unterwegs.   c) Jetzt sehen wir schon die Häuser* der Stadt; wir sind fast in Tel Aviv.   d) Die Eltern erwarten uns auf der Straße vor dem Haus. Die Freude ist groß! Jetzt wollen wir uns hinsetzen (sitzen) und essen.   e) Herr und Frau Guri sind nicht böse. Sie sagen zu Daniel: „Willkommen in Tel Aviv!"

6. *Wie begrüßen Sie einen Bekannten bzw. eine Bekannte oder einen Gast auf Hebräisch? Nennen Sie drei Möglichkeiten!*

   Und wie verabschieden Sie sich? Zwei Möglichkeiten!

---

* s. 14B1

8A

8A Text

הַדִּירָה שֶׁל מִשְׁפַּחַת גּוּרִי

לְמִשְׁפַּחַת גּוּרִי יֵשׁ דִּירָה דֵּי גְּדוֹלָה וְנוֹחָה בִּרְחוֹב בֶּן־יְהוּדָה: אַרְבָּעָה חֲדָרִים, מִטְבָּח מוֹדֶרְנִי עִם מְקָרֵר עֲנָק, חֲדַר־רַחְצָה עִם מִקְלַחַת וְאַמְבַּטְיָה. חוּץ מִזֶּה יֵשׁ עוֹד שֵׁרוּתִים. הַמִּרְפֶּסֶת שֶׁלָּהֶם יָפָה מְאֹד; שָׁם הֵם אוֹכְלִים אֲרוּחַת־הַבֹּקֶר, אִם חַם בַּחוּץ. בַּמִּטְבָּח נִמְצֵאת גַּם "פִּנַּת־אֹכֶל"; שָׁם אוֹכְלִים אֲרוּחַת־צָהֳרַיִם וַאֲרוּחַת־עֶרֶב. כַּאֲשֶׁר מְקַבְּלִים אוֹרְחִים, אוֹכְלִים אֶת הָאֲרוּחוֹת בַּחֲדַר־הָאֹכֶל. בְּאֶמְצַע הַסָּלוֹן עוֹמֵד מַכְשִׁיר־טֶלֶוִיזְיָה. בַּבַּיִת יֵשׁ גַּם כֶּלֶב קָטָן. דָּנִיֵּאל שָׂמֵחַ: הַחֶדֶר שֶׁלּוֹ יָפֶה, מָלֵא אוֹר וָשֶׁמֶשׁ. הוּא פּוֹתֵחַ אֶת הַחַלּוֹן; יֵשׁ מֶזֶג־אֲוִיר אֲבִיבִי בַּחוּץ. בַּחֶדֶר יֵשׁ מִטָּה, שֻׁלְחָן וְכִסֵּא, אָרוֹן עִם רְאִי גָּדוֹל; עַל הַקִּיר כַּמָּה תְּמוּנוֹת. הוּא מְסַדֵּר אֶת הַדְּבָרִים שֶׁלּוֹ, רוֹחֵץ אֶת הַפָּנִים וְאֶת הַיָּדַיִם וְלוֹבֵשׁ חֻלְצָה אַחֶרֶת. אָז הוּא שׁוֹמֵעַ אֶת הַקּוֹל שֶׁל מִרְיָם: "אֵיפֹה הָאוֹרֵחַ שֶׁלָּנוּ?" "אֲנִי פֹּה, בַּחֶדֶר שֶׁלִּי!" – צוֹעֵק דָּנִיֵּאל. "בּוֹא, אֲנִי רְעֵבָה, אֲנַחְנוּ רוֹצִים לֶאֱכֹל". דָּנִיֵּאל חוֹשֵׁב: זֶה רַעְיוֹן טוֹב. הוּא מְמַהֵר וְרָץ לַחֲדַר־הָאֹכֶל...

hadira el mi 'paxat 'guri

ləmiʃ'paxat 'guri jéʃ dira dai gədola vənoxa birxov ben jə'huda: arbaᴶa xadarim, mitbax mo'derni im məkarér anaki, xadar-raxtsa im mik'laxat vəᴶam'batja. xuts mize jéʃ od ʃérutim. hamir'peset ʃelahem jafa məᴶod; ʃam hém oxlim aruxat-ha'boker, im xam baxuts. bamitbax nimtsét gam „pinat-'oxel"; ʃam oxlim aruxat-tsoho'rajim vaᴶaruxat-'erev. kaᴶaʃer məkablim orəxim, oxlim et haᴶaruxot baxadar-haᴶ'oxel. bəᴶ'emtsa hasalon oméd maxʃir-tele'vizja. ba'bajit jéʃ gam 'kelev katan. danjél sa'méᴶax: ha'xeder ʃelo jafe, malé or vəᴶʃemeʃ. hu po'téᴶax et haxalon; jéʃ 'mezeg-avir avivi baxuts. ba'xeder jéʃ mita, ʃulxan vəkisé, aron im rəᴶi gadol; al hakir 'kama tmunot. hu məsadér et hadvarim ʃelo, roxéts et hapanim vəᴶet haja'dajim vəlovéʃ xultsa a'xeret. Az hu ʃo'mé'a et hakol ʃel mirjam: „'éifo haᴶo'réax ʃe'lanu?" „ani po, ba'xeder ʃeli!" tsoᴶék danjél. „bo, ani rəᴶéva, a'naxnu rotsim leᴶexol." danjél xoʃév: ze ra'jon tov. hu məmahér vərats laxadar-haᴶ'oxel...

Wohnung	[dira] *f* דִּירָה	er (sie) be-	[hu nimtsa] נִמְצָא, הוּא
bequem	['noax, noxa] נוֹחַ, נוֹחָה	findet sich	[hi nimtsét] נִמְצֵאת הִיא
vier	[arbaᴶa] אַרְבָּעָה	Ecke	[pina] *f* פִּנָּה
Zimmer ['xeder, xadarim] *m/Pl* חֶדֶר, חֲדָרִים		Essen	['oxel] *m* אֹכֶל
Küche	[mitbax] *m* מִטְבָּח	„Eßecke"	[pinat-'oxel] *f* פִּנַּת־אֹכֶל
modern	מוֹדֶרְנִי, מוֹדֶרְנִית	Mittag	[tsoho'rajim] *m/Pl* צָהֳרַיִם
	[mo'derni, mo'dernit]	Mittag-	אֲרוּחַת־צָהֳרַיִם
Kühlschrank	מְקָרֵר, מְקָרְרִים	essen	[aruxat-tsoho'rajim] *f*
	[məkarér, məkarərim] *m/Pl*	wenn *(zeitlich)*, als	[kaᴶaʃer] כַּאֲשֶׁר
riesig	[anaki, anakit] עֲנָקִי, עֲנָקִית	Gast	אוֹרֵחַ, אוֹרְחִים
Dusche	מִקְלַחַת, מִקְלָחוֹת		[o'réᴶax, orxim] *m/Pl*
	[mik'laxat, miklaxot] *f/Pl*	er (sie)	[hu məkabél] מְקַבֵּל, הוּא
Badezimmer	חֲדַר־רַחְצָה,חַדְרֵי־רַחְצָה	empfängt	[hi məka'belet] מְקַבֶּלֶת הִיא
	[xadar-raxtsa, xadréi-raxtsa)] *m/Pl*	Mitte	['emtsa] *m* אֶמְצַע
Badewanne; Bad	[am'batja] *f* אַמְבַּטְיָה	Salon, Wohnzimmer	[salon] *m* סָלוֹן
außer	[xuts mi...] ...מִ חוּץ	Gerät	[maxʃir] *m* מַכְשִׁיר
(wird mit dem folgenden Wort		Fernsehen	[tele'vizja] *f* טֶלֶוִיזְיָה
verbunden)		Hund	['kelev, klavim] *m* כֶּלֶב, כְּלָבִים
Dienst, Bedienung	[ʃérut] *m* שֵׁרוּת	froh, fröhlich	[sa'méᴶax, sméxa] שָׂמֵחַ, שְׂמֵחָה
Toilette, WC	[ʃérutim] *m/Pl* שֵׁרוּתִים	ich freue mich	[ani sa'méᴶax] שָׂמֵחַ אֲנִי
Balkon, Veranda	מִרְפֶּסֶת, מִרְפָּסוֹת	schön	[jafe, jafa] יָפֶה, יָפָה
	[mir'peset, mirpasot] *f/Pl*	er (sie) öffnet	[hu po'téᴶax] פּוֹתֵחַ הוּא
er (sie) ißt	[hu oxél] אוֹכֵל, הוּא		[hi po'taxat] פּוֹתַחַת הִיא
	[hi o'xelet] אוֹכֶלֶת הִיא		([patax] פָּתַח)
	([axal] אָכַל)	Frühlings-, frühlingshaft	אֲבִיבִי, אֲבִיבִית
Morgen	['boker] *m* בֹּקֶר		[avivi, avivit]
Frühstück	[aruxat-boker] אֲרוּחַת־בֹּקֶר	Bett	[mita] *f* מִטָּה

Tisch	שֻׁלְחָן , שֻׁלְחָנוֹת [ʃulxan, ʃulxanot] m/Pl		הִיא לוֹבֶשֶׁת [hi lo'veʃet] (לָבַשׁ [lavaʃ])
Stuhl	כִּסֵּא, כִּסְאוֹת [kisé, kisʲot] m/Pl	Hemd	חֻלְצָה [xultsa] f
Schrank	אָרוֹן , אֲרוֹנוֹת [aron, aronot] m/Pl	(ein) anderer,	אַחֵר, אַחֶרֶת
Spiegel	רְאִי, רְאָיִים [rəʲi, rəʲajim]	(eine) andere	[axér, a'xeret]
Wand	קִיר, קִירוֹת [kir, kirot] m/Pl	hungrig	רָעֵב, רְעֵבָה [raʲév, rəʲéva]
Bild	תְּמוּנָה [tmuna] f	ich habe Hunger	אֲנִי רָעֵב [ani raʲév]
er (sie) ordnet	הוּא מְסַדֵּר [hu məsadér]	Idee, Gedanke	רַעְיוֹן, רַעְיוֹנוֹת
	הִיא מְסַדֶּרֶת [hi məsa'deret]		[raʲjon, raʲjonot] m/Pl
Ding, Sache; auch: Wort	דָּבָר, דְּבָרִים	er (sie) beeilt	הוּא מְמַהֵר [hu məmahér]
	[davar, dvarim] m/Pl	sich	הִיא מְמַהֶרֶת [hi məma'heret]
er (sie) wäscht	הוּא רוֹחֵץ [hu roxéts]	er (sie) läuft	הוּא רָץ [hu rats]
	הִיא רוֹחֶצֶת [hi ro'xetset]		הִיא רָצָה [hi ratsa]
	(רָחַץ [raxats])		(רָץ [ratsa])
Gesicht	פָּנִים [panim] m/Pl	Speisezimmer	חֲדַר-אוֹכֶל, חַדְרֵי-אוֹכֶל
er wäscht (sich)	הוּא רוֹחֵץ אֶת הַפָּנִים		[xadar-'oxel, xadréi-'oxel] m/Pl
das Gesicht	[hu roxéts et hapanim]	er (sie) lobt	הוּא מְשַׁבֵּחַ [hu məʃa'béʲax]
Hand	יָד, יָדַיִם [jad, ja'dajim] f		הִיא מְשַׁבַּחַת [hi məʃa'baxat]
er (sie) zieht an	הוּא לוֹבֵשׁ [hu lovéʃ]		(שִׁבַּח [ʃibax])

8B Grammatik

1. Verben der 1. Konjugation, die auf ע 'ajin und ח x enden

Verben der 1. Konjugation, die auf die Kehllaute ע 'ajin oder ח xet ausgehen, werden nach folgenden Mustern konjugiert:

יָדַע „wissen"

	m	Präsens		f
אֲנִי יוֹדֵעַ	ani jo'déʲa	ich weiß	אֲנִי יוֹדַעַת	ani jo'daʲat
אַתָּה יוֹדֵעַ	ata jo'déʲa	du weißt	אַתְּ יוֹדַעַת	at jo'daʲat
הוּא יוֹדֵעַ	hu jo'déʲa	er/sie weiß	הִיא יוֹדַעַת	hi jo'daʲat
אֲנַחְנוּ יוֹדְעִים	a'naxnu jodʲim	wir wissen	אֲנַחְנוּ יוֹדְעוֹת	a'naxnu jodʲot
אַתֶּם יוֹדְעִים	atem jodʲim	ihr wißt	אַתֶּן יוֹדְעוֹת	aten jodʲot
הֵם יוֹדְעִים	hém jodʲim	sie wissen	הֵן יוֹדְעוֹת	hén jodʲot

Vergangenheit: יָדַע (יָדְעָה) jada (jadʲa) *er (sie) wußte*
Ebenso: אֲנִי שׁוֹמֵעַ (שׁוֹמַעַת) ani ʃoˈméʲa (ʃoˈmaʲat) usw. *(hören)*
Infinitive: לָדַעַת laˈdaʲat *(zu) wissen*
לִשְׁמוֹעַ liʃˈmoʲa *(zu) hören*

לָקַח „*nehmen* "

m		Präsens	f	
אֲנִי לוֹקֵחַ	ani loˈkéʲax	*ich nehme*	אֲנִי לוֹקַחַת	ani loˈkaxat
אַתָּה לוֹקֵחַ	ata loˈkéʲax	*du nimmst*	אַתְּ לוֹקַחַת	at loˈkaxat
הוּא לוֹקֵחַ	hu loˈkéʲax	*er/sie nimmt*	הִיא לוֹקַחַת	hi loˈkaxat
אֲנַחְנוּ לוֹקְחִים	aˈnaxnu lokxim	*wir nehmen*	אֲנַחְנוּ לוֹקְחוֹת	aˈnaxnu lokxot
אַתֶּם לוֹקְחִים	atem lokxim	*ihr nehmt*	אַתֶּן לוֹקְחוֹת	aten lokxot
הֵם לוֹקְחִים	hém lokxim	*sie nehmen*	הֵן לוֹקְחוֹת	hén lokxot

Vergangenheit: (לָקְחָה) לָקַח lakax (lakxa) *er (sie) nahm*
Ebenso: (פּוֹתַחַת) אֲנִי פּוֹתֵחַ ani poˈtéʲax (poˈtaxat) usw. *(öffnen)*
(שׁוֹלַחַת) אֲנִי שׁוֹלֵחַ ani ʃoˈléʲax (ʃoˈlaxat) usw. *(schicken)*

Infinitive: לָקַחַת laˈkaxat *(zu) nehmen*
לִפְתּוֹחַ lifˈtoʲax *(zu) öffnen*
לִשְׁלוֹחַ liʃˈloʲax *(zu) schicken*

Auch die **Verben der 2. Konjugation** (פִּעֵל piʲél), deren Stamm auf die Kehllaute ע
oder ח ausgeht, haben im Präsens die Endvokale ◌ é-◌ **a** (männlich) bzw. ◌ a-◌ **a**
(weiblich); z.B.:

Präsens: (מְשַׁבַּחַת) אֲנִי מְשַׁבֵּחַ ani məʃaˈbéʲax (məʃaˈbaxat) usw. *(loben)*
Vergangenheit:*(שִׁבְּחָה) שִׁבַּח ʃibax (ʃibxa) *er (sie) lobte*
Infinitiv: לְשַׁבֵּחַ ləʃaˈbéʲax *(zu) loben*

2. Imperativ

Der Imperativ des Verbs הוּא בָּא hu ba *er kommt* ist בּוֹא! bo! *komm!*

בּוֹא! bo! *komm!* weibl.: בּוֹאִי! 'boʲi!
בּוֹאוּ! 'boʲu! *kommt!* (männlich und weiblich)

---

* Zur Vergangenheit der Verben der 2. Konjugation s. Lektion 10 B 1.

3. Infinitiv

Der Infinitiv von הוּא אוֹכֵל hu oxél *er ißt* lautet לֶאֱכוֹל leʲexol.*
Der Infinitiv von הוּא בָּא hu ba *er kommt* lautet לָבוֹא lavo.

4. Possessivpronomen

Das hebräische Possessivpronomen wird – wie der Genitiv (s. 5 B 1) – mit Hilfe der
Präposition שֶׁל ʃel gebildet, an welche die entsprechende Personalendung angeschlossen wird:

שֶׁל ʃel + לִי li = שֶׁלִי , שֶׁל ʃel + לְךָ ləxa = שֶׁלְךָ ʃelxa usw.

Das Possessivpronomen steht nach seinem Substantiv, richtet sich aber in Geschlecht
und Zahl nach dem „Besitzer". Das vorangehende Substantiv hat gewöhnlich den
Artikel:

הַסֵפֶר שֶׁלִי	ha'séfer ʃeli	*mein Buch*
הַמְכוֹנִית שֶׁלִי	haməxonit ʃeli	*mein Auto*
הַחֶדֶר שֶׁלְךָ	ha'xeder ʃelxa	*dein/Ihr Zimmer* (zu einer männlichen Person)
הַחֶדֶר שֶׁלָךְ	ha'xeder ʃelax	*dein/Ihr Zimmer* (zu einer weiblichen Person)
הַסְפָרִים שֶׁלִי	hasfarim ʃeli	*meine Bücher*

Das Possessivpronomen kann auch allein stehen und bedeutet dann *meiner, meine,
meins* usw.:

שֶׁל מִי הַסֵפֶר הַזֶה?	ʃel mi ha'séfer haze?	*Wessen Buch ist das?*
		(eig. *Von wem ist das Buch?*)
זֶה שֶׁלִי.	ze ʃeli.	*Es ist meins.*

m			f		
הַסֵפֶר שֶׁלִי	ha'séfer ʃeli	*mein Buch*	הַסֵפֶר שֶׁלִי	ha'séfer ʃeli
הַסֵפֶר שֶׁלְךָ	ha'séfer ʃelxa	*dein Buch*	הַסֵפֶר שֶׁלָךְ	ha'séfer ʃelax
הַסֵפֶר שֶׁלוֹ	ha'séfer ʃelo	*sein/ihr Buch*	הַסֵפֶר שֶׁלָה	ha'séfer ʃela
הַסֵפֶר שֶׁלָנוּ	ha'séfer ʃe'lanu	*unser Buch*	הַסֵפֶר שֶׁלָנוּ	ha'séfer ʃe'lanu
הַסֵפֶר שֶׁלָכֶם	ha'séfer ʃelaxem	*euer Buch*	הַסֵפֶר שֶׁלָכֶן	ha'séfer ʃelaxen
הַסֵפֶר שֶׁלָהֶם	ha'séfer ʃelahem	*ihr Buch*	הַסֵפֶר שֶׁלָהֶן	ha'sefer ʃelahen

* S. 7 B 4 – Verben der 1. Konjugation, die mit א alef beginnen.

5. Dualform

Außer dem üblichen Plural gibt es im Hebräischen auch eine Form für Dinge, die paarweise auftreten, z.B. Körperteile oder bestimmte Kleidungsstücke (Schuhe usw.). Diese Form heißt „Dual" und wird durch die Endung יִם‫ַ‬ -'ajim gekennzeichnet. Diese Endung erscheint nur an Substantiven.

Beispiele:

יָד	jad	*Hand*	יָדַיִם	ja'dajim	*Hände*
רֶגֶל	'regel	*Fuß*	רַגְלַיִם	rag'lajim	*Füße*
נַעַל	'naʲal	*Schuh*	נַעֲלַיִם	naʲa'lajim	*Schuhe*

Merke: Körperteile und Kleidungsstücke mit der Pluralendung יִם‫ַ‬ -'ajim sind meist weiblich, also:

יָד גְּדוֹלָה	jad gədola	*eine große Hand*
נַעֲלַיִם יָפוֹת	naʲa'lajim jafot	*schöne Schuhe*

6. Verbundene Form der Substantive (סְמִיכוּת smixut)

Bei den verbundenen Formen (zusammengesetzten Hauptwörtern) wird das erste Wort manchmal verändert:

a) Weibliche Substantive, die auf ‫ָה‬ -a enden, verwandeln diese Endung in ‫ַת‬ -at, z.B.

אֲרוּחַת־עֶרֶב	aruxat-'erev	*Abendbrot (Abendmahlzeit)*
פִּנַּת־אֹכֶל	pinat-'oxel	*Eßecke*

b) Männliche Substantive erhalten manchmal andere Vokale, z.B.

חֲדַר־אֹכֶל	xadar-'oxel	*Speisezimmer*
בֵּית־סֵפֶר	béit-'séfer	*Schule (Haus des Buches)*

8C Übungen

1. *Antworten Sie auf die Fragen:*
   a) 'kama (= *wieviel*) xadarim jéʃ badira?   כַּמָּה חֲדָרִים יֵשׁ בַּדִּירָה?
   b) 'éifo oxlim aruxat-ha'boker?   אֵיפֹה אוֹכְלִים אֲרוּחַת־הַבֹּקֶר?
   c) matai oxlim bəfinat-ha'oxel?   מָתַי אוֹכְלִים בְּפִנַּת־הָאֹכֶל?
   d) matai oxlim baxadar-haʲoxel?   מָתַי אוֹכְלִים בַּחֲדַר־הָאֹכֶל?
   e) 'éix ha'xeder ʃel danjel?   אֵיךְ הַחֶדֶר שֶׁל דָּנִיאֵל?

f) ma ose danjél lifnéi ha'aruxa?   מַה עוֹשֶׂה דָּנִיאֵל לִפְנֵי הָאֲרוּחָה?

g) 'lama danjél rats mahér laxadar-ha'oxel?   לָמָה דָּנִיאֵל רָץ מַהֵר לַחֲדַר־הָאֹכֶל?

2. *Setzen Sie das Possessivpronomen ein:*

a) mirjam ba'a ləlod baməxonit.   מִרְיָם בָּאָה לְלוֹד בַּמְּכוֹנִית.

b) danjél notén et hamizvadot ləmirjam.   דָּנִיאֵל נוֹתֵן אֶת הַמִּזְוָדוֹת לְמִרְיָם.

c) mirjam məsa'deret et hadvarim.   מִרְיָם מְסַדֶּרֶת אֶת הַדְּבָרִים.

d) danjél ʃo'él et mirjam: 'éifo ha'ax?   דָּנִיאֵל שׁוֹאֵל אֶת מִרְיָם: אֵיפֹה הָאָח?

3. *Setzen Sie die unterstrichenen Wörter in den Plural:*

a) al hakir və'al haʃulxan jéʃ tmunot.   עַל הַקִּיר וְעַל הַשֻּׁלְחָן יֵשׁ תְּמוּנוֹת.

b) ba'xeder ʃeli jéʃ kisé gadol vəaron jafe.   בַּחֶדֶר שֶׁלִּי יֵשׁ כִּסֵּא גָּדוֹל וְאָרוֹן יָפֶה.

c) ba'bajit jéʃ gam 'kelev katan.   בַּבַּיִת יֵשׁ גַּם כֶּלֶב קָטָן.

d) ha'o'ré'ax ʃelanu sa'mé'ax mə'od.   הָאוֹרֵחַ שֶׁלָּנוּ שָׂמֵחַ מְאֹד.

e) danjel kvar ra'a ir gədola.   דָּנִיאֵל כְּבָר רָאָה עִיר גְּדוֹלָה.

f) min hamatos ro'im et ha'or ʃel ha'ir.   מִן הַמָּטוֹס רוֹאִים אֶת הָאוֹר שֶׁל הָעִיר.

4. *Geben Sie die folgenden Wortgruppen durch die hebräische verbundene Form* (סְמִיכוּת smixut) *wieder. Achten Sie auf den Artikel!*

ein Sommerhemd

Universität Tel Aviv*

die Geschichte Deutschlands

der Arbeitsplatz

der Stadtpark

ein Zollbeamter

ein Café (=Kaffeehaus)

ein Verkehrsstau**

die Stimme Israels* *(Name des staatlichen Rundfunks)*

die Nachtarbeit

---

*   Vor einem Orts- oder Eigennamen steht meist kein Artikel!

** עֹמֶס ['omes] Stau; in der Umgangssprache häufiger פְּקַק־תְּנוּעָה [pəkak-tnu'a] oder kurz פְּקָק [pəkak].

5. *Übersetzen Sie.*

a) Daniel wußte nicht, warum Miriam nicht gekommen war.   b) Miriam, hast du dein Wörterbuch (mit)genommen?   c) Daniel hat (sich) die Hände im Badezimmer gewaschen.   d) Die neuen Schuhe sind nicht gut für meine Füße.   e) Kommt, wir wollen das Mittagessen in unserem Speisezimmer einnehmen (essen).   f) Daniel hatte die gute Idee, nach Israel zu kommen.

9A Text

בַּבַּנְק

בַּבֹּקֶר דָּנִיאֵל קָם מֻקְדָּם. הוּא צָרִיךְ לָלֶכֶת
לַבַּנְק. הוּא רוֹצֶה לָקַחַת עוֹד כֶּסֶף
יִשְׂרְאֵלִי. מַרְקִים אֵין לוֹ הַרְבֵּה, אֲבָל יֵשׁ לוֹ
שְׁקִים (יוֹרוֹשֶׁקְס) וְכַרְטִיס שֶׁל הַבַּנְק שֶׁלּוֹ

בְּמִינְכֶן. אֲבָל קֹדֶם אוֹכְלִים אֲרוּחַת־בֹּקֶר. יֵשׁ קָפֶה (עִם אוֹ בְּלִי חָלָב), תֵּה עִם לִימוֹן,
לֶחֶם עִם חֶמְאָה אוֹ רִבָּה. גַּם סָלָטִים וּבֵיצִים עַל הַשֻּׁלְחָן, וְכָל אֶחָד לוֹקֵחַ מַה שֶׁהוּא
רוֹצֶה.

אַחֲרֵי אֲרוּחַת־הַבֹּקֶר מִרְיָם, אֲשֶׁר צְרִיכָה לִנְסֹעַ לַמִּשְׂרָד, שׁוֹאֶלֶת: "אַתָּה יָכוֹל לְסַדֵּר
אֶת הַכֹּל בְּלִי עֶזְרָה?" "בְּוַדַּאי, בְּוַדַּאי", עוֹנֶה דָּנִיאֵל. "אָז שִׂים לֵב לַכֶּסֶף שֶׁלְּךָ!
לְהִתְרָאוֹת בַּצָּהֳרַיִם!"

בְּתֵל־אָבִיב יֵשׁ הַרְבֵּה בַּנְקִים, כִּמְעַט בְּכָל רְחוֹב. דָּנִיאֵל נִכְנָס לְבַנְק גָּדוֹל; הַרְבֵּה
אֲנָשִׁים עוֹמְדִים בַּתּוֹר... דָּנִיאֵל מְחַפֵּשׂ וְהוּא רוֹאֶה שֶׁלֶט:

מַטְבֵּעַ זָר – EXCHANGE

דָּנִיאֵל מְחַכֶּה כַּמָּה דַּקּוֹת בַּתּוֹר. עַכְשָׁיו הוּא מוּל הַפָּקִיד. "בְּבַקָּשָׁה, אֲדוֹנִי? אֶפְשָׁר
לַעֲזוֹר לְךָ?"

‏"אֲנִי צָרִיךְ אַרְבַּע מֵאוֹת מַרְק בְּכֶסֶף יִשְׂרְאֵלִי, הִנֵּה הַשֵּׁק וְהַכַּרְטִיס שֶׁלִּי".

‏"בְּסֵדֶר, אֲדוֹנִי. בְּבַקָּשָׁה לַחְתּוֹם עַל הַשֵּׁק. אֲנִי יָכוֹל לִרְאוֹת אֶת הַדַּרְכּוֹן שֶׁלְּךָ?

‏תּוֹדָה. הִנֵּה הַכֶּסֶף, בִּשְׁטָרוֹת שֶׁל עֶשְׂרִים שְׁקָלִים".

‏וְהוּא סוֹפֵר: "אַחַת, שְׁתַּיִם, שָׁלוֹשׁ, אַרְבַּע, חָמֵשׁ, שֵׁשׁ, שֶׁבַע, שְׁמוֹנֶה, תֵּשַׁע, עֶשֶׂר,

‏אַחַת־עֶשְׂרֵה, שְׁתֵּים־עֶשְׂרֵה ..."

‏דָּנִיאֵל לֹא מֵבִין כְּלוּם. אֲבָל הוּא בָּטוּחַ שֶׁהַכֹּל בְּסֵדֶר. הוּא לוֹקֵחַ אֶת הַכֶּסֶף, אוֹמֵר

‏"שָׁלוֹם, תּוֹדָה רַבָּה" וְעוֹזֵב אֶת הַבַּנְק. וְהוּא חוֹשֵׁב: עַכְשָׁיו מַתְחִיל הַחֹפֶשׁ!

babank

ba'boker, danjél kam mukdam. hu tsarix la'lexet labank. hu rotse la'kaxat od 'kesef jisrəˈéli. markim éin lo harbé, aval jéʃ lo 'ʃekim ('jurofeks) vəxartis ʃel habank ʃelo bə'minxen. aval 'kodem oxlim aruxat-'boker. jéʃ kafe (im o bli xalav), té im limon, 'lexem im xemˈʲa o riba. gam sa'latim uvéitsim al haʃulxan, vəxol exad lo'kéax ma ʃehu rotse.

axaréi aruxat-ha'boker mirjam, aʃer tsərixa lin'soˈʲa lamisrad, ʃoˈʲelet: „ata jaxol ləsadér et hakol bli ezra?" „bəvadai, bəvadai", one danjél. „az sim lév la'kesef ʃelxa! ləhitraˈʲot batsoho'rajim!"

bətélaviv jéʃ harbé bankim, kimˈʲat bəxol rəxov. danjel nixnas ləbank gadol; harbé anaʃim omdim bator... danjél məxapés vəhu roˈʲe 'ʃelet:

mat'béˈʲa zar – Exchange.

danjél məxake 'kama dakot bator. axʃav hu mul hapakid.

„bəvakaʃa, adoni? efʃar laˈʲazor ləxa?"

„ani tsarix arba məˈʲot mark bə'kesef jisrəˈéli, hiné haʃek wəhakartis ʃeli."

„bəséder, adoni. bəvakaʃa laxtom al haʃek. ani jaxol lirˈʲot et hadarkon ʃelxa? toda. hiné ha'kesef, biʃtarot ʃel esrim ʃkalim."

vəhu sofér: „axat, 'ʃtajim, ʃaloʃ, arba, xaméʃ, ʃéʃ, 'ʃeva, 'ʃmone, 'téʃa, 'eser, a'xat-csré, ʃtéim-esré..."

danjél lo mévin klum. aval hu ba'tuˈʲax ʃehakol bə'séder. hu lo'kéax et ha'kesef, omér „ʃalom, toda raba" vəˈʲozév et habank. vəhu xoʃév: axʃav matxil ha'xofeʃ!

Bank	[bank] *m* בַּנְק	er (sie) steht auf	הוּא קָם [hu kam]
auf der Bank	[babank] בַּבַּנְק		הִיא קָמָה [hi kama]
am Morgen	[ba'boker] בַּבֹּקֶר		(קָם [kam])

89

früh	[mukdam] מֻקְדָּם	er steht an	הוּא עוֹמֵד בַּתּוֹר [hu oméd bator]
(zu) gehen	*(Infinitiv)* [la'lexet] לָלֶכֶת	er (sie) sucht	[hu məxapés] הוּא מְחַפֵּשׂ [hi məxa'peset] הִיא מְחַפֶּשֶׂת
(zu) nehmen	*(Infinitiv)* [la'kaxat] לָקַחַת		
Mark	[mark] *m* מַרְק	Münze; Währung	מַטְבֵּעַ, מַטְבְּעוֹת [mat'béʼa, matbəʼot] *m*
Scheck	[ʃek] *m* שֵׁק		
Euroscheck	['juroʃek] יוּרוֹשֵׁק	fremd; ausländisch	[zar, zara] זָר, זָרָה
Scheckkarte	[kartis-ʃek] כַּרְטִיס־שֵׁק		
zuerst, zunächst	['kodem] קֹדֶם	Minute	[daka] *f* דַּקָּה
Milch	[xalav] *m* חָלָב	gegenüber	[mul] מוּל
Zitrone	[limon] *m* לִימוֹן	bitte	[bəvakaʃa] בְּבַקָּשָׁה
Brot	['lexem] *m* לֶחֶם	mein Herr!	[adoni] אֲדוֹנִי!
Butter	[xemʼa] *f* חֶמְאָה	er (sie) hilft	[hu ozér] הוּא עוֹזֵר [hi o'zeret] הִיא עוֹזֶרֶת
Marmelade	[riba] *f* רִבָּה		
Salat	[salat] *m* סָלָט	(zu) helfen	*(Infinitiv)* [laʼazor] לַעֲזוֹר
Ei	[béitsa, béitsim] *f* בֵּיצָה, בֵּיצִים	400	[arba məʼot] אַרְבַּע מֵאוֹת
jeder	[kol exad] כָּל אֶחָד	er (sie) unterschreibt	[hu xotém] הוּא חוֹתֵם [hi xo'temet] הִיא חוֹתֶמֶת
(das,) was	[maʃe...] ...שֶׁ מַה		
(wird mit dem folgenden Wort verbunden)		(zu) unterschreiben	*(Infinitiv)* [laxtom] לַחְתּוֹם
der, die, das	[aʃer] אֲשֶׁר	(zu) sehen	*(Infinitiv)* [lir'ot] לִרְאוֹת
(Relativpronomen)		(Geld-)Schein	[ʃtar, ʃtarot] *m* שְׁטָר, שְׁטָרוֹת
fahren, reisen	*(Infinitiv)* [lin'soʼa] לִנְסוֹעַ	er (sie) zählt	[hu sofér] הוּא סוֹפֵר [hi so'feret] הִיא סוֹפֶרֶת
erledigen	*(Infinitiv)* [ləsadér] לְסַדֵּר		([safar] סָפַר)
Hilfe	[ezra] *f* עֶזְרָה	er (sie) versteht	[hu mévin] הוּא מֵבִין [hi məvina] הִיא מְבִינָה
Herz	[lév] *m* לֵב		
er paßt auf	[hu sam lév] הוּא שָׂם לֵב	nichts *(s. Grammatik)*	[lo...klum] לֹא...כְּלוּם
paß auf!	[sim lév] שִׂים לֵב!	sicher	[ba'tuʼax, bətuxa] בָּטוּחַ, בְּטוּחָה
zu Mittag	[batsoho'rajim] בַּצָּהֳרַיִם	er (sie) beginnt	[hu matxil] הוּא מַתְחִיל [hi matxila] הִיא מַתְחִילָה
Reihe, „Schlange"	[tor] *m* תּוֹר		

9B Grammatik

1. Die Grundzahlen von 1 bis 20

Die hebräischen Zahlwörter von 1 bis 19 haben – im Gegensatz zu den europäischen Sprachen – männliche und weibliche Formen, die sich nach dem Geschlecht des Substantivs richten.

Zu beachten ist, daß von 3 bis 10 – anders als bei Substantiven – die männliche Form die Endung הָ‍ -a erhält. Die weibliche Form ist also die kürzere und wird daher auch meist beim Zählen benutzt.

	m		*f*	
0	אֶפֶס	'efes		
1	אֶחָד	exad	אַחַת	axat
2	שְׁנַיִם	'ʃnajim	שְׁתַּיִם	'ʃtajim
3	שְׁלוֹשָׁה	ʃloʃa	שָׁלוֹשׁ	ʃaloʃ
4	אַרְבָּעָה	arba'a	אַרְבַּע	arba
5	חֲמִשָּׁה	xamiʃa	חָמֵשׁ	xaméʃ
6	שִׁשָּׁה	ʃiʃa	שֵׁשׁ	ʃéʃ
7	שִׁבְעָה	ʃiv'a	שֶׁבַע	'ʃeva
8	שְׁמוֹנָה	ʃmona	שְׁמוֹנֶה	'ʃmone
9	תִּשְׁעָה	tiʃ'a	תֵּשַׁע	'téʃa
10	עֲשָׂרָה	asara	עֶשֶׂר	'eser

Die Zahl 1 steht als einzige **nach** dem Substantiv, also:

יֵשׁ לִי רַק תַּפּוּז אֶחָד.   jéʃ li rak tapuz exad.   *Ich habe nur eine Orange.*

יֵשׁ לִי רַק מִזְוָדָה אַחַת.   jéʃ li rak mizvada axat.   *Ich habe nur einen Koffer.*

Alle weiteren Zahlen stehen wie im Deutschen **vor** dem Substantiv.

Die Formen שְׁנַיִם 'ʃnajim und שְׁתַּיִם 'ʃtajim werden vor einem Substantiv zu שְׁנֵי ʃnéi und שְׁתֵי ʃtéi verkürzt:

שְׁנֵי תַּפּוּזִים   ʃnéi tapuzim   *zwei Orangen*

שְׁתֵי מִזְוָדוֹת   ʃtéi mizvadot   *zwei Koffer*

Aber:

כַּמָּה תַּפּוּזִים יֵשׁ לְךָ? שְׁנַיִם.   'kama tapuzim jéʃ ləxa? 'ʃnajim.   *Wieviel Orangen hast du? Zwei.*

כַּמָּה מִזְוָדוֹת יֵשׁ לְךָ? שְׁתַּיִם.   'kama mizvadot jéʃ ləxa? 'ʃtajim.   *Wieviel Koffer hast du? Zwei.*

Beachte die Vokalveränderungen bei den Zahlen 5, 6, 7, 9 und 10.

Grundzahlen von 11-20:

Die Grundzahlen von 11-19 setzen sich zusammen aus den Zahlen 1, 2, 3 usw. und 10 (עֶשֶׂר asar für männliche, עֶשְׂרֵה esré für weibliche Formen).

	m		f	
11	אַחַד־עָשָׂר	a'xad-asar	אַחַת־עֶשְׂרֵה	a'xat-esré
12	שְׁנֵים־עָשָׂר	'ʃnéim-asar	שְׁתֵּים־עֶשְׂרֵה	'ʃtéim-esré
13	שְׁלוֹשָׁה־עָשָׂר	ʃlo'ʃa-asar	שְׁלוֹשׁ־עֶשְׂרֵה	'ʃloʃ-esré
14	אַרְבָּעָה־עָשָׂר	arba'ᵓa-asar	אַרְבַּע־עֶשְׂרֵה	ar'ba-esré
15	חֲמִשָּׁה־עָשָׂר	xami'ʃa-asar	חֲמֵשׁ־עֶשְׂרֵה	xa'méʃ-esré
16	שִׁשָּׁה־עָשָׂר	ʃi'ʃa-asar	שֵׁשׁ־עֶשְׂרֵה	'ʃéʃ-esré
17	שִׁבְעָה־עָשָׂר	ʃiv'ᵓa-asar	שְׁבַע־עֶשְׂרֵה	'ʃva-esré
18	שְׁמוֹנָה־עָשָׂר	ʃmo'na-asar	שְׁמוֹנֶה־עֶשְׂרֵה	ʃmo'ne-esré
19	תִּשְׁעָה־עָשָׂר	tiʃ'ᵓa-asar	תְּשַׁע־עֶשְׂרֵה	'tʃa-esré
20	עֶשְׂרִים	esrim	עֶשְׂרִים	esrim

Beachte die Vokalveränderungen bei den Zahlen 12, 13 (weiblich), 17 (weiblich) und 19 (weiblich).

Die Zahl 20 (עֶשְׂרִים esrim) und alle weiteren Zehner (30, 40 usw.) sind für beide Geschlechter gleich.

2. לֹא כְּלוּם **lo klum „nichts"**

Dem Wort כְּלוּם klum muß immer das Verneinungswort לֹא lo vorangehen. In einem Satz mit Verb steht לֹא lo **vor** dem Verb.

מַה הוּא עוֹשֶׂה? לֹא כְּלוּם.   ma hu ose? lo klum.   *Was macht er? Nichts.*

הוּא לֹא עוֹשֶׂה כְּלוּם.   hu lo ose klum.   *Er macht nichts.*

לֹא lo steht immer vor dem Verb! (vgl. französisch „ne ... rien").

3. הוּא נִכְנַס **hu nixnas „er tritt ein, er betritt, er geht hinein"**

Das Verb נִכְנַס nixnas gehört einer Passiv-Konjugation an (5. Konjugation, 'Nifᵓal, s. 16 B 2), hat aber aktive Bedeutung:

m			f	
אֲנִי נִכְנָס	ani nixnas	*ich trete ein*	אֲנִי נִכְנֶסֶת	ani nix'neset
אַתָּה נִכְנָס	ata nixnas	*du trittst ein,*	אַתְּ נִכְנֶסֶת	at nixneset
		Sie treten ein		
הוּא נִכְנָס	hu nixnas	*er (sie) tritt ein*	הִיא נִכְנֶסֶת	hi nix'neset
אֲנַחְנוּ נִכְנָסִים	a'naxnu nixnasim	*wir treten ein*	אֲנַחְנוּ נִכְנָסוֹת	a'naxnu nixnasot
אַתֶּם נִכְנָסִים	atem nixnasim	*ihr tretet ein*	אַתֶּן נִכְנָסוֹת	aten nixnasot
הֵם נִכְנָסִים	hém nixnasim	*sie treten ein*	הֵן נִכְנָסוֹת	hén nixnasot

Die Präposition nach נִכְנָס nixnas ist לְ lə:

הוּא נִכְנָס לַבַּנְק. hu nixnas labank. *Er tritt in die Bank ein.*

4. Infinitive

הוּא לוֹקֵחַ	hu lo'ké'ax	*er nimmt*	לָקַחַת	la'kaxat	*(zu) nehmen*
הוּא נוֹסֵעַ	hu no'sé'a	*er fährt*	לִנְסוֹעַ	lin'so'a	*(zu) fahren*
הוּא עוֹזֵר	hu ozér	*er hilft*	לַעֲזוֹר	la'azor	*(zu) helfen*
הוּא עוֹזֵב	hu ozév	*er verläßt*	לַעֲזוֹב	la'azov	*(zu) verlassen*

5. Das Verb שָׂם sam (1. Konjugation mit zwei Stammkonsonanten)
„legen, stellen"

m			f	
אֲנִי שָׂם	ani sam	*ich lege*	אֲנִי שָׂמָה	ani sama
אַתָּה שָׂם	ata sam	*du legst, Sie legen*	אַתְּ שָׂמָה	at sama
הוּא שָׂם	hu sam	*er (sie) legt*	הִיא שָׂמָה	hi sama
אֲנַחְנוּ שָׂמִים	a'naxnu samim	*wir legen*	אֲנַחְנוּ שָׂמוֹת	a'naxnu samot
אַתֶּם שָׂמִים	atem samim	*ihr legt*	אַתֶּן שָׂמוֹת	aten samot
הֵם שָׂמִים	hém samim	*sie legen*	הֵן שָׂמוֹת	hén samot

Infinitiv: lasim לָשִׂים   Imperativ: sim! שִׂים!

9C Übungen

1. *Antworten Sie auf die Fragen:*
   a) 'lama danjél kam mukdam ba'boker?   לָמָה דָּנִיֵּאל קָם מֻקְדָּם בַּבֹּקֶר?
   b) jéʃ lo harbé 'kesef?   יֵשׁ לוֹ הַרְבֵּה כֶּסֶף?
   c) ma'duʲa mirjam lo ho'lexet ito labank?   מַדּוּעַ מִרְיָם לֹא הוֹלֶכֶת אִתּוֹ לַבַּנְק?
   d) ma ose danjél 'kodem?   מַה עוֹשֶׂה דָּנִיֵּאל קֹדֶם?
   e) 'kama zman tsarix danjél la'lexet labank?   כַּמָּה זְמַן צָרִיךְ דָּנִיֵּאל לָלֶכֶת לַבַּנְק?
   f) 'kama (=*wieviel*) 'kesef hu rotsé?   כַּמָּה כֶּסֶף הוּא רוֹצֶה?
   g) ma hapakid rotsé lirʲot?   מַה הַפָּקִיד רוֹצֶה לִרְאוֹת?
   h) al ma danjél xotém?   עַל מַה דָּנִיֵּאל חוֹתֵם?

2. *Ersetzen Sie die Ziffern durch Buchstaben:*
[tapuzim]	תַּפּוּזִים	18
[mizvadot]	מִזְוָדוֹת	4
[məxoniot]	מְכוֹנִיּוֹת	3
[mixtavim]	מִכְתָּבִים	7
[jamim]	יָמִים	10
[béitsim]	בֵּיצִים	12

3. *Setzen Sie die folgenden Sätze in die Vergangenheit:*
   a) mirjam lo ho'lexet labank;   מִרְיָם לֹא הוֹלֶכֶת לַבַּנְק;
       hi no'saʲat lamisrad.   הִיא נוֹסַעַת לַמִּשְׂרָד.
   b) danjél rotse 'kesef jisrə'éli. mi ozér lo?   דָּנִיֵּאל רוֹצֶה כֶּסֶף יִשְׂרְאֵלִי. מִי עוֹזֵר לוֹ?
   c) mirjam lo o'zeret lo;   מִרְיָם לֹא עוֹזֶרֶת לוֹ;
       hu ose hakol ləvad.   הוּא עוֹשֶׂה הַכֹּל לְבַד.
   d) danjél oméd bator.   דָּנִיֵּאל עוֹמֵד בַּתּוֹר.
   e) danjél xotém al haʃek.   דָּנִיֵּאל חוֹתֵם עַל הַשֵּׁק.

4. *Übersetzen Sie:*
   a) Es ist Nacht geworden, und wir sehen nichts.   b) Miriam kann nicht mit Daniel zur Bank gehen; sie muß arbeiten. Er betritt die Bank allein.   c) Daniel muß nicht

lange in der Reihe stehen; nach einigen Minuten steht er vor dem Angestellten und wechselt sein Geld. d) Er hat Devisen, aber er will israelisches Geld und unterschreibt einen Euroscheck. e) Er bekommt für vierhundert Mark israelisches Geld, nimmt seinen Paß und verläßt die Bank. f) Daniel ist froh: Er hat ohne Miriams Hilfe auf der Bank Geld bekommen* und beginnt jetzt endlich seinen Urlaub!

5. *Sie wollen 400 DM wechseln. Sie brauchen zehn 20-Schekel-Scheine und zwanzig 10-Schekel-Scheine.*
   Wie sagen Sie es dem Bankangestellten auf Hebräisch?

6. *Bestellen Sie ein israelisches Frühstück im Café!*

---

* er hat bekommen [hu kibel] הוּא קִבֵּל

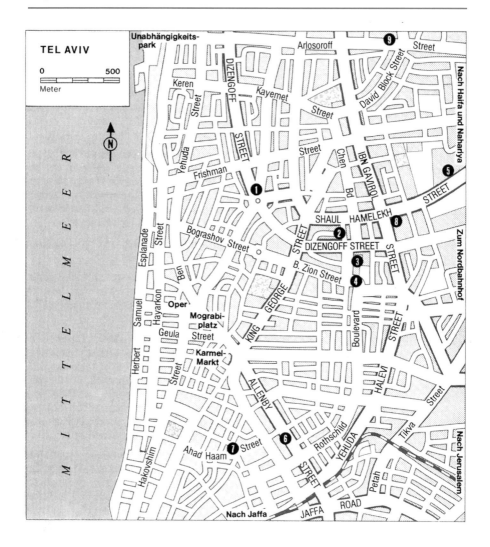

TEL AVIV

0   500

Meter

10A Text

טִיּוּל בָּעִיר

בְּשָׁעָה עֶשֶׂר וָחֵצִי דָּנִיֵּאל יָצָא מִן הַבַּנְק. הוּא חָשַׁב: "יֵשׁ לִי עוֹד שְׁעָתַיִם זְמַן עַד אֲרוּחַת־הַצָּהֳרַיִם. מֶזֶג־הָאֲוִיר יָפֶה. אֶפְשָׁר עוֹד לַעֲשׂוֹת טִיּוּל קָטָן בָּעִיר".

הַבַּנְק הָיָה בִּרְחוֹב אַלֶּנְבִּי, בְּמֶרְכַּז הָעִיר. הָרְחוֹב הַזֶּה לֹא רָחָב, אֲבָל הוּא אָרֹךְ מְאֹד. יֵשׁ שָׁם הַרְבֵּה חֲנֻיּוֹת, הַרְבֵּה הוֹלְכֵי־רֶגֶל, הַרְבֵּה מְכוֹנִיּוֹת וְאוֹטוֹבּוּסִים. הִנֵּה גַם בֵּית־כְּנֶסֶת. זֶה בֵּית־הַכְּנֶסֶת הַגָּדוֹל שֶׁל הָעִיר תֵּל־אָבִיב. לֹא רָחוֹק מֵרְחוֹב אַלֶּנְבִּי נִמְצָא גַּם הַכֹּל־בּוֹ "מִגְדַּל הַשָּׁלוֹם". שָׁם אֶפְשָׁר לַעֲלוֹת עַל הַגַּג (בְּמַעֲלִית כַּמּוּבָן) וְלִרְאוֹת פָּנוֹרָמָה נֶהְדֶּרֶת. אֲבָל דָּנִיֵּאל לֹא עָלָה; לֹא הָיָה לוֹ מַסְפִּיק זְמַן. הַשָּׁעָה כִּמְעַט אַחַת־עֶשְׂרֵה.

דָּנִיֵּאל רָאָה גַם הַרְבֵּה קִיּוֹסְקִים, אֲשֶׁר בָּהֶם מוֹכְרִים עִתּוֹנִים וְגַם מַשְׁקָאוֹת אוֹ עוּגוֹת. הוּא הָיָה צָמֵא. הוּא קָנָה כּוֹס מִיץ תַּפּוּזִים (זֹאת הָיְתָה הָעוֹנָה שֶׁל הַתַּפּוּזִים וְהָאֶשְׁכּוֹלִיּוֹת!). שָׁתָה וְשִׁלֵּם. בְּקִיּוֹסְק אַחֵר הָיוּ כָּל עִתּוֹנֵי־הַבֹּקֶר; רֹב הָעִתּוֹנִים הָיוּ בְּעִבְרִית, אֲבָל הָיוּ גַם עִתּוֹנִים יִשְׂרְאֵלִיִּים בְּאַנְגְּלִית, בְּעַרְבִית, בְּצָרְפָתִית, בְּרוֹמָנִית, בְּהוּנְגָּרִית, בְּרוּסִית, וְגַם – בְּגֶרְמָנִית! בִּפְנִים יָשַׁב אִישׁ דֵּי זָקֵן.

"בְּבַקָּשָׁה, אֲדוֹנִי, אֲנִי רוֹצֶה לִקְנוֹת אֶת הָעִתּוֹן הַגֶּרְמָנִי חֲדָשׁוֹת־יִשְׂרָאֵל. הִנֵּה הַכֶּסֶף".

"אֲנִי לֹא מֵבִין עִבְרִית", עָנָה הָאִישׁ. "רַק אִידִישׁ אוֹ גֶּרְמָנִית!" דָּנִיֵּאל צָחַק ...

סוֹף־סוֹף הוּא לָקַח אֶת הָעִתּוֹן, הָאָדוֹן קִבֵּל אֶת הַכֶּסֶף וְאָמַר תּוֹדָה – בְּגֶרְמָנִית...

הָעִתּוֹן הָיָה דַּי דַּק – רַק אַרְבָּעָה עַמּוּדִים. אֲבָל בִּשְׁבִיל דָּנִיאֵל הוּא הָיָה חָשׁוּב מְאֹד,

כִּי הוּא יָכוֹל לִקְרוֹא אוֹתוֹ!

tijul ba'ir

bəʃaʲa 'eser vaxétsi danjél jatsa min habank. hu xaʃav: „jéʃ li od ʃəʲa'tajim zman ad aruxat-hatsoho'rajim. 'mezeg-haʲavir jafe. efʃar od laʲasot tijul katan baʲir.“
habank haja birxov 'allenbi, bəmerkaz ha'ir. harəxov haze lo raxav, aval hu arox məʲod. jéʃ ʃam harbé xanujot, harbé holxéi-'regel, harbé məxoniot vəʲotobusim. hiné gam béit-'kneset. ze béit-ha'kneset hagadol ʃel haʲir télaviv. lo raxok mérəxov 'allenbi nimtsa gam hakolbo „migdal-haʃalom“. ʃam efʃar laʲalot al hagag (bəmaʲalit, kamuvan) vəlirʲot pano'rama neh'deret. aval danjel lo ala; lo haja lo maspik zman. haʃa'a kimʲat axat-esré. danjél raʲa gam harbé kiʲ'oskim aʃer bahem moxrim itonim vəgam maʃkaʲot o ugot. hu haja tsamé; hu kana kos mits-tapuzim (zot hajta haʲona ʃel hatapuzim vəhaʲeʃkoliot!), ʃata vəʃilém. bəkiosk axér haju kol itonéi-ha'boker; rov haʲitonim haju bəʲivrit, aval haju gam itonim jisrəʲélijim bəʲanglit, bəʲaravit, bətsarfatit, bərumanit, bəhungarit, bərusit, vəgam – bəgermanit! bifnim jaʃav iʃ déi zakén.
„bəvakaʃa, adoni, ani rotsé liknot et haʲiton hagermani „xadʃot-jisraʲél“. hiné ha'kesef.“
„ani lo mévin ivrit“, ana haʲiʃ. „rak 'idiʃ o germanit!“
danjél tsaxak ... sof-sof hu lakax et haʲiton, haʲadon kibél et ha'kesef vəʲamar toda – bəgermanit...
haʲiton haja déi dak – rak arbaʲa amudim. aval biʃvil danjél hu haja xaʃuv məʲod, ki hu jaxol likro oto!

Spaziergang, -fahrt	[tijul] *m* טִיּוּל	lang	[arox, aruka] אָרוֹךְ, אֲרֻכָּה
um 1/2 11 (Uhr)	בְּשָׁעָה עֶשֶׂר וָחֵצִי	Laden, Geschäft	חָנוּת, חֲנוּיוֹת
	[bəʃaʲa 'eser vaxétsi]		[xanut, xanujot] *m/Pl*
er (sie) geht hinaus,	[hu jotsé] הוּא יוֹצֵא	Fußgänger	הוֹלֵךְ־רֶגֶל, הוֹלְכֵי־רֶגֶל
tritt hinaus	[hi jotsét] הִיא יוֹצֵאת		[holéx-'regel, holxéi-'regel] *m/Pl*
	([jatsa] יָצָא)	hier ist, da ist	[hiné] הִנֵּה
2 Stunden	[ʃəʲa'tajim] *f/Pl (Dual)* שְׁעָתַיִם	hier sind, da sind	
(zu) machen	[laʲasot] *(Infinitiv)* לַעֲשׂוֹת	Versammlung, „Knesseth“	['kneset] *f* כְּנֶסֶת
Zentrum	[merkaz] *m* מֶרְכָּז	*(israelisches Parlament)*	
Allenby	['allenbi] אַלֶנְבִּי	Synagoge	[béit-'kneset] בֵּית־כְּנֶסֶת
(britischer General in Palästina;		weit	[raxok, rəxoka] רָחוֹק, רְחוֹקָה
eroberte 1917 Jerusalem)		Kaufhaus, Warenhaus	[kolbo] *m* כָּל־בּוֹ
breit	[raxav, rəxava] רָחָב, רְחָבָה	*(wörtl. „alles in ihm“)*	

| Turm | [migdal] *m* מִגְדָּל |

Turm	[migdal] *m* מִגְדָּל
Dach	[gag, gagot] *m/Pl* גַּג, גַּגּוֹת
Fahrstuhl	מַעֲלִית, מַעֲלִיּוֹת
	[ma'alit, ma'aliot] *f/Pl*
Panorama,	[pano'rama] *f* פָּנוֹרָמָה
Rundblick	
herrlich,	נֶהְדָּר, נֶהְדֶּרֶת
wunderbar	[nehdar, neh'deret]
Kiosk	[kiosk] *m* קִיוֹסְק
der, die, das	[aʃer] אֲשֶׁר
(Relativpronomen, s. Grammatik)	
Zeitung	[iton] *m* עִתּוֹן
Getränk	מַשְׁקֶה, מַשְׁקָאוֹת
	[maʃke, maʃka'ot] *m/Pl*
Kuchen	[uga] *f* עוּגָה
durstig	[tsamé, tsəmé'a] צָמֵא, צְמֵאָה
ich habe Durst	[ani tsamé] אֲנִי צָמֵא
Glas	[kos, kosot] *f/Pl* כּוֹס, כּוֹסוֹת
Saison, Jahreszeit	[ona] *f* עוֹנָה
Grapefruit,	אֶשְׁכּוֹלִית, אֶשְׁכּוֹלִיּוֹת
Pampelmuse	[eʃkolit, eʃkoliot] *f/Pl*
er (sie) trinkt	[hu ʃote] הוּא שׁוֹתֶה
	[hi ʃota] הִיא שׁוֹתָה
	(ʃata שָׁתָה)
Mehrheit, die meisten	[rov] *m* רֹב

die meisten Zeitungen	[rov ha'itonim] רֹב הָעִתּוֹנִים
arabisch	*(s. Grammatik)* [aravit] עֲרָבִית
französisch	[tsarfatit] צָרְפָתִית
rumänisch	[rumanit] רוּמָנִית
ungarisch	[hungarit] הוּנְגָרִית
russisch	[russit] רוּסִית
alt *(Lebewesen)*	[zakén, zkéna] זָקֵן, זְקֵנָה
neu	[xadaʃ, xadaʃa] חָדָשׁ, חֲדָשָׁה
Neuigkeiten,	[xadaʃot] *f/Pl* חֲדָשׁוֹת
Nachrichten	
Israel-	[xadʃot jisra'él] חַדְשׁוֹת-יִשְׂרָאֵל
Nachrichten	
er (sie) lacht	[hu tsoxék] הוּא צוֹחֵק
	[hi tso'xeket*] הִיא צוֹחֶקֶת
	(צָחַק [tsaxak])
dünn	[dak, daka] דַּק, דַּקָּה
Seite *(Blatt, Buch)*	[amud] *m* עַמּוּד
wichtig	[xaʃuv, xaʃuva] חָשׁוּב, חֲשׁוּבָה
lesen	*(Infinitiv)* [likro] לִקְרוֹא
ihn, sie	[oto, ota] אוֹתוֹ, אוֹתָהּ
(s. Grammatik)	
Viertel	['reva] *m* רֶבַע
genau, pünktlich	[bədijuk] בְּדִיּוּק
Mitternacht	[xatsot] *f* חֲצוֹת

10B Grammatik

1. Die Konjugation der Verben – Vergangenheit (עָבָר avar)

Die Endungen der Verben in der 1. und 2. Person Singular und Plural gleichen den Endungen der Personalpronomen (1. und 2. Person):

Singular	1. Person	*m*	תִי -ti	*f*	תִי -ti	(אֲנִי ani)	
	2. Person	*m*	תָ -ta	*f*	ת -t	(אַתְ, אַתָּה ata, 'at)	
Plural	1. Person	*m*	נוּ -nu	*f*	נוּ -nu	(אֲנַחְנוּ an'axnu)	
	2. Person	*m*	תֶם -tem	*f*	תֶן -ten	(אַתֶּן, אַתֶּם atem, aten)	

* Plural: צוֹחֲקִים tsoxakim, צוֹחֲקוֹת tsoxakot (s. 4 B 6)

a) 1. Konjugation (פָּעַל pa'al)

Vokale: ◌ָ a – ◌ַ a (3. Person Sing. weibl. u. 3. Person Plural: ◌ָ a – ◌ְ **Schva**)

לָמַד „lernen"

m			f	
לָמַדְתִּי	la'madəti	ich habe gelernt, ich lernte	לָמַדְתִּי	la'madeti
לָמַדְתָּ	la'madəta	du hast gelernt usw.	לָמַדְתְּ	la'madət
לָמַד	lamad	er/sie hat gelernt usw.	לָמְדָה	lamda
לָמַדְנוּ	la'madnu	wir haben gelernt	לָמַדְנוּ	la'madnu
לְמַדְתֶּם	ləmadətem	ihr habt gelernt	לְמַדְתֶּן	ləmadəten
לָמְדוּ	lamdu	sie haben gelernt	לָמְדוּ	lamdu

Das Personalpronomen kann fortfallen, da die Bezeichnung der Person durch die Endung ersichtlich wird. Nur bei besonderer Betonung wird es verwendet:

אֲנִי לָמַדְתִּי וְהוּא כָּתַב מִכְתָּבִים. ani la'madəti vəhu katav mixtavim.
Ich lernte und er schrieb Briefe.

In Anlehnung an die 3. Person (Singular maskulin) der Vergangenheit (לָמַד lamad) wird diese Konjugation פָּעַל pa'al genannt.

In der 2. Person Plural wird durch Verschiebung der Betonung auf die Endsilbe der erste Vokal ◌ָ a zu einem ◌ְ ə (Schva): לְמַדְתֶּם ləmadə'tem.

גָּר „wohnen" (Verb mit zwei Stammkonsonanten)

m			f	
גַּרְתִּי	'garti	ich habe gewohnt, ich wohnte usw.	גַּרְתִּי	'garti
גַּרְתָּ	'garta		גַּרְתְּ	gart
גָּר	gar*		גָּרָה	'gara*
גַּרְנוּ	'garnu		גַּרְנוּ	'garnu
גַּרְתֶּם	gartem		גַּרְתֶּן	garten
גָּרוּ	'garu		גָּרוּ	'garu

* Achtung: Entspricht der Präsensform (s. Lektion 4 B 6); nur die Betonung der 3. Person Sing. weibl. weicht ab.

קָנָה „*kaufen*" (Verb, das auf stummes ה h endet)

Vokale: ◌ָ a – ◌ִ i; das Schluß-ה verwandelt sich in der 1. und 2. Person (Singular und Plural) zu einem יִ◌ -i.

m		f	
קָנִיתִי ka'niti	*ich habe gekauft, ich kaufte* usw.	קָנִיתִי ka'niti	
קָנִיתָ ka'nita		קָנִית kanit	
קָנָה kana		קָנְתָה kanta	
קָנִינוּ ka'ninu		קָנִינוּ ka'ninu	
קְנִיתֶם kənitem		קְנִיתֶן kəniten	
קָנוּ kanu		קָנוּ kanu	

In der 3. Person Singular lauten die Vokale ◌ָ a – ◌ָ a; bei der weiblichen Form wird ein ת t vor das Schluß-a (ה◌ָ) eingeschoben.

b) 2. Konjugation (פִּעֵל pi'el)

Charakteristisches Kennzeichen ist hier die Verdoppelung des mittleren Konsonanten (Dagesch).Vokale: 1. und 2. Person Singular und Plural: ◌ִ i – ◌ַ a.

  3. Person Singular: ◌ִ i – ◌ֵ é (weibl. ◌ִ i – ◌ְ).

  3. Person Plural: ◌ִ i – ◌ְ Schva.

Die Vorsilbe מְ mə- des Präsens entfällt.

קִבֵּל „*bekommen*", „*empfangen*"

m		f	
קִבַּלְתִּי ki'balti	*ich habe bekommen, ich bekam*	קִבַּלְתִּי ki'balti	
קִבַּלְתָּ ki'balta	*du hast bekommen, du bekamst*	קִבַּלְת kibalt	
קִבֵּל kibél	*er/sie hat bekommen /bekam*	קִבְּלָה kibla	
קִבַּלְנוּ ki'balnu	*wir haben bekommen*	קִבַּלְנוּ ki'balnu	
קִבַּלְתֶּם kibaltem	*ihr habt bekommen*	קִבַּלְתֶּן kibalten	
קִבְּלוּ kiblu	*sie haben bekommen*	קִבְּלוּ kiblu	

101

חִכָּה „*warten*" (Verb, das auf stummes ה h endet)

Vokale:　　　1. und 2. Person Singular und Plural: ⃞ **i** – ⃞ **i**.

　　　　　　　3. Person Singular: ⃞ **i** – ֱ **a** (weiblich ⃞ **i** – ְ **Schva**).

m			f	
חִכִּיתִי	xi'kiti	*ich habe gewartet, ich wartete*	חִכִּיתִי	xi'kiti
חִכִּיתָ	xi'kita	*du hast gewartet*	חִכִּית	xikit
חִכָּה	xika	*er/sie hat gewartet*	חִכְּתָה	xikta
חִכִּינוּ	xi'kinu	*wir haben gewartet*	חִכִּינוּ	xi'kinu
חִכִּיתֶם	xikitem	*ihr habt gewartet*	חִכִּיתֶן	xikiten
חִכּוּ	xiku	*sie haben gewartet*	חִכּוּ	xiku

In der 3. Person Singular wird bei der weiblichen Form vor das Schluß-a הָ ⃞ ein ת t eingeschoben.

In Anlehnung an die 3. Person (Singular maskulin) der Vergangenheit (קִבֵּל kibél) wird diese Konjugation פִּעֵל pi'el genannt.

2. Personalpronomen – Akkusativ

Der Akkusativ des Personalpronomens (*mich, dich* usw.) setzt sich zusammen aus der Präposition אֵת et (s. 4 B 5) und den Endungen der Nominativform des Pronomens (אֲנִי, אַתָּה ani, ata usw.).

Die dritte Person Singular (*ihn, sie, es*) hat die Endungen -וֹ -o und הָ ⃞ . (Vgl. hierzu die Bildung des Dativs des Personalpronomens – 4).

	m		f		
Singular	אוֹתִי	oti			*mich*
	אוֹתְךָ	otxa	אוֹתָךְ	otax	*dich/Sie*
	אוֹתוֹ	oto	אוֹתָהּ	ota	*ihn/sie/es*
Plural	אוֹתָנוּ	o'tanu			*uns*
	אֶתְכֶם	etxem	אֶתְכֶן	etxen	*euch*
	אוֹתָם	otam	אוֹתָן	otan	*sie*

Der Vokal ☐ -e von אֵת et verwandelt sich in וֹ -o, mit Ausnahme der 2. Person Plural, also nicht אֶתִי eti, sondern אוֹתִי oti.

Beispiele:

אַתָּה רוֹאֶה אֶת הַשּׁוֹטֵר?	ata ro׳e et haʃoter?	*Siehst du den Polizisten?*
כֵּן, אֲנִי רוֹאֶה אוֹתוֹ.	kén, ani ro׳e oto.	*Ja, ich sehe ihn.*
אֶת מִי אַתָּה שׁוֹאֵל?	et mi ata ʃo׳él?	*Wen fragst du?*
אֲנִי שׁוֹאֵל אוֹתְךָ!	ani ʃo׳él otxa!	*Ich frage dich!*

3. Das Relativpronomen אֲשֶׁר aʃer

Das Relativpronomen אֲשֶׁר aʃer (*der, die, das – welcher, welche, welches*) bleibt unverändert, ganz gleich, ob es sich auf männliche oder weibliche Substantive (Singular oder Plural) bezieht.

הַתַּלְמִיד אֲשֶׁר לוֹמֵד עִבְרִית	hatalmid aʃer loméd ivrit
	der Schüler, der Hebräisch lernt
הַתַּלְמִידָה אֲשֶׁר לוֹמֶדֶת עִבְרִית	hatalmida aʃer lo'medet ivrit
	die Schülerin, die Hebräisch lernt
הַתַּלְמִידִים אֲשֶׁר לוֹמְדִים עִבְרִית	hatalmidim aʃer lomdim ivrit
	die Schüler, die Hebräisch lernen
הַתַּלְמִידוֹת אֲשֶׁר לוֹמְדוֹת עִבְרִית	hatalmidot aʃer lomdot ivrit
	die Schülerinnen, die Hebräisch lernen

Im Hebräischen steht vor oder nach dem Relativsatz meist kein Komma.

4. Das Demonstrativpronomen זֶה ze

Steht das Wort זֶה ze **vor** einem Substantiv oder Adjektiv, so bedeutet es *das ist, dies ist, es ist*:

זֶה הַסֵּפֶר שֶׁלִּי.	ze ha'séfer ʃeli.	*Das ist mein Buch.*
זֹאת חֲנוּת סְפָרִים.	zot xanut sfarim.	*Das ist eine Buchhandlung.*

Nach einem Substantiv (mit Artikel) bedeutet es *dieser, diese, dieses* und bekommt ebenfalls den bestimmten Artikel (s. 3. Lektion).

5. הַרְבֵּה harbé „viel(e)" – רֹב rov „die meisten"

הַרְבֵּה harbé bleibt immer unverändert:

הַרְבֵּה כֶּסֶף	harbé 'kesef	*viel Geld*
הַרְבֵּה רִבָּה	harbé riba	*viel Marmelade*
הַרְבֵּה תַּלְמִידִים	harbé talmidim	*viele Schüler*
הַרְבֵּה תַּלְמִידוֹת	harbé talmidot	*viele Schülerinnen*

רֹב rov ist ein Substantiv und bedeutet „Mehrheit". Das darauffolgende Substantiv erhält den Artikel (wie beim smixut):

רֹב הַתַּלְמִידִים   rov hatalmidim   *die meisten Schüler (eigentlich: die Mehrheit der Schüler)*

רֹב hat den Artikel nur, wenn kein anderes Substantiv folgt:

הָרֹב לוֹמֵד עִבְרִית.   harov loméd ivrit.   *Die meisten lernen (eigentlich: die Mehrheit lernt) Hebräisch.*

6. Infinitive

הוּא עוֹלֶה	hu ole	*er steigt hinauf*	לַעֲלוֹת	laʲalot	*hinauf(zu)steigen*
הוּא עוֹשֶׂה	hu ose	*er macht, tut*	לַעֲשׂוֹת	laʲasot	*(zu) machen, tun*
הוּא קוֹרֵא	hu koré	*er liest*	לִקְרוֹא	likro	*(zu) lesen*

7. מַה הַשָּׁעָה? ma ha aʲa? Wieviel Uhr ist es?

הַשָּׁעָה שְׁתַּיִם.
haʃaʲa 'ʃtajim.
Es ist zwei Uhr.

הַשָּׁעָה שְׁתַּיִם וְעֶשֶׂר דַּקוֹת.
haʃaʲa 'ʃtajim vəʲ'eser dakot.
Es ist zehn Minuten nach 2.

הַשָּׁעָה שְׁתַּיִם וָרֶבַע.
haʃaʲa 'ʃtajim va'reva.
Es ist Viertel nach 2.

הַשָּׁעָה שְׁתַּיִם וְעֶשְׂרִים.
haʃaʲa 'ʃtajim vəʲesrim.
Es ist 20 Minuten nach 2.

הַשָּׁעָה שְׁתַּיִם וָחֵצִי.
haʃaʲa 'ʃtajim va'xétsi.
Es ist halb 3.

הַשָּׁעָה עֶשְׂרִים לְשָׁלוֹשׁ.
haʃaʲa esrim ləʃaloʃ.
Es ist 20 Minuten vor 3.

הַשָּׁעָה רֶבַע לְשָׁלוֹשׁ.
(הַשָּׁעָה שָׁלוֹשׁ פָּחוֹת רֶבַע.)
haʃaʲa 'reva lə ʃaloʃ.
(haʃaʲa ʃaloʃ paxot 'reva.)
Es ist Viertel vor 3.

הַשָּׁעָה עֶשֶׂר לְשָׁלוֹשׁ.
haʃaʲa 'eser ləʃaloʃ.
Es ist 10 Minuten vor 3.

הַשָּׁעָה שָׁלוֹשׁ בְּדִיּוּק.
haʃaʲa ʃaloʃ bədijuk.
Es ist genau (Punkt) 3.

בְּשָׁעָה עֶשֶׂר בַּבֹּקֶר	bəʃaʲa 'eser ba'boker	um 10 Uhr morgens
בְּשָׁעָה שְׁתֵּים עֶשְׂרֵה בַּצָּהֳרַיִם	bəʃaʲa ʃtéim-esré batsóho'rajim	um 12 Uhr mittags
בְּשָׁעָה שָׁלוֹשׁ אַחֲרֵי הַצָּהֳרַיִם	bəʃaʲa ʃaloʃ axaréi-hatsoho'rajim	um 3 Uhr nach-mittags
בְּשָׁעָה שְׁמוֹנֶה בָּעֶרֶב	bəʃaʲa ʃmone baʲ'erev	um 8 Uhr abends
בְּשָׁעָה שְׁתֵּים עֶשְׂרֵה בַּלַּיְלָה	bəʃaʲa ʃtéim-esré ba'laila	um 12 Uhr nachts
בַּחֲצוֹת	baxatsot	um Mitternacht

8. חֲצִי xatsi, חֵצִי 'xétsi „halb"

Die übliche Form ist חֲצִי xatsi; sie steht **vor** der Zeit- oder Mengenangabe:

| חֲצִי שָׁעָה | xatsi ʃaʲa | *eine halbe Stunde* |
| חֲצִי שֶׁקֶל | xatsi 'ʃekel | *1/2 Schekel* |

Die Form חֵצִי 'xétsi steht **nach** der Zeit- oder Mengenangabe:

| הַשָּׁעָה חָמֵשׁ וָחֵצִי | haʃaʲa xaméʃ va'xétsi | *es ist halb 6* |
| שֶׁקֶל וָחֵצִי | 'ʃekel va'xétsi | *1 1/2 Schekel* |

und in der Wendung חֵצִי - חֵצִי 'xétsi-'xétsi *halb und halb.*

9. וָ va statt וְ və „und"

Vor den Zeitangaben רֶבַע 'reva *ein Viertel* und חֵצִי 'xétsi *halb* steht anstelle von וְ və das deutlicher hörbare וָ va:

| שָׁלוֹשׁ וָרֶבַע | ʃaloʃ va'reva | *Viertel nach 3* |
| שָׁלוֹשׁ וָחֵצִי | ʃaloʃ va'xétsi | *halb 4* |

10. Die unvokalisierte Schreibung

Von nun an werden Vokalzeichen nur noch im Vokabular und im grammatischen Teil verwendet. Die hebräischen Texte erscheinen unpunktiert; dies ermöglicht ein rascheres Schreiben, bereitet aber anfangs einige Schwierigkeiten bei der Lektüre. Beim Lesen unpunktierter Texte sind einige kleine Änderungen zu beachten, die besonders die Buchstaben ו vav und י jod betreffen.

Der Buchstabe ו vav

a) Der Vokallaut u wird in der unvokalisierten Schrift immer durch ו vav bezeichnet:

בָּרוּךְ barux *gesegnet*   אֲרוּחָה aruxa *Mahlzeit*   שׁוּלחָן ʃulxan *Tisch*

b) Der Vokallaut o wird gewöhnlich auch durch ו vav bezeichnet:

לוֹ lo   *ihm*   מָטוֹס matos *Flugzeug*   בּוֹקֶר 'boker *Morgen*

Nur bei einigen gängigen Kurzwörtern fällt das ו o aus (besonders vor dem Buchstaben א alef):

לֹא lo   *nicht*   פֹּה po   *hier*

רֹאשׁ roʃ   *Kopf*   כֹּל kol   *ganz, alle*

Auch bei biblischen Namen fällt das ו o meist fort:

מֹשֶׁה moʃe *Moses*   יַעֲקֹב jaʲakov *Jakob*   שְׁלֹמֹה ʃlomo *Salomon*
(In der vokalisierten Schreibung steht hier anstelle des ו vav nur der Punkt.)

c) Um den Konsonanten v zu bezeichnen, wird das ו vav verdoppelt, wenn es in der Wortmitte auftritt:

מִזוֵּדָה mizvada *Koffer* (= מִזְוָדָה)

Am Wortanfang und am Wortende wird der Konsonant ו v nicht verdoppelt.

וִיזָה viza *Visum*   סְתָו stav *Herbst*

Der Buchstabe י jod

a) Der Vokallaut i wird in der unvokalisierten Schrift gewöhnlich durch י jod bezeichnet:

פִּינָה pina *Ecke*   כִּיסֵא kisé *Stuhl*   קִיבֵּל kibél *er bekam*

Nur wenn auf den i-Laut ein Konsonant mit einem ◌ Schva folgt, fällt das jod fort:

מִכְתָב mixtav *Brief*   לִקְנוֹת liknot *(zu) kaufen*

b) Um den Konsonanten j zu bezeichnen, wird das י jod verdoppelt, wenn es in der Wortmitte auftritt: תַּיָּר tajar *Tourist* (= תַּיָּר)

Am Wortanfang und am Wortende wird das ' jod nie verdoppelt. Am Wortanfang ist es immer ein Konsonant (יוֹם jom *Tag*), am Wortende immer ein Vokal (גֶּרְמָנִי germani *deutsch*).

Teilpunktierung

Als Übergang zur Lektüre unpunktierter Texte wird in den Lektionen eine teilweise Punktierung angewandt: Die Buchstaben ב b, ו v, כ k, פ p und שׁ ʃ erhalten weiterhin einen Punkt, wenn es die Aussprache erfordert. Diese Teilpunktierung wurde bereits 1949 von der Hebräischen Sprachakademie empfohlen, hat sich aber noch nicht durchgesetzt. Nur die Wochenzeitschrift שַׁעַר לַמַּתְחִיל ʃaʲar lamatxil („*Tor für den Anfänger*") druckt Nachrichten und Artikel mit Teilpunktierung.

Neue Wörter werden auch im Lesetext mit voller Punktierung gedruckt. Von der 11. Lektion entfällt auch die Wiedergabe des Lesetextes in Umschrift.

10C Übungen

1. *Antworten Sie auf die Fragen:*
   a) jéʃ rak bankim birxov 'allenbi?   יֵשׁ רַק בַּנְקִים בִּרְחוֹב אַלֶּנְבִּי?
   b) ma efʃar laʲasot bəmigdal haʃalom?   מַה אֶפְשָׁר לַעֲשׂוֹת בְּמִגְדַּל הַשָּׁלוֹם?
   c) ma'duʲa danjél lo ala al hagag?   מַדּוּעַ דָּנִיאֵל לֹא עָלָה עַל הַגַּג?
   d) ma efʃar liknot bəkiosk?   מַה אֶפְשָׁר לִקְנוֹת בְּקִיוֹסְק?
   e) matai onat-hatapuzim bəjisra'él?   מָתַי עוֹנַת־הַתַּפּוּזִים בְּיִשְׂרָאֵל?
   f) ma'duʲa hazakén omér „toda" bəgermanit?   מַדּוּעַ הַזָּקֵן אוֹמֵר "תּוֹדָה" בְּגֶרְמָנִית?
   g) bəʲéizo ʃaʲa danjél jatsa min habank?   בְּאֵיזוֹ שָׁעָה דָּנִיאֵל יָצָא מִן הַבַּנְק?
   h) 'kama zman hu halax ad migdal haʃalom?   כַּמָּה זְמַן הוּא הָלַךְ עַד מִגְדַּל הַשָּׁלוֹם?

2. *Schreiben Sie die folgenden Uhrzeiten in Worten:*
   a) 1.55   b) 9.20   c) 5.45
   d) 6.15   e) 23.40   f) 7.10

3. *Antworten Sie wie im Beispiel:*
   ata roʲé et haʃotér? kén, ani roʲe oto.   אַתָּה רוֹאֶה אֶת הַשּׁוֹטֵר? כֵּן, אֲנִי רוֹאֶה אוֹתוֹ.
   a) danjel tsarix et hamizvada?   דָּנִיאֵל צָרִיךְ אֶת הַמִּזְוָדָה?
   b) at roʲa et habatim haxadaʃim?   אַתְּ רוֹאָה אֶת הַבָּתִּים הַחֲדָשִׁים?
   c) atem konim et haməxonit hagdola?   אַתֶּם קוֹנִים אֶת הַמְּכוֹנִית הַגְּדוֹלָה?
   d) ata ʃo'méʲa oti?   אַתָּה שׁוֹמֵעַ אוֹתִי?

4. *Setzen Sie die Verben in die Vergangenheit:*

   a) ata loméd ivrit.   אַתָּה לוֹמֵד עִבְרִית.

   b) a'naxnu ovdim jom va'laila.   אֲנַחְנוּ עוֹבְדִים יוֹם וָלַיְלָה.

   c) hi o'meret ʃehi ko'tevet   הִיא אוֹמֶרֶת שֶׁהִיא כּוֹתֶבֶת
      mixtav bə'ivrit.   מִכְתָּב בְּעִבְרִית.

   d) matai atem ozvim et ha'bajit?   מָתַי אַתֶּם עוֹזְבִים אֶת הַבַּיִת?

   e) mar guri jo'déʲa kətsat ivrit.   מַר גּוּרִי יוֹדֵעַ קְצָת עִבְרִית.

   f) mirjam vədavid lokxim et haməxonit.   מִרְיָם וְדָוִד לוֹקְחִים אֶת הַמְּכוֹנִית.

   g) hatalmida məka'belet tmuna jafa.   הַתַּלְמִידָה מְקַבֶּלֶת תְּמוּנָה יָפָה.

   h) ma ata ose? ani məsadér et hadvarim.   מָה אַתָּה עוֹשֶׂה? אֲנִי מְסַדֵּר אֶת הַדְּבָרִים.

   i) hazakén mədabér rak germanit.   הַזָּקֵן מְדַבֵּר רַק גֶּרְמָנִית.

   j) a'naxnu məʃalmim harbé biʃvil haʲoto.   אֲנַחְנוּ מְשַׁלְּמִים הַרְבֵּה בִּשְׁבִיל הָאוֹטוֹ.

   k) rina, 'lama at ratsa? éin lax zman?   רִנָה, לָמָה אַתְּ רָצָה? אֵין לָךְ זְמַן?

   l) danjél umirjam mətajəlim bətelaviv.   דָּנִיֵּאל וּמִרְיָם מְטַיְּלִים בְּתֵל-אָבִיב.

5. *Übersetzen Sie:*

   a) Der Mann, der im Kiosk saß, verkaufte Zeitungen.   b) Die Schüler, die Hebräisch lernten, sprachen zu Hause Deutsch.   c) Die Familie, die uns empfing, wohnte in der Ben-Jehuda-Straße.   d) Daniel wollte zum Schalom-Turm gehen; nach einer halben Stunde sah er ihn.   e) Er kaufte eine deutsche Zeitung, bezahlte sie und dankte dem alten Mann im Kiosk.   f) Er hatte keine Zeit, auf das Dach des Turms zu steigen; es war schon fast Viertel nach elf und Familie Guri wartete auf ihn!

11A Text

דָנִיאֵל קוֹנֶה מִלּוֹן

דָנִיאֵל קָרָא מַהֵר אֶת הַכּוֹתָרוֹת (כּוֹתֶרֶת אַחַת: "בְּמִינְכֶן, בְּגֶרְמַנְיָה, יָרַד שֶׁלֶג") וְעָלָה
בִּרְחוֹב אַלֶנְבִּי, עַד שְׂדֵרוֹת רוֹטְשִׁילְד. שָׁם רוֹאִים עֵצִים גְּבוֹהִים אֲשֶׁר נוֹתְנִים הַרְבֵּה
צֵל. בַּפִּנָּה נִמְצָא הַדּוֹאַר הָרָאשִׁי וְגַם חֲנוּת סְפָרִים גְּדוֹלָה. דָנִיאֵל רָאָה הַרְבֵּה
סְפָרִים בַּחַלּוֹן – סְפָרִים בְּעִבְרִית, אֲבָל גַּם בְּאַנְגְּלִית, בְּצָרְפָתִית וּבְגֶרְמָנִית. הוּא נִכְנַס.
הוּא פָּנָה אֶל הַגְּבֶרֶת אֲשֶׁר יָשְׁבָה עַל־יַד הַקֻּפָּה וְשָׁאַל אוֹתָהּ:
"אֶפְשָׁר לְקַבֵּל פֹּה אֵיזֶה מִלּוֹן טוֹב?"
"מִלּוֹן עִבְרִי־אַנְגְּלִי אוֹ עִבְרִי־גֶרְמָנִי?" "עִבְרִי־גֶרְמָנִי – אֲבָל עִם הַגּוּי".
"בְּבַקָּשָׁה, הִנֵּה הַמִּלּוֹן שֶׁל לָבִיא – הוּא גָּדוֹל וְהוּא רְצִינִי מְאוֹד. אֲנִי חוֹשֶׁבֶת שֶׁזֶּה
הַטּוֹב בְּיוֹתֵר. יֵשׁ גַּם חֵלֶק גֶרְמָנִי־עִבְרִי לְחוּד".
"אֲנִי יוֹדֵעַ שֶׁזֶּה מִלּוֹן מְצֻיָּן. אֲבָל אֲנִי מְחַפֵּשׂ יוֹתֵר מִלּוֹן קָטָן שֶׁאֶפְשָׁר לָשִׂים בַּכִּיס.
כָּכָה, אִם אֲנִי בַּדֶּרֶךְ, זֶה יוֹתֵר נוֹחַ".

"כֵּן, כֵּן, אֲנִי מְבִינָה. אַתָּה מְחַפֵּשׂ מִלּוֹן־כִּיס. אֲבָל אֵין לָנוּ כָּרֶגַע מִלּוֹן־כִּיס טוֹב בִּשְׁבִיל הַשָּׂפָה הַגֶּרְמָנִית. אוּלַי אַתָּה לוֹקֵחַ מִלּוֹן־כִּיס עִבְרִי־אַנְגְלִי? אַתָּה בְּוַדַּאי יוֹדֵעַ אַנְגְלִית. יֵשׁ לָנוּ אֶחָד דֵּי טוֹב, שֶׁל בֶּן־יְהוּדָה. הוּא גַּם יוֹתֵר זוֹל מִן הַמִּלּוֹן הַגֶּרְמָנִי". "בֶּן־יְהוּדָה? כָּל הַזְּמַן אֲנִי שׁוֹמֵעַ אֶת הַשֵּׁם הַזֶּה. מִי זֶה, בֶּן־יְהוּדָה? אֲנִי גָּר בִּרְחוֹב בֶּן־יְהוּדָה!"

הַגְּבֶרֶת מְחַיֶּכֶת. "אֱלִיעֶזֶר בֶּן־יְהוּדָה הוּא הָאָב שֶׁל הַשָּׂפָה הָעִבְרִית הַמּוֹדֶרְנִית. הוּא כְּבָר מֵת מִזְּמַן. הוּא גַּם כָּתַב מִלּוֹן גָּדוֹל מְאֹד. זֶה הַמִּלּוֹן הָעִבְרִי הַגָּדוֹל בְּיוֹתֵר. הַבֵּן שֶׁלּוֹ כָּתַב מִלּוֹן־כִּיס עִבְרִי־אַנְגְלִי וְאַנְגְלִי־עִבְרִי."

"מְעַנְיֵן מְאֹד. אֲנִי לוֹקֵחַ אוֹתוֹ. כַּמָּה זֶה עוֹלֶה?"

"עֶשְׂרִים שֶׁקֶל, אֲדוֹנִי. תּוֹדָה רַבָּה. אַתָּה כְּבָר יוֹדֵעַ טוֹב מְאֹד עִבְרִית. אֵיפֹה לָמַדְתָּ? לֹא בְּאָלְפָּן? לֹא? בְּגֶרְמַנְיָה? רַק אֶתְמוֹל בָּאתָ? כָּל הַכָּבוֹד!"

"תּוֹדָה, גְּבֶרֶת. לְהִתְרָאוֹת".

er (sie) liest	[hu koré]	הוּא קוֹרֵא,
	[hi koret]	הִיא קוֹרֵאת
	([kara]	(קָרָא)
schnell	(Adverb) [mahér]	מַהֵר
Überschrift,		כּוֹתֶרֶת, כּוֹתָרוֹת
Schlagzeile	[ko'teret, kotarot] f/Pl	
Schnee	['ʃeleg] m	שֶׁלֶג
es schneit	[joréd 'ʃeleg]	יוֹרֵד שֶׁלֶג
	([jarad]	(יָרַד)
Allee		שְׂדֵרָה, שְׂדֵרוֹת
(Boulevard)	[sdéra, sdérot] f/Pl	
Baum	[éts] m	עֵץ
hoch	[ga'voʲah, gvoha]	גָּבוֹהַּ, גְּבוֹהָה
Schatten	[tsél] m	צֵל
Haupt-	[raʃi, raʃit]	רָאשִׁי, רָאשִׁית
Buch	['séfer, sfarim] m/Pl	סֵפֶר, סְפָרִים
Buchhandlung		חֲנוּת־סְפָרִים
	[xanut-sfarim] f	

er (sie) wendet sich	[hu pone]	הוּא פּוֹנֶה
	[hi pona]	הִיא פּוֹנֶה
	([pana]	(פָּנָה)
an, zu	[el]	אֶל
neben	[aljad]	עַל־יַד
Kasse	[kupa] f	קֻפָּה
(zu) bekommen, (Infinitiv)	[ləkabél]	לְקַבֵּל
zu erhalten		
irgendein(e)	[éize, éizo]	אֵיזֶה, אֵיזוֹ
Aussprache	[higui] m	הִגּוּי
ernst, seriös,		רְצִינִי, רְצִינִית
zuverlässig	[rətsini, rətsinit]	
am meisten (s. Grammatik)	[bəjotér]	בְּיוֹתֵר
Teil	['xélek, xalakim] m/Pl	חֵלֶק, חֲלָקִים
separat, für sich	[ləxud]	לְחוּד
daß (wird mit dem folgenden	[ʃe...]	שֶׁ...
Wort verbunden – s. Grammatik)		

ausgezeichnet, hervorragend	מְצֻיָּן, מְצֻיֶּנֶת [mətsujan, mətsu'jenet]	er (sie) lächelt	הוּא מְחַיֵּךְ [hu məxajéx] הִיא מְחַיֶּכֶת [hi məxa'jexet] (חִיֵּךְ [xijéx])
er (sie) sucht	הוּא מְחַפֵּשׂ [hu məxapés] הִיא מְחַפֶּשֶׂת [hi məxa'peset] (חִפֵּשׂ [xipés])	modern	מוֹדֶרְנִי, מוֹדֶרְנִית [mo'derni, modernit]
(zu) stellen, legen, stecken	(Infinitiv) לָשִׂים [lasim]	tot, gestorben	מֵת, מֵתָה [mét, méta]
so, auf diese Weise	כָּךְ, כָּכָה [kax, 'kaxa]	seit langem, schon längst	מִזְמָן [mizman]
wenn	אִם [im]	interessant	מְעַנְיֵן, מְעַנְיֶנֶת [məˈanjén, məˈan'jenet]
bequem	נוֹחַ, נוֹחָה ['noˈax, noxa]	Wieviel kostet das?	כַּמָּה זֶה עוֹלֶה? (עָלָה) [kama ze ole (ala)]
momentan	כָּרֶגַע [ka'rega]	„Ulpan" (Intensiv- sprachkurs), Studio	אֻלְפָּן [ulpan] m
Eliezer Ben-Jehuda (1856-1922)	אֱלִיעֶזֶר בֶּן־יְהוּדָה [eliˈʲezer ben jə'huda]	Ehre	כָּבוֹד [kavod] m
billig	זוֹל, זוֹלָה [zol, zola]	alle Achtung!, bravo!	כָּל הַכָּבוֹד! [kol hakavod!]
wer	מִי [mi]		

11B Grammatik

1. Verben der 1. Konjugation (פָּעַל paˈʲal), die auf א 'alef enden

Diese Verben haben im Präsens Singular eine besondere Feminin-Endung (אֵת☐ -ét).
Konjugationsmuster קָרָא „lesen"

m		Präsens	f	
אֲנִי קוֹרֵא	ani koré	ich lese	אֲנִי קוֹרֵאת	ani korét
אַתָּה קוֹרֵא	ata koré	du liest	אַתְּ קוֹרֵאת	at korét
הוּא קוֹרֵא	hu koré	er/sie liest	הִיא קוֹרֵאת	hi korét
אֲנַחְנוּ קוֹרְאִים	a'naxnu korʲim	wir lesen	אֲנַחְנוּ קוֹרְאוֹת	a'naxnu korʲot
אַתֶּם קוֹרְאִים	atem korʲim	ihr lest	אַתֶּן קוֹרְאוֹת	aten korʲot
הֵם קוֹרְאִים	hém korʲim	sie lesen	הֵן קוֹרְאוֹת	hén korʲot

Vergangenheit:	קָרָאתִי	karati	ich las
	קָרָאתָ	ka'rata	
	קָרָא	kara usw.	
Ebenso:	אֲנִי יוֹצֵא (יוֹצֵאת)	ani jotsé (jotsét) usw.	hinausgehen
	אֲנִי מוֹצֵא (מוֹצֵאת)	ani motsé (motsét) usw.	finden

111

Verben mit zwei Stammkonsonanten, die auf א 'alef enden, haben bei den weiblichen Formen im Präsens Singular die Endung הָ (s. auch 6. Lektion):
בָּא „*kommen*"

m		Präsens	f	
אֲנִי בָּא	ani ba	*ich komme*	אֲנִי בָּאָה	ani baʲa
אַתָּה בָּא	ata ba	*du kommst*	אַתְּ בָּאָה	at baʲa
הוּא בָּא	hu ba	*er/sie kommt*	הִיא בָּאָה	hi baʲa
אֲנַחְנוּ בָּאִים	a'naxnu baʲim	*wir kommen*	אֲנַחְנוּ בָּאוֹת	a'naxnu baʲot
אַתֶּם בָּאִים	atem baʲim	*ihr kommt*	אַתֶּן בָּאוֹת	aten baʲot
הֵם בָּאִים	hém baʲim	*sie kommen*	הֵן בָּאוֹת	hén baʲot

Vergangenheit: בָּאתִי   'bati   *ich kam*

          בָּאתָ   'bata

          בָּא   ba *usw.*

2. Gebrauch des Verbs אֲנִי קוֹרֵא ani koré

Das Verb אֲנִי קוֹרֵא ani koré hat zwei Bedeutungen:

a) *ich lese;*   b) *ich rufe, ich nenne.*

In der Bedeutung *lesen* steht das Objekt im Akkusativ (wie im Deutschen); in der Bedeutung *rufen* oder *nennen* steht nach קֹרֵא das Objekt mit לְ :

דָּנִיאֵל קוֹרֵא אֶת הָעִתּוֹן.   danjel koré et haʲiton.   *Daniel liest die*
Zeitung.

אֲנִי קוֹרֵא לְדָוִד.   ani koré lədavid.   *Ich rufe David.*

אֲנַחְנוּ קוֹרְאִים לוֹ דָוִד.   a'naxnu korim lo david. *Wir nennen ihn David.*

3. Das Relativpronomen ...שֶׁ e

Das Relativpronomen אֲשֶׁר aʃer (s. 10 B 3) wird meist zu שֶׁ ʃe verkürzt und mit dem darauffolgenden Wort verbunden. Auch שֶׁ ʃe *(der, die das, welcher, welche, welches)* bleibt unverändert; ganz gleich, ob das Beziehungswort maskulin oder feminin, Singular oder Plural, Nominativ oder Akkusativ ist.
Beispiele:

הַסֵּפֶר שֶׁעַל הַשּׁוּלְחָן גָּדוֹל מְאֹד.   ha'séfer ʃeʲal haʃulxan gadol məʲod.
Das Buch, das auf dem Tisch ist, ist sehr groß.

112

הַמִּלוֹן שֶׁקָּנִיתִי אֶתְמוֹל מְצֻיָּן. hamilon ʃeka'niti etmol mətsujan.
Das Wörterbuch, das ich gestern kaufte,
ist ausgezeichnet.

הַחֲנוּת שֶׁאֲנִי רוֹאֶה יָפָה מְאוֹד. haxanut ʃeʲani roʲe jafa məʲod.
Das Geschäft, welches ich sehe, ist sehr schön.

הַסְּפָרִים שֶׁהוּא קוֹרֵא תָּמִיד טוֹבִים. hasfarim ʃehu koré tamid tovim.
Die Bücher, die er liest, sind immer gut.

Vor diesem Relativpronomen steht kein Komma.

4. Die Steigerung des Adjektivs

Für den Komparativ verwendet man das Adverb יוֹתֵר jotér *mehr*, das dem Adjektiv gewöhnlich vorangeht.

Der Superlativ wird durch das Adverb בְּיוֹתֵר bəjotér *meist, am meisten* ausgedrückt, das nachgestellt wird.

Beispiele: שִׁמְעוֹן גָּדוֹל. ʃimon gadol. *Simon ist groß.*

מֹשֶׁה יוֹתֵר גָּדוֹל. moʃé jotér gadol. *Mosche ist größer.*

יַעֲקֹב הַגָּדוֹל בְּיוֹתֵר. jaʲakov hagadol bəjotér. *Jakob ist der größte.*

Das Wörtchen *als* bei einem Vergleich wird durch מִן min bzw. die verkürzte Form מִ־ mi wiedergegeben.

רִבְקָה יוֹתֵר צְעִירָה מִיוֹנָה. 'rivka jotér tsəʲira mi'jona.
Rebekka ist jünger als Jona.

Vor einer Präposition oder einem Nebensatz übersetzt man *als* mit מֵאֲשֶׁר méʲaʃer:

בְּתֵל־אָבִיב יֵשׁ יוֹתֵר תְּנוּעָה bətelaviv jéʃ jotér tnuʲa méʲaʃer biruʃa'lajim.
מֵאֲשֶׁר בִּירוּשָׁלַיִם. *In Tel Aviv ist mehr Verkehr als in Jerusalem.*

In der Umgangssprache wird der Superlativ oft auch mit Hilfe des Wortes הֲכִי haxi gebildet, das vor dem Adjektiv (ohne Artikel) steht:

הַבַּיִת הֲכִי יָפֶה ha'bajit haxi jafa *das schönste Haus*

הַתְּמוּנָה הֲכִי יָפֶה hatmuna haxi jafa *das schönste Bild*

Dieser Gebrauch gilt jedoch als grammatisch nicht korrekt.

5. Infinitive

Der Infinitiv von הוּא קוֹרֵא hu koré *er liest*: לִקְרוֹא likro

Der Infinitiv von הוּא מְקַבֵּל hu məkabél *er bekommt*: לְקַבֵּל ləkabél

Der Infinitiv von הוּא שָׂם hu sam *er legt, steckt*: לָשִׂים lasim

113

11C Übungen

1. *Antworten Sie auf die Fragen:*
   a) baxanut haju rak sfarim ivrijim?   בַּחֲנוּת הָיוּ רַק סְפָרִים עִבְרִיִּים?
   b) el mi danjel pana?   אֶל מִי דָּנִיאֵל פָּנָה?
   c) ma hu xipés?   מַה הוּא חִפֵּשׂ?
   d) 'lama hu ratsa liknot milon katan?   לָמָה הוּא רָצָה לִקְנוֹת מִלּוֹן קָטָן?
   e) mize eliʲ'ezer ben-jehuda?   מִי זֶה אֱלִיעֶזֶר בֶּן־יְהוּדָה?
   f) éix danjél makir et haʃém haze?   אֵיךְ דָּנִיאֵל מַכִּיר אֶת הַשֵּׁם הַזֶּה?
   g) ma osim bəʲulpan?   מַה עוֹשִׂים בָּאוּלְפָּן?
   h) matai omrim: „kol hakavod!"   מָתַי אוֹמְרִים: "כָּל הַכָּבוֹד!"

2. *Setzen Sie die richtige Verbform ein:*
   a) hatalmida ... min ha'xeder. *(geht hinaus)*   הַתַּלְמִידָה ... מִן הַחֶדֶר.
   b) gə'veret guri ... et haʲiton. *(liest)*   גְּבֶרֶת גּוּרִי ... אֶת הָעִיתוֹן.
   c) raxel ... béit kafe katan. *(findet)*   רָחֵל ... בֵּית קָפֶה קָטָן.
   d) jona ... məʲuxar ləvéit-ha'séfer. *(kommt)*   יוֹנָה ... מְאוּחָר לְבֵית־הַסֵּפֶר.

3. *Bilden Sie den Komparativ und den Superlativ wie im Beispiel:*
   hamilon ʃel danjél gadol;   הַמִּילוֹן שֶׁל דָּנִיאֵל גָּדוֹל;
   hamilon ʃel mirjam jotér gadol;   הַמִּילוֹן שֶׁל מִרְיָם יוֹתֵר גָּדוֹל;
   hamilon ʃel mar 'guri hagadol bəjotér.   הַמִּילוֹן שֶׁל מַר גּוּרִי הַגָּדוֹל בְּיוֹתֵר
   a) danjél tsaʲir (mirjam, david)   דָּנִיאֵל צָעִיר (מִרְיָם, דּוּד)
   b) haməxonit reno tova (fiat, mer'tsedes)   הַמְּכוֹנִית רֶנוֹ טוֹבָה (פִיאָט, מֶרְצֶדֶס)
   c) hanəsiʲa ləparis aruka   הַנְּסִיעָה לְפָרִיס אֲרוּכָּה
      (new york, sydney)   (נְיוּ־יוֹרְק, סִידְנִי)
   d) haʲ otobus mahir (oto, matos)   הָאוֹטוֹבּוּס מָהִיר (אוֹטוֹ, מָטוֹס)

4. *Verwandeln Sie die unterstrichenen Sätze in eingeschobene Relativsätze mit* ־שֶ ʃe:
   a) hasfarim haju al haʃulxan.   הַסְּפָרִים הָיוּ עַל הַשּׁוּלְחָן.
      <u>xipasti otam.</u>   <u>חִיפַּשְׂתִּי אוֹתָם.</u>
   b) haməxonit nasʲa mahér meʲod.   הַמְּכוֹנִית נָסְעָה מַהֵר מְאוֹד.
      <u>raʲ'inu ota baʲir.</u>   <u>רָאִינוּ אוֹתָהּ בָּעִיר.</u>
   c) hamivrak ma'giʲa od ba'erev.   הַמִּבְרָק מַגִּיעַ עוֹד בָּעֶרֶב.
      <u>ʃalaxti oto ba'boker.</u>   <u>שָׁלַחְתִּי אוֹתוֹ בַּבּוֹקֶר.</u>

d) hapakid matsa et hadarkon.   הפקיד מצא את הדרכון.

danjél ʃaxax oto babank.   דניאל שכח אותו בבנק.

5. *Übersetzen Sie:*

a) Die Zeitung, die Daniel liest, hat nur vier Seiten.   b) Er braucht ein kleineres Wörterbuch als das (Wörterbuch) von (שֶׁל ʃel) Ben-Jehuda.   c) Tel Aviv ist die größte Stadt in Israel, aber Jerusalem ist sicherlich die schönste.   d) Miriam sagte: „Gestern bin ich sehr spät zum Flugplatz gekommen und habe lange (viel Zeit) David gesucht."   e) Die Bücher, die wir heute gekauft haben, sind ausgezeichnet.   f) „Ich bin erst gestern nach Israel gekommen," sagte Daniel. „Ich kann ein bißchen Hebräisch, aber ich muß noch viel lernen."

6. *Schreiben Sie die folgenden Schlagzeilen auf Hebräisch:*

Demonstrationen gegen die israelische Regierung in Tel Aviv.

Gestern viel Verkehr im Stadtzentrum – alle Straßen verstopft.

Viel Schnee in München – alle Flugzeuge kommen zu spät an.

12A Text

מַה לַעֲשׂוֹת?

כַּאֲשֶׁר דָּנִיאֵל יוֹצֵא מִן הַחֲנוּת, הַשָּׁעָה כִּמְעַט
שְׁתֵּים־עֶשְׂרֵה וָחֵצִי. בַּחוּץ דֵּי חַם. הוּא מַרְגִּישׁ
קְצָת עָיֵף; הוּא מַחְלִיט לָלֶכֶת הַבַּיְתָה דֶּרֶךְ
שְׂפַת־הַיָּם. שָׁם נָעִים מְאֹד. שָׁם תָּמִיד קְצָת
רוּחַ; הַיָּם כָּחֹל וְשָׁקֵט. אֲנָשִׁים צְעִירִים
וּפָחוֹת צְעִירִים, בַּחוּרִים, בַּחוּרוֹת, יְלָדִים
מְטַיְּלִים אוֹ יוֹשְׁבִים בַּשֶּׁמֶשׁ – עַל סַפְסָלִים אוֹ
בְּבָתֵּי־קָפֶּה; כָּל זֶה תְּמוּנָה שֶׁל שֶׁקֶט וְשָׁלוֹם.
פִּתְאוֹם, דָּנִיאֵל עוֹצֵר. אֵיפֹה הַדַּרְכּוֹן שֶׁלּוֹ?
הוּא זוֹכֵר שֶׁבַּבַּנְק הוּא נָתַן אוֹתוֹ לַפָּקִיד.

הַפָּקִיד בְּוַדַּאי הֶחֱזִיר לוֹ אֶת הַדַּרְכּוֹן. אָז אֵיפֹה הוּא? הוּא מְחַפֵּשׂ בְּכָל הַכִּיסִים,
אֲבָל הוּא לֹא מוֹצֵא אוֹתוֹ. הוּא מַתְחִיל לָרוּץ. לְאָן? הוּא רָץ בַּחֲזָרָה לַבַּנְק: אֲבָל
הַדֶּלֶת סְגוּרָה. אֵין אַף אֶחָד בִּפְנִים. מַה לַעֲשׂוֹת? אוּלַי מִישֶׁהוּ גָּנַב לוֹ אֶת הַדַּרְכּוֹן?
עַל הַדֶּלֶת שֶׁל הַבַּנְק כָּתוּב:

הַבַּנְק פָּתוּחַ בְּיוֹם א', ב', ג', ה', מִ־8.30 עַד 12.30.

בְּיוֹם א', ג' וה' גַּם מֵ־4 עַד 5.30.

בְּיוֹם ו' מִ־8.30 עַד 12.00.

בְּשַׁבָּת סָגוּר.

דָנִיֵּאל לָמַד אֶת הַשֵּׁמוֹת שֶׁל יְמֵי־הַשָּׁבוּעַ לְפִי מִסְפָּרִים (לְדוּגְמָה – יוֹם רִאשׁוֹן, יוֹם

שֵׁנִי וְכֵן הָלְאָה), אֲבָל הַמְשָׂרָדִים וְהַבַּנְקִים קוֹרְאִים לָהֶם בְּדֶרֶךְ כְּלָל לְפִי

הָאָלֶף־בֵּית. הִנֵּה הָרְשִׁימָה שֶׁעָשָׂה דָנִיֵּאל בַּמַּחְבֶּרֶת שֶׁלּוֹ:

יוֹם א' – יוֹם רִאשׁוֹן

יוֹם ב' – יוֹם שֵׁנִי

יוֹם ג' – יוֹם שְׁלִישִׁי

יוֹם ד' – יוֹם רְבִיעִי

יוֹם ה' – יוֹם חֲמִישִׁי

יוֹם ו' – יוֹם שִׁשִּׁי

שַׁבָּת – שַׁבָּת.

הַיּוֹם יוֹם שְׁלִישִׁי. אֵין בְּרֵרָה – דָנִיֵּאל צָרִיךְ לְחַכּוֹת עַד שָׁעָה אַרְבַּע. בֵּינְתַיִם כְּדַאי

לָלֶכֶת הַבַּיְתָה, כִּי בְּוַוַדַּאי מְחַכִּים לוֹ לַאֲרוּחַת־הַצָּהֳרַיִם. אֲבָל קוֹדֶם הוּא צָרִיךְ

לָלֶכֶת לַמִּשְׁטָרָה ... אוּלַי מִישֶׁהוּ מָצָא אֶת הַדַּרְכּוֹן וּמָסַר אוֹתוֹ לְשׁוֹטֵר אוֹ לְשׁוֹטֶרֶת?

er (sie) fühlt sich	הוּא מַרְגִּישׁ [hu margiʃ]	blau	כָּחֹל, כְּחֻלָּה [kaxol, kəxula]
	הִיא מַרְגִּישָׁה [hi margiʃa]	ruhig, still	שָׁקֵט, שְׁקֵטָה [ʃakét, ʃkéta]
	(הִרְגִּישׁ [hirgiʃ])	Menschen, Leute	אֲנָשִׁים [anaʃim] m/Pl
müde	עָיֵף, עֲיֵפָה [ajéf, ajéfa]	jung, junger Mann	צָעִיר [tsaʲir]
er (sie) beschließt	הוּא מַחְלִיט [hu maxlit]	junge Frau	צְעִירָה [tsəʲira]
	הִיא מַחְלִיטָה [hi maxlita]	weniger	פָּחוֹת [paxot]
	(הֶחְלִיט [hexlit])	junger Mann, Bursche	בָּחוּר [baxur] m
(zu) gehen	לָלֶכֶת [la'lexet] (Infinitiv)	Mädchen	בַּחוּרָה [baxura] f
nach Hause	הַבַּיְתָה [ha'bajta]	Kind, kleiner	יֶלֶד, יְלָדִים
durch, über	דֶּרֶךְ ['derex] (Präposition)	Junge	['jeled, jəladim] m/Pl
auch: Ufer, Küste	שָׂפָה [safa] f	Kind, kleines	יַלְדָּה, יְלָדוֹת
Meeresstrand	שְׂפַת־יָם [sfat-jam]	Mädchen	[jalda, jəladot] f/Pl
immer	תָּמִיד [tamid]		

er (sie) sitzt	הוּא יוֹשֵׁב [hu joʃév]
	הִיא יוֹשֶׁבֶת [hi jo'ʃevet]
	(יָשַׁב [jaʃav])
(Sitz-)Bank	סַפְסָל [safsal] m
Café	בֵּית־קָפֶה, בָּתֵי־קָפֶה
	[béit-kafe, batéi-kafe] m/Pl
Ruhe	שֶׁקֶט ['ʃeket] m
er (sie) bleibt stehen	הוּא עוֹצֵר [hu otsér]
	הִיא עוֹצֶרֶת [hi o'tseret]
	(עָצַר [atsar])
er (sie) erinnert sich	הוּא זוֹכֵר [hu zoxér]
	הִיא זוֹכֶרֶת (אֶת) [hi zo'xeret (et)]
	(זָכַר [zaxar])
er (sie) gibt	הוּא מַחֲזִיר [hu max(a)zir]
zurück	הִיא מַחֲזִירָה [hi max(a)zira]
	(הֶחֱזִיר [hexezir])
er (sie) findet	הוּא מוֹצֵא [hu motsé]
	הִיא מוֹצֵאת [hi motsét]
	(מָצָא [matsa])
Lektion, Unterrichtsstunde	שִׁעוּר [ʃiʕur]
(zu) laufen (Infinitiv)	לָרוּץ [laruts]
(s. Grammatik)	
wohin?	לְאָן? [ləʕan]
Rückkehr, Wiederholung	חֲזָרָה [xazar] f
zurück	בַּחֲזָרָה [baxazara]
Tür	דֶּלֶת, דְּלָתוֹת ['delet, dəlatot] f/Pl
geschlossen (s. Grammatik)	סָגוּר, סְגוּרָה
	[sagur, sgura]
niemand	אַף אֶחָד [af exad]
(in verneinten Sätzen)	
er (sie) stiehlt	הוּא גּוֹנֵב [hu gonév]
	הִיא גּוֹנֶבֶת [hi go'nevet]
	(גָּנַב [ganav])

geschrieben	כָּתוּב, כְּתוּבָה [katuv, ktuva]
(s. Grammatik)	
geöffnet	פָּתוּחַ, פְּתוּחָה [pa'tuʕax, ptuxa]
Sonntag	יוֹם א' [jom 'alef]
(s. Grammatik)	יוֹם רִאשׁוֹן [jom riʃon]
Montag	יוֹם ב' [jom bét]
	יוֹם שֵׁנִי [jom ʃéni]
Sonnabend, Samstag	שַׁבָּת, שַׁבָּתוֹת
(Sabbat)	[ʃabat, ʃabatot] f
nach, gemäß (Präposition)	לְפִי [ləfi]
Zahl, Nummer	מִסְפָּר [mispar] m
Beispiel, Muster	דֻּגְמָה [dugma] f
zum Beispiel	לְדֻגְמָה [lədugma]
weiter	הָלְאָה ['halʕa]
und so weiter	וְכֵן הָלְאָה [vəxén 'halʕa]
Regel	כְּלָל [klal] m
im allgemeinen	בְּדֶרֶךְ כְּלָל [bə'derex klal]
Alphabet	אָלֶף־בֵּית ['alef-bét] m
Liste	רְשִׁימָה [rəʃima] f
Heft	מַחְבֶּרֶת, מַחְבָּרוֹת
	[max'beret, maxbarot] f/Pl
Wahl, Alternative	בְּרֵרָה [bréra] f
keine Wahl!, es	אֵין בְּרֵרָה! [éin bréra]
bleibt nichts anderes übrig	
(zu) warten (Infinitiv)	לְחַכּוֹת [ləxakot]
(es ist) angebracht	כְּדַאי [kədai]
vorher, früher	קֹדֶם ['kodem]
er (sie) übergibt	הוּא מוֹסֵר [hu mosér]
	הִיא מוֹסֶרֶת [hi mo'seret]
	(מָסַר [masar])
Polizistin	שׁוֹטֶרֶת, שׁוֹטְרוֹת
	[ʃo'teret, ʃotrot] f/Pl

12B Grammatik

1. Verben der 3. Konjugation (genannt הִפְעִיל hif'il)

Die Verben der 3. Konjugation erhalten im Präsens die Vorsilbe מַ ma-. Diese Vorsilbe wird mit dem ersten Stammkonsonanten des Verbs verbunden (der ein unhörbares ְ Schva erhält); der zweite Stammkonsonant erhält ein langes ִי -i, so daß man im Singular maskulin nur zwei Silben hört:

אֲנִי מַתְחִיל   ani matxil   *ich beginne*

Bei der weiblichen Form des Singulars wird die Endung הָ -a angefügt, im Plural (wie üblich) ִים -im (maskulin) und וֹת -ot (feminin).

In der Vergangenheit (עָבָר avar) erhält das Verb statt מַ ma- die Vorsilbe -הִ hi- und der 2. Stammkonsonant den Vokal ַ a, in der 3. Person wieder ein langes ִי i. Ist der 1. Srammkonsonant ein א, ה oder ע, so lautet die Vorsilbe -הֶ und der erste Konsonant erhält in der Regel ֱ .Das ה kann auch mit Schva ְ vokalisiert werden, insbesondere wenn ihm die Konsonanten ב, כ und פ folgen, die dann hart ausgesprochen werden. In Anlehnung an die 3. Person (Singular m) der Vergangenheit wird diese Konjugation הִפְעִיל hif'il genannt.

Konjugationsmuster   הִתְחִיל   *„beginnen"*

m		Präsens	f	
אֲנִי מַתְחִיל	ani matxil	*ich beginne*	אֲנִי מַתְחִילָה	ani matxila
אַתָּה מַתְחִיל	ata matxil	*du beginnst*	אַתְּ מַתְחִילָה	at matxila
הוּא מַתְחִיל	hu matxil	*er (sie) beginnt*	הִיא מַתְחִילָה	hi matxila
אֲנַחְנוּ	a'naxnu	*wir beginnen*	אֲנַחְנוּ	a'naxnu
מַתְחִילִים	matxilim		מַתְחִילוֹת	matxilot
אַתֶּם מַתְחִילִים	atem matxilim	*ihr beginnt*	אַתֶּן מַתְחִילוֹת	aten matxilot
הֵם מַתְחִילִים	hém matxilim	*sie beginnen*	הֵן מַתְחִילוֹת	hén matxilot

m		Vergangenheit	f	
הִתְחַלְתִּי	hit'xalti	*ich begann*	הִתְחַלְתִּי	hit'xalti
הִתְחַלְתָּ	hit'xalta	*usw.*	הִתְחַלְתְּ	hit'xalt
הִתְחִיל	hitxil		הִתְחִילָה	hit'xila
הִתְחַלְנוּ	hit'xalnu		הִתְחַלְנוּ	hit'xalnu
הִתְחַלְתֶּם	hitxaltem		הִתְחַלְתֶּן	hitxalten
הִתְחִילוּ	hit'xilu		הִתְחִילוּ	hit'xilu

Infinitiv: לְהַתְחִיל lehatxil

119

Anmerkung: Die Verben der hifʲil-Konjugation haben oft kausale Bedeutung – d.h. etwas tun lassen, veranlassen zu tun – z.B.

Konjugation:	אֲנִי כּוֹתֵב	ani kotév	*ich schreibe*
hifʲil-Konjugation:	אֲנִי מַכְתִּיב	ani maxtiv	*ich diktiere*

2. Ordinalzahlen

Die Ordinalzahlen werden wie Adjektive behandelt; sie stehen nach dem Hauptwort und werden ihm in Geschlecht und Zahl angepaßt. Sie können auch den bestimmten Artikel erhalten.

1.	רִאשׁוֹן, רִאשׁוֹנָה	riʃon, riʃona	*erste(r)*
2.	שֵׁנִי, שְׁנִיָּה	ʃéni, ʃnija	*zweite(r)*
3.	שְׁלִישִׁי, שְׁלִישִׁית	ʃliʃi, ʃliʃit	*dritte(r)*
4.	רְבִיעִי, רְבִיעִית	rəviʲi, rəviʲit	*vierte(r)*
5.	חֲמִישִׁי, חֲמִישִׁית	xamiʃi, xamiʃit	*fünfte(r)*
6.	שִׁשִּׁי, שִׁשִּׁית	ʃiʃi, ʃiʃit	*sechste(r)*
7.	שְׁבִיעִי, שְׁבִיעִית	ʃviʲi, ʃviʲit	*siebte(r)*
8.	שְׁמִינִי, שְׁמִינִית	ʃmini, ʃminit	*achte(r)*
9.	תְּשִׁיעִי, תְּשִׁיעִית	tʃiʲi, tʃiʲit	*neunte(r)*
10.	עֲשִׂירִי, עֲשִׂירִית	asiri, asirit	*zehnte(r)*

Beispiele:

שִׁעוּר רִאשׁוֹן	ʃiʲur riʃon	*erste Lektion*
שָׁנָה שְׁלִישִׁית	ʃana ʃliʃit	*drittes Jahr*
הַסֵּפֶר הָרִאשׁוֹן	ha'séfer hariʃon	*das erste Buch*
הַנְּסִיעָה הָרְבִיעִית	hanəsiʲa harəviʲit	*die vierte Reise*

Für Zahlen über 10 werden die Grundzahlen verwendet:

שִׁעוּר אַחַד־עָשָׂר	ʃiʲur a'xad-asar	*elfte Lektion*
הַשָּׁנָה הָעֶשְׂרִים	haʃana haʲəsrim	*das 20. Jahr*

3. יְמֵי־הַשָּׁבוּעַ jəméi-ha a'vu‧a   Die Wochentage

Für die Wochentage verwendet man in der Umgangssprache die Ordinalzahlen, in der Amts- und Geschäftssprache das Alphabet:

	Umgangs- sprache			Amts- und Geschäftssprache
יוֹם רִאשׁוֹן	jom riʃon	*Sonntag*	יוֹם א'	jom 'alef
יוֹם שֵׁנִי	jom ʃéni	*Montag*	יוֹם ב'	jom bét
יוֹם שְׁלִישִׁי	jom ʃliʃi	*Dienstag*	יוֹם ג'	jom 'gimel
יוֹם רְבִיעִי	jom rəvi‧i	*Mittwoch*	יוֹם ד'	jom 'dalet
יוֹם חֲמִישִׁי	jom xamiʃi	*Donnerstag*	יוֹם ה'	jom hé
יוֹם שִׁשִּׁי	jom ʃiʃi	*Freitag*	יוֹם ו'	jom vav
שַׁבָּת	ʃabat	*Sonnabend,* *Samstag, Sabbat*	שַׁבָּת	ʃabat

„Am" wird mit בְּ übersetzt:

בְּיוֹם רִאשׁוֹן   bəjom riʃon   *am Sonntag*

4. Das Partizip des Passivs

Das Partizip des Passivs – meist von Verben der 1. Konjugation (pa‧al) gebildet – wird wie ein Eigenschaftswort behandelt und dem Substantiv (wenn vorhanden) angepaßt.
Es erhält die Vokale ◌ָ – וֹ a-u (bei Endkonsonanten ה x oder ע 'ajin: ◌ָ –וֹ – ◌ַ a–u–a; bei ה-Endung: וֹי).

Beispiele (weibliche Form in Klammern):

כָּתוּב (כְּתוּבָה)	katuv (ktuva)	*geschrieben*	von כּוֹתֵב kotév *schreibt*
סָגוּר (סְגוּרָה)	sagur (sgura)	*geschlossen, zu*	von סוֹגֵר sogér *schließt*
פָּתוּחַ (פְּתוּחָה)	pa'tu‧ax (ptuxa)	*geöffnet, offen*	von פּוֹתֵחַ po'téax *öffnet*
יָדוּעַ (יְדוּעָה)	ja'du‧a (jədu‧a)	*bekannt*	von יוֹדֵעַ jo'dé‧a *weiß*
עָשׂוּי (עֲשׂוּיָה)	as'ui (asuja)	*gemacht*	von עוֹשֶׂה ose *machen*

Die Pluralformen sind:

כְּתוּבִים (כְּתוּבוֹת)	ktuvim (ktuvot)
סְגוּרִים (סְגוּרוֹת)	sgurim (sgurot)

פְּתוּחִים (פְּתוּחוֹת) ptuxim (ptuxot)

יְדוּעִים (יְדוּעוֹת) jəduʲim (jəduʲot)

עֲשׂוּיִים (עֲשׂוּיוֹת) asujim (asujot)

Beispiele:

הָאִישׁ הַזֶּה יָדוּעַ מְאֹד.	haʲiʃ haze jaʼduʲa məʲod.	*Dieser Mann ist sehr bekannt.*
הַחֲנוּת עַכְשָׁיו סְגוּרָה.	haxanut axʃav sgura.	*Das Geschäft ist jetzt zu.*
הַמִּכְתָּבִים עוֹד לֹא כְּתוּבִים.	hamixtavim od lo ktuvim.	*Die Briefe sind noch nicht geschrieben.*
הַדְּלָתוֹת פְּתוּחוֹת.	hadəlatot ptuxot.	*Die Türen sind offen.*

5. Infinitive

הוּא הוֹלֵךְ	hu holéx	*er geht*	לָלֶכֶת	laʼlexet	*(zu) gehen*
הוּא רָץ	hu rats	*er läuft*	לָרוּץ	laruts	*(zu) laufen*
הוּא מְחַכֶּה	hu məxake	*er wartet*	לְחַכּוֹת	ləxakot	*(zu) warten*

6. Wortfeld

Bisher wurde gelernt: das Verb in der 1. Konjugation (paʲal), Präsens und Vergangenheit; 2. Konjugation (piʲél) Präsens und Vergangenheit; Infinitiv; 3. Konjugation (hifʲil) Präsens und Imperfekt; Partizip Passiv; weibliche Formen, Singular, Plural und Dual der Substantive; weibliche Formen, Singular und Plural der Adjektive.

Wir greifen willkürlich das Wort בָּטוּחַ baʼtuʲax *sicher* heraus.

Analog zu anderen Beispielen (כָּתוּב katuv *geschrieben* etc.) stellt diese Vokalfolge **u–a** das Partizip Passiv dar (die leichte Vokalabweichung stammt daher, daß der 3. Konsonant ein Gutturallaut ist).

Davon kann nun gebildet werden:

בָּטַח	batax	*sicher sein* (paʲal)
בִּטַּח	bitax	*versichern (gegen Schaden)* (piʲél)
הִבְטִיחַ	hivʼtiʲax	*versprechen, versichern* (hifʲil)
בֶּטַח	ʼbetax	(das Substantiv vom Verb in paʲal-Bedeutung): *Sicherheit, Ruhe* ; und Adverb: *sicher*
בִּטּוּחַ	biʼtuʲax	(das Substantiv vom Verb in piʲél-Bedeutung): *Versicherung*
הַבְטָחָה	havtaxa	(das Substantiv vom Verb in hifʲil-Bedeutung): *Versprechen, Zusicherung*

Ebenso פָּתוּחַ pa'tuʲax *geöffnet*:

פָּתַח	patax	*öffnen, aufmachen, eröffnen, beginnen*
פִּתַח	pitax	*entwickeln*

Es gibt keine hifʲil-Form von diesem Verb.

פֶּתַח	'petax	Öffnung, Türöffnung
פִּתּוּחַ	pi'tuʲax	Entwickeln

Oder das Wort קֹדֶם 'kodem *früher, vorher*:

Stammkonsonanten sind מ – ד – ק K-D-M, wie leicht zu erkennen ist.

Davon kann gebildet werden, ohne daß die Formen bisher eigens vorgekommen wären bzw. anhand der Bedeutung erkannt werden:

קָדַם	kadam	*vorangehen, vorher kommen*
קִדֵם	kidém	*fördern*
הִקְדִּים	hikdim	*zuvorkommen, früh kommen*
קַדְמָה	kadma	*Vordergrund*
קִדְמָה	kidma	*Fortschritt*
קִדּוּם	kidum	*Förderung*
קָדוּם	kadum	*antik, alt*
קְדוּמִים	kədumim	*vergangene Zeiten*

Suchen Sie weitere Beispiele!

12C Übungen

1. *Antworten Sie auf die Fragen:*

a) bəʲéizo ʃaʲa jatsa danjel min haxanut?   ?בְּאֵיזוֹ שָׁעָה יָצָא דָּנִיאֵל מִן הַחֲנוּת

b) ma'duʲa ze haja naʲim aljad hajam?   ?מַדּוּעַ זֶה הָיָה נָעִים עַל־יַד הַיָּם

c) ma'duʲa danjél otsér pitʲom?   ?מַדּוּעַ דָּנִיאֵל עוֹצֵר פִּתְאוֹם

d) ləʲan hu rats?   ?לְאָן הוּא רָץ

e) ma hu xoʃév?   ?מַה הוּא חוֹשֵׁב

f) matai habank pa'tuʲax bəjom ʃliʃi?   ?מָתַי הַבַּנְק פָּתוּחַ בְּיוֹם שְׁלִישִׁי

g) ma'duʲa hu rotsé kodem   מַדּוּעַ הוּא רוֹצֶה קוֹדֶם
   la'lexet ha'bajta?   ?לָלֶכֶת הַבַּיְתָה

h) aval ma od jotér xaʃuv?   ?אֲבָל מַה עוֹד יוֹתֵר חָשׁוּב

2. *Setzen Sie die Verbform in der Vergangenheit ein:*

a) habaxura ... likro 'séfer xadaʃ.
(*beginnen*)

הבחורה ... לקרוא ספר חדש.

b) ani ... hajom et ha'séfer ləavraham.
(*zurückgeben*)

אני ... היום את הספר לאברהם.

c) kəʃedanjel azav et hexanut,
hu lo ... tov.
(*sich fühlen*)

כשדניאל עזר את החנות
הוא לא ... טוב.

d) miʃ'paxat 'guri ... laʲasot tijul baʲir.
(*beschließen*)

משפחת גורי ... לעשות טיול בעיר.

3. *Setzen Sie die Ordnungszahl in Buchstaben ein:*

a) ze hamixtav (4) ...
ʃeka'tavti hajom.

זה המכתב (4) ...
שכתבתי היום.

b) hastudent loméd haʃana (2) ...
baʲuni'versita.

הסטודנט לומד השנה (2) ...
באוניברסטה.

c) hajom a'naxnu korʲim
et haʃiʲur (12) ...

היום אנחנו קוראים
את השעור (12) ...

d) ani gar ba'bajit (8) ...
barəxov haze.

אני גר בבית (8) ...
ברחוב הזה.

4. *Setzen Sie den Infinitiv des Verbs ein:*

a) hajom ani rotse ...
ləmerkaz haʲir (*fahren*).

היום אני רוצה ...
למרכז העיר.

b) ze kvar məʲuxar; a'naxnu tsərixim ...
laʲ otobus (*gehen*).

זה כבר מאוחר; אנחנו צריכים ...
לאוטובוס.

c) danjél ʃaxax ...
et hadarkon bakis (*stecken, legen*).

דניאל שכח ...
את הדרכון בכיס.

d) hamatos lo jaxol ...
ləno'séʲa exad (*warten*).

המטוס לא יכול ...
לנוסע אחד.

e) hajom éin li zman ...
et haʲiton (*lesen*).

היום אין לי זמן ...
את העיתון.

f) adoni, efʃar ...
'kesef katan? (*bekommen*)

אדוני, אפשר ...
כסף קטן?

5. *Übersetzen Sie:*

a) Wir haben beschlossen, eine Reise nach Israel zu machen.   b) Das Geschäft war noch geschlossen, als Daniel kam; aber später war es geöffnet.   c) Im Monat März ist das Wetter in Israel angenehm; im Juli und im August ist es ziemlich heiß, und man fühlt sich nicht so gut.   d) Daniel begann, Hebräisch ziemlich gut zu sprechen; vielleicht lernt er eines Tages in einem Hebräisch-Kurs in Tel Aviv. e) Gestern gab Uri das Buch zurück, das er von David bekommen hatte. Er hatte es in dieser Woche gelesen.   f) Am Donnerstag geht Miriam nicht ins Büro; sie will einen Tag Urlaub nehmen und mit Daniel nach Jerusalem fahren.

6. *Machen Sie ein Wochenprogramm für Daniel!*

(z.B.: Am Sonntag mache ich einen Besuch in Jaffa;
am Montag gehe ich am Strand spazieren;
am Dienstag besuche ich Davids Schule ... usw.)

13A

13A Text

בְּתַחֲנַת הַמִּשְׁטָרָה

דָּנִיֵאל מוֹצֵא תַּחֲנַת מִשְׁטָרָה בִּרְחוֹב דִּיזֶנְגּוֹף. הוּא מְסַפֵּר לַשּׁוֹטֵר אֲשֶׁר בַּתַּפְקִיד מַה קָרָה - חֲצִי בְּעִבְרִית, חֲצִי בְּאַנְגְּלִית. הַשּׁוֹטֵר שׁוֹאֵל:"הַשֵּׁם? אַתָּה אֶזְרָח יִשְׂרְאֵלִי אוֹ תַּיָּר? מֵאֵיזוֹ אֶרֶץ? הַגִּיל? הַכְּתוֹבֶת? בְּמָלוֹן אוֹ בְּבֵית פְּרָטִי?" דָּנִיֵאל נוֹתֵן אֶת כָּל הַפְּרָטִים. הַשּׁוֹטֵר רוֹשֵׁם אֶת הַכֹּל.

דָּנִיֵאל רוֹצֶה לָדַעַת אִם יֵשׁ תִּקְוָה לִמְצוֹא אֶת הַדַּרְכּוֹן. הַשּׁוֹטֵר עוֹנֶה:"אֲנִי מְקַוֶּה. זֶה לֹא פָּשׁוּט. לִפְעָמִים הַמִּשְׁטָרָה מַצְלִיחָה לִמְצוֹא דְּבָרִים... אֲבָל אִם מִישֶׁהוּ גָּנַב אֶת הַדַּרְכּוֹן שֶׁלְּךָ אֵין הַרְבֵּה תִּקְוָה לִמְצוֹא אֶת הַגַּנָּב... בְּכָל אֹפֶן אֲנַחְנוּ שׁוֹלְחִים לְךָ הוֹדָעָה. שָׁלוֹם!"

הַשָּׁעָה אַחַת וָחֵצִי. דָּנִיֵאל מַגִּיעַ הַבַּיְתָה, עָיֵף וְעָצוּב. זֶה הָיָה הַיּוֹם הָרִאשׁוֹן שֶׁלּוֹ בָּאָרֶץ, אֲבָל לֹא הָיָה לוֹ מַזָּל!

מִשְׁפַּחַת גוּרִי כְּבָר עַצְבָּנִית. מַר גוּרִי אוֹמֵר:"אֵיפֹה הָיִית, דָּנִיאֵל? אֲנַחְנוּ מְחַכִּים לְךָ

כָּל הַזְּמַן. קִיבַּלְנוּ צִלְצוּל טֶלֶפוֹן מֵחֲנוּת הַסְּפָרִים סְטֵיימָצְקִי. שָׁכַחְתָּ אֶת הַדַּרְכּוֹן שֶׁלְּךָ

עַל־יַד הַקּוּפָּה! אֵיפֹה הָיָה הָרֹאשׁ שֶׁלְּךָ!"

Bahnhof, Haltestelle, Station	[taxana] f תַּחֲנָה	privat	[prati, pratit] פְּרָטִי, פְּרָטִית
Bushalte-stelle	[taxanat-otobus] תַּחֲנַת אוֹטוֹבּוּס	Einzelheiten	[pratim] m/Pl פְּרָטִים
Polizeirevier	[taxanat-miʃtara] תַּחֲנַת מִשְׁטָרָה	er (sie) schreibt auf	[hu roʃém] הוּא רוֹשֵׁם
belebte Straße in Tel Aviv mit vielen Geschäften und Cafés	[rəxov Dizengoff] רְחוֹב דִּיזֶנְגּוֹף		[hi ro'ʃemet] הִיא רוֹשֶׁמֶת ([raʃam] רָשַׁם)
(Meir Dizengoff war der erste Bür-germeister von Tel Aviv 1921-1937)		Hoffnung	[tikva] f תִּקְוָה
er (sie) erzählt	[hu məsapér] הוּא מְסַפֵּר	er (sie) hofft	[hu məkave] הוּא מְקַוֶּה
	[hi məsa'peret] הִיא מְסַפֶּרֶת ([sipér] סִפֵּר)		[hi məkava] הִיא מְקַוָּה ([kiva] קִוָּה)
Aufgabe, Amt	[tafkid] m תַּפְקִיד	einfach	[paʃut, pʃuta] פָּשׁוּט, פְּשׁוּטָה
im (vom) Dienst	[bətafkid] בְּתַפְקִיד	manchmal	[lif'amim] לִפְעָמִים
es geschieht, es passiert	[koré] קוֹרֶה	er (sie) hat	[hu mats'li'ax] הוּא מַצְלִיחַ
(unpersönliches Verb)		Erfolg, es	[hi matslixa] הִיא מַצְלִיחָה
es ist geschehen (passiert)	[kara] קָרָה	gelingt ihm (ihr)	([hits'li'ax] הִצְלִיחַ)
(Vergangenheit)		(zu) finden	[limtso] לִמְצוֹא
was ist/war los?	[ma kara] ?מָה קָרָה	Dieb	[ganav] m גַּנָּב
Bürger(in)	[ezrax] m אֶזְרָח	Art, Weise	['ofen] m אוֹפֶן
	[ezraxit] f אֶזְרָחִית	jedenfalls	[bəxol 'ofen] בְּכָל אוֹפֶן
Tourist(in)	[tajar] m תַּיָּר	Mitteilung	[hoda'a] f הוֹדָעָה
	[ta'jeret] f תַּיֶּרֶת	traurig	[atsuv, atsuva] עָצוּב, עֲצוּבָה
Land; auch:	אֶרֶץ, אֲרָצוֹת	erster, erste	[riʃon, riʃona] רִאשׁוֹן, רִאשׁוֹנָה
Israel (s. Grammatik)	['erets, aratsot] f/Pl	nervös	[atsbani, atsbanit] עַצְבָּנִי, עַצְבָּנִית
Alter	[gil] m גִּיל	Anruf; Klang	[tsiltsul] m צִלְצוּל
Adresse	כְּתוֹבֶת, כְּתוֹבוֹת	ich bekomme	אֲנִי מְקַבֵּל צִלְצוּל
	['ktovet, ktovot] f/Pl	einen Anruf	[ani məkabél tsiltsul]
Hotel	מָלוֹן, מְלוֹנוֹת	er (sie) vergißt	[hu ʃo'xéax] הוּא שׁוֹכֵחַ
	[malon, məlonot] m/Pl		[hi ʃo'xaxat] הִיא שׁוֹכַחַת ([ʃaxax] שָׁכַח)
		Kopf	[roʃ] m רֹאשׁ

13B Grammatik

1. Verben der 3. Konjugation, die auf ע **'ajin oder** ח **xét enden**

Verben der 3. Konjugation (hifʲil), die auf ע 'ajin oder ח xét (Kehllaute) enden, werden nach folgendem Muster konjugiert:

הִגִּיעַ „ankommen"

m		Präsens	f	
אֲנִי מַגִּיעַ	ani maˈgiʲa	ich komme an	אֲנִי מַגִּיעָה	ani magiʲa
אַתָּה מַגִּיעַ	ata maˈgiʲa	du kommst an	אַתְּ מַגִּיעָה	at magiʲa
הוּא מַגִּיעַ	hu maˈgiʲa	er (sie) kommt an	הִיא מַגִּיעָה	hi magiʲa
אֲנַחְנוּ מַגִּיעִים	aˈnaxnu magiʲim	wir kommen an	אֲנַחְנוּ מַגִּיעוֹת	aˈnaxnu magiʲot
אַתֶּם מַגִּיעִים	atem magiʲim	ihr kommt an	אַתֶּן מַגִּיעוֹת	aten magiʲot
הֵם מַגִּיעִים	hém magiʲim	sie kommen an	הֵן מַגִּיעוֹת	hén magiʲot

Die weiblichen Formen des Singular werden auf der letzten Silbe betont, die männlichen Formen des Singular auf der vorletzten.

m		Vergangenheit	f	
הִגַּעְתִּי	hiˈgati	ich kam an	הִגַּעְתִּי	hiˈgati
הִגַּעְתָּ	hiˈgata	usw.	הִגַּעַתְּ	hiˈgaat
הִגִּיעַ	hiˈgiʲa		הִגִּיעָה	hiˈgiʲa
הִגַּעְנוּ	hiˈganu		הִגַּעְנוּ	hiˈganu
הִגַּעְתֶּם	higatem		הִגַּעְתֶּן	higaten
הִגִּיעוּ	hiˈgiʲu		הִגִּיעוּ	hiˈgiʲu

Infinitiv: לְהַגִּיעַ ləhaˈgiʲa
Die Wurzel von הִגִּיעַ ist נ-ג-ע.

Merke: Das Nun am Anfang einer Wurzel verschwindet in den Verbformen, wo es ein nicht hörbares Schva tragen müßte, d.h. am Silbenschluß. Der folgende Konsonant, an den sich das Nun angleicht, erhält ein Dagesch. Diese Regel betrifft alle Formen des Hifʲil. Demnach heißt es הִגִּיעַ und nicht הִנְגִּיעַ.

Ist der 2. Stammkonsonant aber ein Kehllaut (ע, ה, ח, א) bleibt das Nun stehen:
הִנְהִיל hinxil *er vererbte.*

הִצְלִיחַ „Erfolg haben", „gelingen"

m		Präsens	f	
אֲנִי מַצְלִיחַ	ani mats'li·ax	ich habe Erfolg,	אֲנִי מַצְלִיחָה	ani matslixa
אַתָּה מַצְלִיחַ	ata mats'li·ax	es gelingt mir	אַתְּ מַצְלִיחָה	at matslixa
הוּא מַצְלִיחַ	hu mats'li·ax		הִיא מַצְלִיחָה	hi matslixa
אֲנַחְנוּ	a'naxnu		אֲנַחְנוּ	a'naxnu
מַצְלִיחִים	matslixim		מַצְלִיחוֹת	matslixot
אַתֶּם מַצְלִיחִים	atem matslixim		אַתֶּן מַצְלִיחוֹת	aten matslixot
הֵם מַצְלִיחִים	hém matslixim		הֵן מַצְלִיחוֹת	hén matslixot

Beachten Sie die verschiedenen Konstruktionen:

אֲנִי מַצְלִיחַ ani mats'li·ax es gelingt mir

m		Vergangenheit	f	
הִצְלַחְתִּי	hits'laxti	ich hatte Erfolg,	הִצְלַחְתִּי	hits'laxti
הִצְלַחְתָּ	hits'laxta	es gelang mir	הִצְלַחַתְּ	hits'laxat
הִצְלִיחַ	hits'li·ax		הִצְלִיחָה	hits'lixa
הִצְלַחְנוּ	hits'laxnu		הִצְלַחְנוּ	hits'laxnu
הִצְלַחְתֶּם	hitslaxtem		הִצְלַחְתֶּן	hitslaxten
הִצְלִיחוּ	hits'lixu		הִצְלִיחוּ	hits'lixu

Infinitiv: לְהַצְלִיחַ ləhats'li·ax

2. הַזְּמַן hazman Die Zeit

הָעוֹנוֹת ha·onot Die Jahreszeiten

עוֹנָה	f	ona	Jahreszeit
אָבִיב	m	aviv	Frühling
קַיִץ	m	'kajits	Sommer
סְתָו	m	stav	Herbst
חֹרֶף	m	'xoref	Winter

Die übliche Präposition vor einer Jahreszeit ist בְּ bə (mit dem Artikel verbunden
בַּ / בָּ ba):

בָּאָבִיב　　　　　　　　ba·aviv　　　　　　im Frühling

בַּקַּיִץ	ba'kajits	*im Sommer*
בַּסְּתָו	bastav	*im Herbst*
בַּחֹרֶף	ba'xoref	*im Winter*

מִדּוֹת הַזְּמָן midot hazman   Die Zeitabschnitte

שָׁנָה (שָׁנִים)	f	ʃana (ʃanim)	*Jahr(e)*
שְׁנָתַיִם	m/Pl	ʃna'tajim	*zwei Jahre*
חֹדֶשׁ (חֳדָשִׁים)	m	'xodeʃ (xodaʃim)	*Monat(e)*
חֳדָשִׁים	m/Pl	xod'ʃajim	*zwei Monate*
שָׁבוּעַ (שָׁבוּעוֹת)	m	ʃa'vuʲa (ʃavuʲot)	*Woche(n)*
שְׁבוּעַיִם	m/Pl	ʃvuʲ'ajim	*zwei Wochen*
יוֹם (יָמִים)	m	jom (jamim)	*Tag(e)*
יוֹמַיִם	m/Pl	jo'majim	*Tag(e)*
שָׁעָה (שָׁעוֹת)	f	ʃaʲa (ʃaʲot)	*Stunde(n)*
שְׁעָתַיִם	m/Pl	ʃəʲa'tajim	*zwei Stunden*
דַּקָּה (דַּקּוֹת)	f	daka (dakot)	*Minute(n)*
שְׁנִיָּה (שְׁנִיּוֹת)	f	ʃnija (ʃnijot)	*Sekunde(n)*

הֶחֳדָשִׁים haxodaʃim   Die Monate
Es werden im allgemeinen die lateinischen Monatsnamen verwendet. Sie sind
praktisch identisch mit den deutschen Bezeichnungen. Die jüdischen Monatsnamen
werden vor allem im religiösen Leben gebraucht.

יָנוּאָר	'januar	יוּלִי	'juli
פֶבְּרוּאַר	'februar*	אוֹגוּסְט	'ogust
מֶרְץ	merts	סֶפְּטֶמְבֶּר	sep'tember
אַפְּרִיל	april	אוֹקְטוֹבֶּר	ok'tober
מַאי	mai	נוֹבֶמְבֶּר	no'vember
יוּנִי	'juni	דֶּצֶמְבֶּר	de'tsember

בְּיוּנִי (בְּחֹדֶשׁ יוּנִי) bəjuni (bə'xodeʃ 'juni) *im (Monat) Juni*

Für das Datum benutzt man die Grundzahlen. Vor der Zahl und vor dem Monat steht
die Präposition בְּ bə :

בְּתִשְׁעָה בְּיָנוּאָר bətiʃ'a bə'januar	*am 9. Januar*
בְּאֶחָד בְּמַאי bəʲexad bəmai	*am 1. Mai*

Bei Briefanfängen fällt die Präposition vor der Zahl fort.

---

* Ausnahmsweise wird hier das פ p am Anfang wie f ausgesprochen.

3. Die Grundzahlen von 20 bis 1000

(s. auch 9 B 1)

	m			*f*	
20	עֶשְׂרִים	esrim		עֶשְׂרִים	esrim
21	עֶשְׂרִים וְאֶחָד	esrim vəˈexad		עֶשְׂרִים וְאַחַת	esrim vəˈaxat
22	עֶשְׂרִים וּשְׁנַיִם	esrim uˈʃnajim		עֶשְׂרִים וּשְׁתַּיִם	esrim uˈʃtajim
23	עֶשְׂרִים וּשְׁלוֹשָׁה	esrim uʃloʃa		עֶשְׂרִים וְשָׁלוֹשׁ	esrim vəʃaloʃ
24	עֶשְׂרִים וְאַרְבָּעָה	esrim vəˈarbaˈa		עֶשְׂרִים וְאַרְבַּע	esrim vəˈarba
25	עֶשְׂרִים וַחֲמִשָּׁה	esrim vaxamiʃa		עֶשְׂרִים וְחָמֵשׁ	esrim vəxaméʃ
26	עֶשְׂרִים וְשִׁשָּׁה	esrim vəʃiʃa		עֶשְׂרִים וְשֵׁשׁ	esrim vəʃéʃ
27	עֶשְׂרִים וְשִׁבְעָה	esrim vəʃivˈa		עֶשְׂרִים וְשֶׁבַע	esrim vəˈʃeva
28	עֶשְׂרִים וּשְׁמוֹנָה	esrim uʃmona		עֶשְׂרִים וּשְׁמוֹנֶה	esrim uʃmone
29	עֶשְׂרִים וְתִשְׁעָה	esrim vətiʃˈa		עֶשְׂרִים וְתֵשַׁע	esrim vəˈtéʃa
30		שְׁלוֹשִׁים	ʃloʃim		
40		אַרְבָּעִים	arbaˈim		
50		חֲמִישִׁים	xamiʃim		
60		שִׁשִּׁים	ʃiʃim		
70		שִׁבְעִים	ʃivˈim		
80		שְׁמוֹנִים	ʃmonim		
90		תִּשְׁעִים	tiʃˈim		
100		מֵאָה	méˈa		

Die Zahl 100 hat weibliches Geschlecht und bleibt vor einem Substantiv unverändert.

מֵאָה סְטוּדֶנְטִים	méˈa studentim	*100 Studenten*
מֵאָה סְטוּדֶנְטִיּוֹת	méˈa studentiot	*100 Studentinnen*

120	מֵאָה וְעֶשְׂרִים	méˈa vəˈesrim
125	מֵאָה עֶשְׂרִים וְחָמֵשׁ	méˈa esrim vəxaméʃ

Die Konjunktion וְ və steht immer vor der **letzten** Ziffer.

Für die Zahl 200 wird die Dualform verwendet: מָאתַיִם maˈtajim.

Für die Zahlen 300 bis 900 wird der Plural מֵאוֹת məʲot verwendet; die erste Ziffer (der Hunderter) muß dann auch die weibliche Form haben. Die Ziffern 3, 7 und 9 erhalten (wie bei den Zahlen 13, 17, 19) statt des ersten Vokals ein Schva (☐).

200	מָאתַיִם	maˈtajim *(unveränderlich)*
300	שְׁלֹשׁ מֵאוֹת	ʃloʃ məʲot
400	אַרְבַּע מֵאוֹת	arba məʲot
500	חֲמֵשׁ מֵאוֹת	xaméʃ məʲot
600	שֵׁשׁ מֵאוֹת	ʃéʃ məʲot
700	שְׁבַע מֵאוֹת	ʃva məʲot
800	שְׁמוֹנֶה מֵאוֹת	ʃmone məʲot
900	תְּשַׁע מֵאוֹת	tʃa məʲot
1000	אֶלֶף	ˈelef

(Beachte die Vokalverkürzung bei einigen Zahlen!)

מֵאוֹת	méʲot	*Hunderte (von)*
מֵאוֹת סְטוּדֶנְטִים	méʲot studentim	*Hunderte von Studenten*

Merke: In der Pluralform מֵאוֹת méʲot wird der Vokal ☐ wie ein Schva (☐) ausgesprochen.

4. Das Wort אֶרֶץ 'erets „Land"

Das Substantiv אֶרֶץ 'erets *Land* ist weiblich (Plural: אֲרָצוֹת aratsot).
Nach einem Artikel verwandelt sich der erste Vokal (☐ e) in ☐ a:

	הָאָרֶץ	haʲ'arets*	*das Land*, auch: *Israel*
	בָּאָרֶץ	baʲ'arets	*im Land, in Israel*
	לָאָרֶץ	laʲ'arets	*ins Land, nach Israel*
	חוּץ לָאָרֶץ	xuts laʲ'arets	*Ausland*
Aber:	אֶרֶץ־יִשְׂרָאֵל	'erets-jisraʲél	*das Land Israel, Palästina*
			(historisch)
Merke:	אַרְצָה	'artsa	*nach Israel*

---

* Vor den Buchstaben א 'alef, ע 'ajin und ר resch wird der Artikel ה ha zu הָ. Die Aussprache bleibt unverändert.

13C Übungen

1. *Antworten Sie auf die Fragen:*
   a) ma'du'a rəxov dizengoff rəxov xaʃuv? מדוע רחוב דיזנגוף רחוב חשוב?
   b) bə'éizo safa dibér danjél im haʃotér? באיזו שפה דיבר דניאל עם השוטר?
   c) ma haʃotér ratsa la'da'at? מה השוטר רצה לדעת?
   d) jéʃ tikva limtso et hadarkon? יש תקווה למצוא את הדרכון?
   e) éix danjél margiʃ axʃav? איך דניאל מרגיש עכשיו?
   f) ma kara im hadarkon? מה קרה עם הדרכון?
   g) ma'du'a miʃ'paxat 'guri atsbanit? מדוע משפחת גורי עצבנית?
   h) éix mar 'guri jada éifo hadarkon? איך מר גורי ידע איפה הדרכון?

2. *Setzen Sie die Verbform der Vergangenheit ein:*
   a) mirjam ... ləlod mə'uxar. *(ankommen)* מרים ...ללוד מאוחר.
   b) danjél ... : hajom ... limtso milon tov. דניאל ... :היום ... למצוא מילון טוב.
      (erzählen, gelingen)
   c) laʃotér ... tikva limtso et hadarkon. *(sein)* לשוטר ... תקווה למצוא את הדרכון.
   d) hatajarim ... lilmod ivrit. *(beginnen)* התיירים ... ללמוד עברית.

3. *Schreiben Sie die folgenden Zeitangaben in Hebräisch (mit Buchstaben):*
   a) Am 31. Dezember; am 28. Februar; am 1. Juli, am 14. Mai.
   b) 2 Wochen; 2 Monate; 2 Minuten; 2 Tage.
   c) 24 Stunden; 15 Sekunden; 120 Jahre.
   d) Im Monat Mai; im Frühling; im nächsten Jahr.

4. *Schreiben Sie die folgenden Telefonnummern in Hebräisch (mit Buchstaben und in Zweiergruppen):*
   (02) 45 54 16
   (03) 75 18 90
   (04) 37 99 84
   (051) 61 00 25
   In Klammern die Vorwahlnummern (02 = Jerusalem, 03 = Tel Aviv, 04 = Haifa, 051 = Netania). Es wird stets die weibliche Form der Zahlen verwendet.

5. *Übersetzen Sie:*
   a) Daniel schickte gestern einen Brief nach Hause und erzählte alles.   b) Daniel hatte seinen Paß in der Bank vergessen; der Angestellte fand ihn und rief die

Familie Guri an.* c) Daniel war froh (freute sich), er hatte seine Adresse und Telefonnummer in seinem Paß notiert (aufgeschrieben). d) Als er nach Hause kam,
erwartete ihn schon die Familie Guri. Sie waren nervös, denn es war fast drei-
viertel zwei. e) Er war mehr als zwei Stunden unterwegs, nachdem (...שׁ יֵרֲחַא
axaréi ʃe...) er die Buchhandlung verlassen hatte. f) Er hatte Glück – der Paß war
nicht gestohlen (worden)! Jetzt kann er endlich seinen Urlaub beginnen – zwei
Wochen in Israel!

6. *Daniel erzählt dem Polizeibeamten, was ihm passiert ist. Schreiben Sie einen
   Kurzbericht auf Hebräisch (etwa fünf Sätze). Verwenden Sie die Vergangenheitsform der Verben.*

---

* לְ לֵצְלִצ tsiltsel lə er rief an
(Dieses Verb wird wie ein Verb der 2. Konjugation, Piʲel, konjugiert.)

14A Text

בִּקּוּר בְּיָפוֹ

אחרי הצהריים דניאל ומרים מחליטים לטייל קצת בְּיָפוֹ. יָפוֹ הייתה פעם עיר עֲרָבִית; גם יהודים חָיוּ שם. אבל רוב הַתּוֹשָׁבִים הָעֲרָבִים עזב את העיר בִּשְׁנַת 1948* בִּגְלַל הַמִּלְחָמָה בֵּין יהודים וַעֲרָבִים. הַיּוֹם יָפוֹ חלק של תֵּל-אָבִיב. עוֹד חַיִּים שם בְּעֵרֶךְ 7000* עֲרָבִים.

דניאל ומרים מְבַקְּרִים בִּשְׁכוּנַת הָאוֹמָנִים ורוֹאים הרבה דברים מעניינים ברחוֹבוֹת וּבַגַּלֶרִיוֹת. אַחַר כָּךְ הם מטיילים במרכז העיר, עוֹברים עַל-יד מִגְדַּל הַשָּׁעוֹן (מזמן הַתּוּרְכִּים) ורוֹאים שני בְּנְיָנִים גדוֹלים: את הַמִּסְגָּד הגדוֹל ואת הַמִּנְזָר (את הַכְּנֵסִיָה רוֹאים מֵרַחוֹק). מן הנמל הקטן הַפָּנוֹרָמָה של הים התיכוֹן ושל העיר תֵּל-אָבִיב היא נֶהְדֶּרֶת. במרכז דניאל רוֹאה לֹא רק קוֹלְנוֹעַ גדוֹל, אֶלָּא גַם מוֹעֲדוֹן לילה (אשר עוֹד לֹא פתוּחַ...). ברחוֹב הרבה אנשים (יְהוּדִים וַעֲרָבִים), הרבה תנוּעה, הרבה רעש. בסוֹף הטיוּל מרים אוֹמרת:"עכשיו, אני רְעֵבָה וגם עייפה. אפשר לָשֶׁבֶת קצת?" דניאל עוֹנֶה: "גם אני רעב וצמא. הנה בית-קפה קטן!"

* S. 19B3

14A

מרים ודניאל נכנסים לבית־הקפה. הַמֶּלְצַר אוֹמֵר: "שָׁלוֹם גְּבֶרֶת, שָׁלוֹם אֲדוֹנִי! אַתֶּם רוֹצִים לָשֶׁבֶת בִּפְנִים אוֹ בַּחוּץ?" "אֲנַחְנוּ נִשְׁאָרִים בִּפְנִים. הִנֵּה שֻׁלְחָן פָּנוּי! בְּבַקָּשָׁה, תֵּן לָנוּ מַשֶּׁהוּ לִשְׁתּוֹת". "קַר אוֹ חַם?" "קַר. יֵשׁ לָכֶם מִיץ תַּפּוּזִים?" "מִיץ תַּפּוּזִים אֵין לָנוּ הַיּוֹם, אֲבָל יֵשׁ מִיץ אֶשְׁכּוֹלִיּוֹת, לִימוֹנָדָה, בִּירָה, קוֹקָה קוֹלָה..."

"טוֹב, תֵּן לִי בַּקְבּוּק בִּירָה, בְּבַקָּשָׁה. וּמָה אַתְּ רוֹצָה, מרים?" "בְּבַקָּשָׁה כּוֹס תֵּה. אֲנִי לֹא אוֹהֶבֶת בִּירָה." "עִם חָלָב אוֹ עִם לִימוֹן?" שׁוֹאֵל הַמֶּלְצַר. "עִם חָלָב, אֲבָל בְּלִי סֻכָּר. אוּלַי יֵשׁ לְךָ פִּיצָה?" "אֵין, גְּבֶרֶת, יֵשׁ חוּמּוּס עִם פִּתָּה וְגַם סֶנְדְוִיצִ'ים עִם גְּבִינָה, בֵּיצִים אוֹ עַגְבָנִיּוֹת. יֵשׁ גַּם מְרַק יְרָקוֹת וְסָלָט תַּפּוּחֵי אֲדָמָה. בָּשָׂר אֵין לָנוּ. דניאל לוֹקֵחַ סֶנְדְוִיצ'־גְּבִינָה; מרים מַזְמִינָה עוּגָה עִם קַצֶּפֶת. "אֲנִי לֹא מֵבִין" אוֹמֵר דניאל. "אַתְּ לוֹקַחַת עוּגָה עִם קַצֶּפֶת, אֲבָל תֵּה בְּלִי סֻכָּר?" "כֵּן, דָּנִיֵּאל, אֲנִי שׁוֹמֶרֶת עַל דִּיאֶטָה חֲמוּרָה..."

Jaffa	[jafo] יָפוֹ	Uhr	[ʃaˈon] m שָׁעוֹן
arabisch	[aravi, aravit] עֲרָבִי, עֲרָבִית	Türke, türkisch	[turki] m תּוּרְכִּי
Jude	[jəhudi] יְהוּדִי	Gebäude	[binjan] m בִּנְיָן
er (sie) lebt	[hu xaj] הוּא חַי	Moschee	[misgad] m מִסְגָּד
	[hi xaja] הִיא חַיָּה	Kloster	[minzar] m מִנְזָר
	([xaja] חָיָה)	Kirche	[knésija] f כְּנֵסִיָּה
Einwohner	[toʃav] m תּוֹשָׁב	nicht nur ...	[lo rak ...] ... לֹא רַק
wegen	(Präposition) [biglal] בִּגְלַל	sondern auch	['éla gam] אֶלָּא גַם
Krieg	[milxama] f מִלְחָמָה	Kino	[kol'noʻa] m קוֹלְנוֹעַ
zwischen	(Präposition) [béin] בֵּין		[batéi-kol'noʻa] בָּתֵי קוֹלְנוֹעַ
ungefähr	[bəˈerex] בְּעֵרֶךְ	Klub	[moʻadon] m מוֹעֲדוֹן
er (sie) besucht,	[hu məvakér] הוּא מְבַקֵּר	(zu) sitzen,	(Infinitiv) [laˈʃevet] לָשֶׁבֶת
macht einen	[hi məva'keret] הִיא מְבַקֶּרֶת	sich hin(zu)setzen	
Besuch	([bikér] בִּקֵּר)	Kellner	[meltsar] m מֶלְצַר
(Stadt-)Viertel	[ʃxuna] f שְׁכוּנָה	er (sie) bleibt	[hu niʃ'ar] הוּא נִשְׁאָר
Künstler	[oman] m אָמָּן		[hi niʃ'eret] הִיא נִשְׁאֶרֶת
Galerie	[ga'lerja] f גָּלֶרְיָה		([niʃ'ar] נִשְׁאָר)
nachher, darauf	[axar kax] אַחַר־כָּךְ	frei, nicht besetzt	[panui, pnuja] פָּנוּי, פְּנוּיָה

136

gib!, geben Sie!	[tén, tni] תֵּן! תְּנִי!		Suppe	[marak*] m מָרָק
irgendetwas	[maʃehu] מַשֶׁהוּ		Gemüse	[jərakot] f/Pl יְרָקוֹת
(zu) trinken	(Infinitiv) [liʃtot] לִשְׁתּוֹת		Apfel	תַּפּוּחַ, תַּפּוּחִים
Limonade	[limo'nada] f לִימוֹנָדָה			[ta'puʲax, tapuxim] m/Pl
Bier	['bira] f בִּירָה		Erde, Boden	[adama] f אֲדָמָה
Flasche	[bakbuk] m בַּקְבּוּק		Kartoffel	תַּפּוּחַ־אֲדָמָה, תַּפּוּחֵי־אֲדָמָה
er (sie) liebt, hat	[hu ohév] הוּא אוֹהֵב			[ta'puʲax-adama, tapuxei-adama] m/Pl
	[hi o'hevet] הִיא אוֹהֶבֶת			(wörtl.: Erdapfel)
	([ahav] אָהַב)		Fleisch	[basar] m בָּשָׂר
(Plural: [ohavim, ohavot]) אוֹהֲבִים, אוֹהֲבוֹת			er (sie) bestellt,	[hu mazmin] הוּא מַזְמִין
Zucker	[sukar] m סוּכָּר		lädt ein	[hi mazmina] הִיא מַזְמִינָה
Pizza	['pitsa] f פִּיצָה			([hizmin] הִזְמִין)
„Humus"	(arab. Wort) ['xumus] m חוּמוּס		Schlagsahne	[ka'tsefet] f קַצֶפֶת
(orientalische Vorspeise aus			er (sie) versteht	[hu mévin] הוּא מֵבִין
gestampften Kichererbsen)				[hi məvina] הִיא מְבִינָה
„Pita"	['pita] f פִּתָּה			(s. Grammatik [hévin] הֵבִין)
(orientalisches Fladenbrot)			er (sie) achtet (auf),	[hu ʃomér] הוּא שׁוֹמֵר
belegtes Brot	['sendvitʃ] m סֶנְדְוִיץ'		bewacht	[hi ʃo'meret (al)] הִיא שׁוֹמֶרֶת (עַל)
Käse	[gvina] f גְּבִינָה			([ʃamar] שָׁמַר)
Tomate	[agvanija] f עַגְבָנִיָה		Diät	[di'eta] f דִּיאֵטָה

14B Grammatik

1. Verbundene Form (סְמִיכוּת **smixut) : Pluralformen (mit und ohne Artikel)**

(s. Lektionen 5 und 8)

Die verbundenen Formen der männlichen Substantive haben im Plural die Endung

◌ֵי -éi (statt ◌ִים -im):

תּוֹשְׁבֵי־הָעִיר	toʃavéi-haʲir	*die Einwohner der Stadt*
	(statt הַתּוֹשְׁבִים שֶׁל הָעִיר hatoʃavim ʃel haʲir)	
תַּפּוּחֵי־אֲדָמָה	tapuxéi-adama	*Kartoffeln (eig.: Erdäpfel)*
בַּקְבּוּקֵי־בִּירָה	bakbukéi-bira	*Bierflaschen*

* Verbundene Form מָרַק mərak

Manchmal treten kleine Veränderungen in Schreibung und Aussprache des Wortes
auf: בָּתֵי־קָפֶה batéi-kafe *Cafés (eig.: Kaffeehäuser)*

יְמֵי־חֹפֶשׁ jəméi-xofeſ *Ferientage*

Die verbundenen Formen der weiblichen Substantive behalten im Plural die Endung
וֹת -ot bei, wobei es ebenfalls zu leichten Veränderungen des Wortes kommen kann:

פִּנּוֹת־הָאֹכֶל pinot-ha'oxel *die Eßecken*

שְׁנוֹת־הַמִּלְחָמָה ſnot-hamilxama *die Kriegsjahre*

Das zweite Hauptwort bleibt immer unverändert. Eine unregelmäßige verbundene
Form wird in guten Wörterbüchern nach dem Substantiv angegeben.

2. Personalpronomen als Verstärkung des Subjekts

Ist das Subjekt des Satzes ein Substantiv, so kann zwischen dem Substantiv und dem
Rest des Satzes das Personalpronomen in der 3. Person stehen, besonders nach
einem längeren Subjekt:

הַסְטוּדֶנְט הַגֶּרְמָנִי הוּא צָעִיר מְאֹד. hastudent hagermani hu tsaʲir mə'od.
Der deutsche Student ist sehr jung.

הַפָּנוֹרָמָה הִיא נֶהְדֶּרֶת. hapanorama hi nehderet.
Das Panorama ist herrlich.

דָּנִיֵּאל הוּא תַּלְמִיד. danjél hu talmid.
Daniel ist Schüler.

Es handelt sich um eine rein stilistische Formulierung: das Personalpronomen kann
natürlich auch wegfallen.

3. Das Verb אֲנִי מֵבִין ani mévin

Das Verb אֲנִי מֵבִין ani mévin *ich verstehe* gehört zur 3. Konjugation (hifʲil), hat
aber im Präsens und in der Vergangenheit als ersten Vokal ◌ é bzw. ◌ (Schva).

m		*Präsens*	*f*	
אֲנִי מֵבִין	ani mévin	*ich verstehe*	אֲנִי מְבִינָה	ani məvina
אַתָּה מֵבִין	ata mévin	*du verstehst*	אַתְּ מְבִינָה	at məvina
הוּא מֵבִין	hu mévin	*er (sie) versteht*	הִיא מְבִינָה	hi məvina
אֲנַחְנוּ	a'naxnu	*wir verstehen*	אֲנַחְנוּ	a'naxnu
מְבִינִים	məvinim		מְבִינוֹת	məvinot
אַתֶּם מְבִינִים	atem məvinim	*ihr versteht*	אַתֶּן מְבִינוֹת	aten məvinot
הֵם מְבִינִים	hém məvinim	*sie verstehen*	הֵן מְבִינוֹת	hén məvinot

m	Vergangenheit	f
הֲבַנְתִּי hé'vanti	*ich verstand*	הֲבַנְתִּי hé'vanti
הֲבַנְתָּ hé'vanta	*habe verstanden,*	הֲבַנְתְּ hévant
הֵבִין hévin	*usw.*	הֵבִינָה hé'vina
הֵבַנּוּ hé'vanu*		הֵבִנּוּ hé'vanu*
הֲבַנְתֶּם havantem		הֲבַנְתֶּן havanten
הֵבִינוּ hé'vinu		הֵבִינוּ hé'vinu

(Man beachte die Vokaländerung der 2. Person Plural der Vergangenheit: Der 1. Vokal ist ◌ַ a anstelle von ◌ֵ é.)

Infinitiv: לְהָבִין ləhavin *(zu) verstehen*

4. Das Verb אֲנִי מְבַקֵּר ani məvakér

Nach dem Verb אֲנִי מְבַקֵּר ani məvakér *ich besuche* steht gewöhnlich die Präposition בְּ bə, wenn das folgende Substantiv einen Ort oder ein Gebäude bezeichnet:

הוּא מְבַקֵּר בְּיִשְׂרָאֵל. hu məvakér bəjisra'él. *Er besucht Israel.*

הִיא מְבַקֶּרֶת בָּעִיר. hi məva'keret ba'ir. *Sie besucht die Stadt.*

Bezeichnet das folgende Substantiv eine Person (oder mehrere Personen), so steht die Präposition אֵצֶל étsel:

הוּא מְבַקֵּר אֵצֶל מִרְיָם. hu məvakér étsel mirjam. *Er besucht Miriam.*

הִיא מְבַקֶּרֶת אֵצֶל הַהוֹרִים. hi məva'keret étsel hahorim. *Sie besucht die Eltern.*

5. Infinitive

| הוּא יוֹשֵׁב hu joſév | *er sitzt* | לָשֶׁבֶת la'ſevet | *(zu) sitzen* |
| הוּא שׁוֹתֶה hu ſote | *er trinkt* | לִשְׁתּוֹת liſtot | *(zu) trinken* |

---

* In der 1. Person Plural verschmilzt der Konsonant נ n des Wortstamms mit der Endsilbe נוּ -nu.

14C Übungen

1. *Antworten Sie auf die Fragen:*

   a) jafo ir aravit?

    יפוֹ עיר ערבית?

   b) ma'du^ja harbé toʃavim aravijim
   azvu et ha^jir?

   מדוע הרבה תושבים ערביים
   עזבו את העיר?

   c) éifo oméd migdal haʃalom?

   איפה עוֹמד מגדל השלוֹם?

   d) ma ro^jim min hanamal?

   מה רוֹאים מן הנמל?

   e) ma'du^ja mo^jadon ha'laila sagur?

   מדוע מוֹעדוֹן הלילה סגוּר?

   f) éiʃ margiʃim danjel
   umirjam axaréi hatijul?

   איך מרגישים דניאל
   וּמרים אחרי הטיוּל?

   g) ma hém maxlitim?

   מה הם מחליטים?

   h) lama mirjam ʃota té bli sukar?

   למה מרים שוֹתה תה בלי סוּכר?

2. *Setzen Sie die Verben in die Vergangenheit:*

   a) mirjam mazmina uga im ka'tsefet.

   מרים מזמינה עוגה עם קצפת.

   b) ani lo mévin maʃeata məsapér.

   אני לא מבין מה שאתה מספר.

   c) a'naxnu magi^jim mə^juxar la^juni'versita.

   אנחנו מגיעים מאוּחר לאוּניברסיטה.

   d) matai atem matxilim lilmod ivrit?

   מתי אתם מתחילים ללמוֹד עברית?

3. *Setzen Sie die Infinitivform ein:*

   a) ani rotsé ... et ha'séfer haze. *(lesen)*

   אני רוֹצה ... את הספר הזה.

   b) bəjisra'él a'naxnu tsərixim ... ivrit.
   (sprechen)

   בישראל אנחנו צריכים ... עברית.

   c) ata jaxol ... iti labank? *(kommen)*

   אתה יכוֹל ... אתי לבנק?

   d) bəjafo efʃar .. dvarim mə^janjənim. *(sehen)*

   ביפוֹ אפשר ... דברים מעניינים.

4. *Übersetzen Sie:*

   a) Nachmittags wollten Miriam und Daniel zusammen einen Spaziergang machen. Sie beschlossen, Jaffa zu besuchen.   b) Nach dem Spaziergang waren sie müde und hungrig; sie fanden ein kleines Café und gingen hinein.   c) Sie bestellten etwas zum Essen und zum Trinken; der Kellner kam mit Bier, Tee, Orangensaft, Gemüsesuppe und Eiern.   d) Miriam trank Tee ohne Zucker und aß belegte Brote ohne Butter, denn sie hielt Diät.   e) Daniel lachte; warum? Miriam bestellte Kuchen mit Schlagsahne, und das ist bestimmt keine gute Diät!   f) Sie wollten auch ins (zum) Kino gehen, aber sie hatten nicht genügend Zeit. Familie Guri erwartete sie zum Abendessen.

So erleichtert ein Hotel seinen Gästen den Einstieg ins Hebräische und seinen Kellnern die Frühstücksbestellung:

Holyland Hotel Jerusalem

מלון הולילנד ירושלים

Good morning	Guten Morgen	(boker tov)	בוקר טוב
Goodbye	Auf Wiedersehen	(shalom)	שלום
Waiter	Kellner	(mel-tsar)	מלצר
Thank you	Danke	(toda-rabah)	תודה רבה
Breakfast	Frühstück	(aru-chat boker)	ארוחת בוקר
Water	Wasser	(mayim)	מים
Knife	Messer	(sa-kin)	סכין
Egg	Ei	(bey-tsah)	ביצה
How are you	Wie geht es Ihnen	(ma-shlom-cha)	מה שלומך
Sugar	Zucker	(su-kar)	סוכר
I want	Ich möchte	(ani ro-tseh)	אני רוצה
to drink	trinken	(lishtot)	לשתות
Juice	Saft	(mits)	מיץ
a table	Tisch	(shulchan)	שולחן
Chair	Stuhl	(ki-se)	כסא
Jam	Marmelade	(ri-bah)	ריבה
Please	Bitte	(bevakasha)	בבקשה
Plate	Teller	(tsalachat)	צלחת
Glass	Glas	(koss)	כוס
Cup	Tasse	(sephcl)	ספל
Bill	Rechnung	(hesh-bon)	חשבון

| 1 Achat | 2 Shtaim | 3 shalosh | 4 Arbah | 5 chamesh |
| 6 shesh | 7 shevah | 8 shemoneh · | 9 teshah | 10 esser |

5. *Geben Sie die folgenden Wortgruppen durch die hebräische verbundene Form (סְמִיכוּת smixut) wieder. Achten Sie auf den Artikel und auf die Pluralform!*

die Postbeamten
die Polizeireviere
Kinokarten
Verkehrspolizisten
die Künstlerviertel
die Zimmerwände
Kindergärten
die Stadtbewohner
Fernsehgeräte
Hausschuhe

6. *Daniel erzählt zu Hause über seinen Cafébesuch in Jaffa mit Miriam. Verwenden Sie die folgenden sechs Verben in der Vergangenheitsform:*

suchen
finden
essen
trinken
bestellen
bezahlen

15A Text

תְּשׁוּבָה חֲכָמָה

זֶה קָרָה בְּוִינָה, בְּהַתְחָלַת הַמֵּאָה. יְהוּדִי אֶחָד רָץ בָּרְחוֹבוֹת שֶׁל מֶרְכַּז הָעִיר וְצוֹעֵק:
"אֲנַחְנוּ לֹא צְרִיכִים קֵיסָר! לֹא! אֲנַחְנוּ לֹא צְרִיכִים קֵיסָר!" שְׁנֵי בַּלָּשִׁים עוֹצְרִים אוֹתוֹ
וְלוֹקְחִים אוֹתוֹ לְתַחֲנַת הַמִּשְׁטָרָה. הַמְפַקֵּחַ, אֲשֶׁר יוֹשֵׁב תַּחַת תְּמוּנָה שֶׁל הַקֵּיסָר
פְרַאנְץ יוֹזֶף, שׁוֹאֵל אוֹתוֹ: "מַה שְׁמְךָ?"

– "יוֹסֵף בֶּרְמָן."

– "בֶּן כַּמָה אַתָּה?"

– "בֶּן אַרְבָּעִים וְחָמֵשׁ."

– "אֵיפֹה אַתָּה גָר?"

– "בְּוִינָה, רְחוֹב מוֹצָאַרְט תֵּשַׁע."

– "אַתָּה אֶזְרָח שֶׁל אוֹסְטְרִיָה?"

– "כֵּן, אֲדוֹנִי."

– "מַה הָעִנְיָן?"

הַבַּלָּשִׁים מְסַפְּרִים מַה קָרָה. הַמְפַקֵּחַ אוֹמֵר, בְּרוֹגֶז:
"מָה? אַתָּה צָעַקְתָ בָּרְחוֹב שֶׁאֲנַחְנוּ לֹא צְרִיכִים קֵיסָר? אַתָּה מְשׁוּגָע? אַתָּה טֶרוֹרִיסְט?
אַתָּה רוֹצֶה לַעֲשׂוֹת מַהְפֵּכָה? כֵּן אוֹ לֹא? אוֹי וַאֲבוֹי לְךָ אִם אַתָּה לֹא אוֹמֵר אֶת
הָאֱמֶת!"

הַיְהוּדִי עוֹנֶה:

"זֶה נָכוֹן, אֲנִי צָעַקְתִי שֶׁאֲנַחְנוּ לֹא צְרִיכִים קֵיסָר, כִּי יֵשׁ לָנוּ כְּבָר אֶחָד!"

klug	[xaxam, xaxama] חָכָם, חֲכָמָה	unter	(Präposition) ['taxat] תַּחַת
Wien	['vina] f וִינָה	dein (Ihr)	(s. Grammatik)[ʃimxa] שִׁמְךָ
Anfang, Beginn	[hatxala] f הַתְחָלָה	Name	
Jahrhundert	[méʲa] f מֵאָה	wie alt?	[ben 'kama] ?בֶּן כַּמָּה
Kaiser	[kéisar] m קֵיסָר	(s. Grammatik)	
Geheimpolizist,	[balaʃ] m בַּלָּשׁ	Österreich	['ostria] f אוֹסְטְרִיָה
Detektiv		Sache, Angelegenheit	[injan] עִנְיָן
hier: er (sie) verhaftet	[hu otsér] הוּא עוֹצֵר	worum handelt	[ma haʲinjan] ?מָה הָעִנְיָן
	[hi o'tseret] הִיא עוֹצֶרֶת	es sich?	
	([atsar] עָצַר)	Terrorist	[terorist] טֶרוֹרִיסְט
Inspektor,	מְפַקֵּחַ, מְפַקְחִים	Revolution	[mahpéxa] f מַהְפֵּכָה
Kommissar	[məfa'kéʲax, məfakxim] m/Pl	wehe!	[oi vaʲavoj] !אוֹי וַאֲבוֹי

15B Grammatik

1. Syntax

Die Wortfolge im hebräischen Satz ist denkbar einfach. Sie ist ähnlich der Wortstellung im deutschen Hauptsatz. Beginnt ein Satz mit dem Subjekt, ist die Wortfolge wie im Deutschen, d.h. Subjekt – Verb – Objekt:

הַתַּיָּר לוֹמֵד עִבְרִית.   hatajar loméd ivrit.
Der Tourist lernt Hebräisch.

Auch nach einer Konjunktion bleibt die Wortfolge die gleiche:

כַּאֲשֶׁר דָּנִיאֵל נָסַע לְתֵל־אָבִיב,   kaʲaʃer danjél nasa lətélaviv,
הוּא הָיָה שָׂמֵחַ.   hu haja sa'méʲax.
Als Daniel nach Tel Aviv reiste, freute er sich.

Satzzeichen werden spärlich gebraucht. Ein Komma steht nur – wie im Deutschen – zwischen zwei Sätzen (aber nicht vor וְ və) sowie bei Aufzählungen und Appositionen:

אֲנַחְנוּ לֹא צְרִיכִים קֵיסָר,   a'naxnu lo tsərixim kéisar,
כִּי יֵשׁ לָנוּ כְּבָר אֶחָד.   ki jéʃ 'lanu kvar exad.
Wir brauchen keinen Kaiser,
denn wir haben schon einen.

בְּתֵל־אָבִיב יֵשׁ הַרְבֵּה תַּיָּרִים: bətélaviv jéʃ harbé tajarim:
גֶּרְמָנִים, אַנְגְּלִים, אֲמֶרִיקָאִים...   germanim, anglim, amerikaʲim...
In Tel Aviv sind viele Touristen:
Deutsche, Engländer, Amerikaner ...

פְּרַאנְץ יוֹזֶף, קֵיסָר שֶׁל אוֹסְטְרְיָה,   frants jozef, kéisar ʃel 'ostria,

הָיָה פּוֹפּוּלָרִי מְאוֹד.   haja popu'lari məʲod.

Franz-Josef, Kaiser von Österreich,
war sehr populär.

Vor der Konjunktion שֶׁ ʃe *daß* steht kein Komma. Die anderen Satzzeichen werden wie im Deutschen verwendet.

Bei Entscheidungsfragen bleibt die Wortstellung unverändert. Nur der Ton der Stimme deutet auf eine Frage hin:

הַתַּיָּר לוֹמֵד עִבְרִית?   hatajar loméd ivrit?

Lernt der Tourist Hebräisch?

הוּא לוֹמֵד עִבְרִית?   hu loméd ivrit?

Lernt er Hebräisch?

Um die Frage hervorzuheben, kann man vor den Fragesatz das Wörtchen הַאִם haʲim stellen (vgl. französisch „est-ce que"):

הַאִם הַתַּיָּר לוֹמֵד עִבְרִית?   haʲim hatajar loméd ivrit?

הַאִם הוּא לוֹמֵד עִבְרִית?   haʲim hu loméd ivrit?

Auch wenn der Satz mit einem Fragewort (*was, wie, wer, warum, wann usw.*) beginnt, bleibt die Wortstellung gewöhnlich die gleiche:

לְמָה הַתַּיָּר לוֹמֵד עִבְרִית?   'lama hatajar loméd ivrit?

Warum lernt der Tourist Hebräisch?

לְמָה הוּא לוֹמֵד עִבְרִית?   'lama hu loméd ivrit?

Warum lernt er Hebräisch?

מָתַי דָּנִיֵּאל נוֹסֵעַ לְתֵל־אָבִיב?   matai daniél no'séʲa lətélaviv?

Wann fährt Daniel nach Tel Aviv?

מָתַי הוּא נוֹסֵעַ לְתֵל־אָבִיב?   matai hu no'séʲa lətélaviv?

Wann fährt er nach Tel Aviv?

Bei kurzen Fragesätzen können Subjekt und Verb – wie im Deutschen – den Platz wechseln:

מָתַי בָּא דָּנִיֵּאל?   matai ba danjél?

Wann kommt Daniel?

לְמָה צוֹעֵק הַפָּקִיד?   lama tso'ék hapakid?

Warum schreit der Beamte?

Ist jedoch das Subjekt ein Personalpronomen, so bleibt es immer **vor** dem Verb:

מָתַי הוּא בָּא?   matai hu ba?

Wann kommt er?

לָמָה אַתָּה צוֹעֵק?   lama ata tsoʲék?

Warum schreist du?

2. זְמַנֵּי הַפֹּעַל **zmanéi ha'poʲal Zeiten des Verbs (Zeitenfolge)**

Im Hebräischen gibt es keine besondere Regel für die Folge der Zeiten in Haupt- und Nebensätzen wie in den romanischen Sprachen. Auch wenn das Verb im Hauptsatz in der Vergangenheit steht, kann das Verb im Nebensatz die Präsensform haben (wie im Deutschen):

מִרְיָם יָדְעָה שֶׁדָּנִיֵּאל לוֹמֵד   mirjam jadʲa ʃedanjél loméd ivrit.
עִבְרִית.   *Miriam wußte, daß Daniel Hebräisch lernt.*

חָשַׁבְתִּי שֶׁהַתַּיָּר מְדַבֵּר אַנְגְּלִית.   xaʃavti ʃehatajar mədabér anglit.
   Ich dachte, daß der Tourist Englisch spricht.

3. בֵּן (בַּת) כַּמָּה? **ben (bat) 'kama Wie alt?**

Bei Anfragen und Auskünften über das Alter verwendet man vor der Zahl der Jahre das Wort בֵּן bén *Sohn* für männliche und das Wort בַּת bat *Tochter* für weibliche Personen. Die Zahl selbst hat immer die weibliche Form. Das deutsche Wort „Jahre" wird nicht übersetzt.

בֵּן כַּמָּה הַסְטוּדֶנְט?   ben 'kama hastudent?   *Wie alt ist der Student?*
הוּא בֵּן עֶשְׂרִים וְשָׁלוֹשׁ.   hu ben esrim vəʃaloʃ.   *Er ist 23 Jahre alt.*
בַּת כַּמָּה הַתַּלְמִידָה?   bat 'kama hatalmida?   *Wie alt ist die Schülerin?*
הִיא בַּת שֵׁשׁ־עֶשְׂרֵה.   hi bat 'ʃéʃ-esré.   *Sie ist 16 Jahre alt.*

Anmerkung: בֵּן ben (mit ⃞) ist die verbundene Form (סְמִיכוּת smixut) von בֵּן (keine Veränderung der Aussprache).

15C Übungen

1. *Antworten Sie auf die Fragen:*
   a) ma atem jodʲim al 'vina?   מה אתם יודעים על וינה?
   b) mi haja frants jozef?   מי היה פראנץ יוזף?

c) bəᴶéizo méᴶa a'naxnu xajim? ?באיזו מאה אנחנו חיים

d) ben 'kama haja hajəhudi? ?בֶּן כַּמָּה הָיָה הַיְּהוּדִי

e) biʃvil mi ovdim balaʃim? ?בִּשְׁבִיל מִי עוֹבְדִים בַּלָשִׁים

f) haᴶim hajəhudi amar הַאִם הַיְּהוּדִי אָמַר

et haᴶ'emet laməfa'kéᴶax? ?אֶת הָאֱמֶת לַמְפַקֵּחַ

2. *Antworten Sie auf die Fragen nach Ihren Personalien:*

a) ʃém miʃpaxa: :שֵׁם מִשְׁפָּחָה

b) ʃém prati: :שֵׁם פְּרָטִי

c) gil: :גִּיל

d) 'ktovet (ir, 'erets, rəxov, mispar): :כְּתוֹבֶת (עִיר, אֶרֶץ, רְחוֹב, מִסְפָּר)

e) esraxut: :אֶזְרָחוּת

f) toʃav o tajar? ?תּוֹשָׁב אוֹ תַּיָּר

3. *Alter:*

Daniel ist 21, Miriam ist 19 Jahre alt.

Fragen Sie auf hebräisch Daniel und Miriam nach ihrem Alter und notieren Sie ihre Antworten (Buchstaben statt Zahlen!).

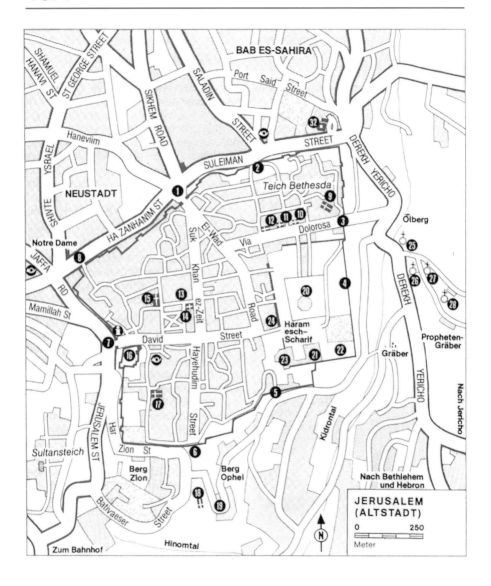

16A Text

יְרוּשָׁלַיִם!

דָּנִיאֵל וּמִרְיָם הֶחְלִיטוּ לִנְסֹעַ לִירוּשָׁלַיִם. בְּיוֹם חֲמִישִׁי דָּנִיאֵל קָם מֻקְדָּם, הִתְרַחֵץ, הִתְגַּלֵּחַ וְהִתְלַבֵּשׁ מַהֵר. אַחֲרֵי אֲרוּחַת בּוֹקֶר קַלָּה הוּא לָקַח אֶת הָאוֹטוֹבּוּס אַרְבַּע לְתַחֲנָה הַמֶּרְכָּזִית. שָׁם הוּא נִפְגַּשׁ עִם מִרְיָם, אֲשֶׁר גָּמְרָה אֶת עֲבוֹדָתָהּ* בְּשָׁעָה עֶשֶׂר וְקִבְּלָה יוֹם חוֹפֶשׁ.

עַכְשָׁיו מִרְיָם וְדָנִיאֵל תַּיָּירִים. בְּיַחַד הֵם נוֹסְעִים בָּאוֹטוֹבּוּס יָשָׁר לִירוּשָׁלַיִם. הַנְּסִיעָה נִמְשֶׁכֶת בְּסַךְ הַכֹּל אַרְבָּעִים וְחָמֵשׁ דַּקּוֹת. הַכְּבִישׁ רָחָב וְיָפֶה; אַחֲרֵי לוֹד הוּא עוֹלֶה וְעוֹלֶה, כִּי יְרוּשָׁלַיִם נִמְצֵאת בְּתוֹךְ הֶהָרִים (קוֹרְאִים לָהֶם "הָרֵי יְהוּדָה"), בְּגוֹבַהּ שֶׁל שְׁמוֹנֶה מֵאוֹת מֶטֶר. וְהִנֵּה יְרוּשָׁלַיִם, בִּירַת יִשְׂרָאֵל! קוֹדֶם כֹּל מִרְיָם וְדָנִיאֵל נִכְנָסִים לָעִיר הָעַתִּיקָה, דֶּרֶךְ שַׁעַר יָפוֹ, וְיוֹרְדִים בָּרֶגֶל דֶּרֶךְ הָרְחוֹב הָרָאשִׁי שֶׁל הָרוֹבַע הַמּוּסְלְמִי. כָּל הָרְחוֹב כְּמוֹ שׁוּק גָּדוֹל. הֵם עוֹבְרִים לָרוֹבַע הַיְּהוּדִי, אֲשֶׁר נִבְנָה מֵחָדָשׁ אַחֲרֵי הַמִּלְחָמָה שֶׁל אֶלֶף תְּשַׁע מֵאוֹת שִׁישִׁים וָשֶׁבַע (קוֹדֶם הָעִיר הָעַתִּיקָה הָיְיתָה תַּחַת שִׁלְטוֹן יַרְדֵּנִי), וּמַגִּיעִים לַכֹּתֶל הַמַּעֲרָבִי; זֶה כָּל מַה שֶּׁנִּשְׁאַר מִבֵּית הַמִּקְדָּשׁ הַגָּדוֹל לִפְנֵי אַלְפַּיִם שָׁנִים... הַרְבֵּה יְהוּדִים מִתְפַּלְּלִים עַל יַד הַכֹּתֶל, וְאַלְפֵי תַּיָּירִים מְטַיְּילִים שָׁם וּמִסְתַּכְּלִים...

בַּצַּד הַשֵּׁנִי שֶׁל הַכֹּתֶל רוֹאִים אֶת מִסְגַּד עוֹמַר (בְּצַד שְׂמֹאל) וְאֶת מִסְגַּד אַל אַקְצָה (בְּצַד יָמִין). כָּל הָאֵזוֹר הַזֶּה (קוֹרְאִים לוֹ בְּעִבְרִית "הַר הַבַּיִת") הוּא מָקוֹם קָדוֹשׁ לַמּוּסְלְמִים. דָּנִיאֵל וּמִרְיָם נִמְצָאִים שׁוּב בָּרוֹבַע הַמּוּסְלְמִי (הַגָּדוֹל בְּיוֹתֵר בָּעִיר הָעַתִּיקָה) וְעוֹבְרִים לָרוֹבַע הַנּוֹצְרִי, לְוִיָה דּוֹלוֹרוֹזָה עַד כְּנֵסִיַּת קֶבֶר יֵשׁוּ. דֶּרֶךְ הָרְחוֹב הָאַרְמֵנִי הֵם חוֹזְרִים לְשַׁעַר יָפוֹ.

---

* עֲבוֹדָתָהּ = הָעֲבוֹדָה שֶׁלָּהּ; s. 18B3.

יֵשׁ עוֹד הַרְבֵּה לִרְאוֹת, גַּם בָּעִיר הָעַתִּיקָה וְגַם בָּעִיר הַחֲדָשָׁה: הַכְּנֶסֶת, מוּזֵיאוֹן

יִשְׂרָאֵל, מוּזֵיאוֹן רוֹקְפֶלֶר, יָד וָשֵׁם, הַר הַזֵּיתִים, הָאוּנִיבֶרְסִיטָה הָעִבְרִית... אֲבָל

מִרְיָם אוֹמֶרֶת: "זֶה כְּבָר מְאֻחָר, אֲנַחְנוּ עֲיֵפִים. צְרִיכִים לָבוֹא עוֹד פַּעַם!" "כֵּן",

עוֹנֶה דָנִיֵּאל, "לְכָל הַפָּחוֹת לְיוֹמַיִם..." מִרְיָם מְחַיֶּכֶת: "גַּם זֶה לֹא מַסְפִּיק. אַתָּה

מַכִּיר אֶת הַפִּרְסֹמֶת שֶׁל מִשְׂרַד הַתַּיָּרוּת? –

לַעֲלוֹת אֶת יְרוּשָׁלַיִם צָרִיךְ יוֹתֵר מִיּוֹמַיִם..."

(zu) fahren	(Infinitiv) [lin'so‿a]	לִנְסוֹעַ
er (sie) wäscht	[hu mitraxéts]	הוּא מִתְרַחֵץ
sich, badet	[hi mitra'xetset]	הִיא מִתְרַחֶצֶת
(4)*	([hitraxéts]	הִתְרַחֵץ)
er rasiert sich	[hu mitga'lé‿ax]	הוּא מִתְגַּלֵּחַ
(4)	([hitga'lé‿ax]	הִתְגַּלֵּחַ)
er (sie) zieht	[hu mitlabéʃ]	הוּא מִתְלַבֵּשׁ
sich an	[hi mitla'beʃet]	הִיא מִתְלַבֶּשֶׁת
(4)	([hitlabéʃ]	הִתְלַבֵּשׁ)
zentral	[merkazi, merkazit]	מֶרְכָּזִי, מֶרְכָּזִית
er (sie) trifft sich	[hu nifgaʃ]	הוּא נִפְגָּשׁ
	[hi nif'geʃet]	הִיא נִפְגֶּשֶׁת
	(5) ([nifgaʃ]	נִפְגַּשׁ)
er (sie) beendet	[hu gomér]	הוּא גּוֹמֵר
	[hi gomeret]	הִיא גּוֹמֶרֶת
	(1) ([gamar]	גָּמַר)
zusammen	[bə'jaxad	בְּיַחַד
	= 'jaxad]	יַחַד =
gerade, direkt	[jaʃar]	יָשָׁר
dauert	[nimʃax]	נִמְשָׁךְ
	[nim'ʃexet]	נִמְשֶׁכֶת
	(5) ([nimʃax]	נִמְשַׁךְ)
Summe	[sax] m	סָךְ
insgesamt	[bəsax-hakol]	בְּסַךְ-הַכֹּל
inmitten	[bətox]	בְּתוֹךְ
Berg	[har] m	הַר

Judäa (auch: männlicher	[jə'huda]	יְהוּדָה
Vorname: Jəhuda)		
Höhe	['gova] m	גֹּבַה
Meter (Singular und Plural)	['meter] m	מֶטֶר
Hauptstadt	[bira] f	בִּירָה
zuerst,	['kodem kol]	קֹדֶם כֹּל
zuallererst		
alt, antik	[atik, atika]	עַתִּיק, עַתִּיקָה
Tor		שַׁעַר, שְׁעָרִים
	['ʃa‿ar, ʃə‿arim] m/Pl	
Fuß		רֶגֶל, רַגְלַיִם
	['regel, rag'lajim] f/Pl	
zu Fuß	[ba'regel]	בְּרֶגֶל
Haupt-	[raʃi, raʃit]	רָאשִׁי, רָאשִׁית
Stadtteil, Viertel	['rova] m	רוֹבַע
muslimisch		מוּסְלְמִי, מוּסְלְמִית
	[musləmi, musləmit]	
wie	[kmo]	כְּמוֹ
Markt	[ʃuk] m	שׁוּק
	[ʃvakim]	שְׁוָקִים
wurde gebaut	(5) [nivna]	נִבְנָה
von neuem	[méxadaʃ]	מֵחָדָשׁ
Herrschaft,		שִׁלְטוֹן, שִׁלְטוֹנוֹת
Verwaltung, Behörde [ʃilton, ʃiltonot] m/Pl		
jordanisch [jardéni, jardénit]		יַרְדֵּנִי, יַרְדֵּנִית

---

* Ab hier wird hinter den Verben in Klammern die Konjugation angegeben, zu der das Verb
gehört.

Mauer	כֹּתֶל, כְּתָלִים
	['kotel*, kətalim] *m/Pl*
westlich, West-	מַעֲרָבִי, מַעֲרָבִית
	[maʲaravi, maʲaravit]
West-,	הַכֹּתֶל הַמַּעֲרָבִי
Klagemauer	[ha'kotel hamaʲaravi]
Tempel [béit-hamikdaʃ] *m*	בֵּית הַמִּקְדָּשׁ
2000	[al'pajim] אַלְפַּיִם
Tausende *(vor Substantiven)* [alféi] אַלְפֵי
er (sie) betet [hu mitpalél] הוּא מִתְפַּלֵּל
[hi mitpa'lelet] הִיא מִתְפַּלֶּלֶת
(4) ([hitpalél] הִתְפַּלֵּל)
er (sie) sieht zu [hu mistakel] הוּא מִסְתַּכֵּל
[hi mista'kelet] הִיא מִסְתַּכֶּלֶת
(4) ([histakél] הִסְתַּכֵּל)
Seite	צַד, צְדָדִים
	[tsad, tsədadim] *m/Pl*
links; Linke *(s. Grammatik)* [smol] שְׂמֹאל
rechts; Rechte *(s. Grammatik)* [jamin] יָמִין
Bezirk, Gegend [ézor] *m* אֵזוֹר
heilig [kadoʃ, kədoʃa] קָדוֹשׁ, קְדוֹשָׁה
wieder [ʃuv] שׁוּב
christlich [notsri, notsrit] נוֹצְרִי, נוֹצְרִית
„Via dolorosa" [via dolo'roza] וְיָה דוֹלוֹרוֹזָה
Grab ['kever, kvarim] *m/Pl* קֶבֶר, קְבָרִים
Jesus ['jéʃu] יֵשׁוּ

armenisch [arméni, arménit] אַרְמֶנִי, אַרְמֶנִית
er (sie) kehrt zurück [hu xozér] הוּא חוֹזֵר
[hi xo'zeret] הִיא חוֹזֶרֶת
(1) ([xazar] חָזַר)
(zu) sehen *(Infinitiv)* [lirʲot] לִרְאוֹת
„Die Knesset" [hakneset] *f* הַכְּנֶסֶת
(israelisches Parlament)
Museum [muzéʲon] *m* מוּזֵיאוֹן
(archäologisches מוּזֵיאוֹן רוֹקְפֶלֶר
Museum) [muzéʲon 'rokfeller]
„Denkmal und [jad vaʃém] יָד וָשֵׁם
Name" *(Holocaust-Gedenkstätte)*
Olive; Ölbaum זַיִת, זֵיתִים
	['zajit, zéitim] *m/Pl*
Ölberg [har hazéitim] הַר הַזֵּיתִים
wenigstens [ləxol hapaxot] לְכָל הַפָּחוֹת
Werbung [pir'somet] פִּרְסֹמֶת
Tourismus [tajarut] תַּיָּרוּת
Ministerium für מִשְׂרַד הַתַּיָּרוּת
Tourismus [misrad hatajarut]
er (sie) entdeckt [hu məgale] הוּא מְגַלֶּה
[hi məgala] הִיא מְגַלָּה
(2) ([gila] גִּלָּה)
durch, mittels [al-jədéi] עַל־יְדֵי
neben, an [al-jad] עַל־יַד

16B Grammatik

1. Verben der 4. Konjugation (genannt הִתְפַּעֵל hitpaʲel)

Die Verben der 4. Konjugation haben meist reflexive (rückbezügliche) Bedeutung, d.h. im Hebräischen braucht man hier kein eigenes Reflexivpronomen. Sie werden gewöhnlich aus transitiven Verben der 1. und 2. Konjugation gebildet (z.B. *ich wasche – ich wasche mich*). Allerdings sind einige Verben dieser Konjugation im Deutschen nicht reflexiv. Ebenso wie bei den Verben der 2. Konjugation (Piʲel) ist in dieser Konjugation die Verdoppelung des mittleren Konsonanten charakteristisch.

---

* Wird meist für religiöse Bauten gebraucht. Das allgemeine Wort für *„Mauer"* ist חוֹמָה xoma *(f)*.

Die Verben der 4. Konjugation erhalten im Präsens die Vorsilbe מִתְ mit- und unter den folgenden zwei Stammkonsonanten die Vokale ◌ a und ◌ é:

(1. Konjugation) אֲנִי לוֹבֵשׁ   ani lovéʃ   *ich ziehe an*

(4. Konjugation) אֲנִי מִתְלַבֵּשׁ   ani mitlabéʃ   *ich ziehe mich an*

Die weibliche Form des Singulars erhält im Präsens die Endung ◌ת -et.

In der Vergangenheit wird die Vorsilbe -מִתְ mit- durch הִת- hit- ersetzt. Die Vokale unter den ersten Stammkonsonanten sind ◌ a – ◌ a, in der 3. Person Singular wieder ◌ a – ◌ é, in der 3. Person Plural ◌ a – ◌ Schva.

In Anlehnung an die 3. Person (Singular maskulin) der Vergangenheit wird diese Konjugation הִתְפַּעֵל hitpaʲel genannt.

Konjugationsmuster הִתְלַבֵּשׁ *„sich anziehen"*

	m	Präsens		f
אֲנִי מִתְלַבֵּשׁ	ani mitlabéʃ	*ich ziehe mich an*	אֲנִי מִתְלַבֶּשֶׁת	ani mitla'beʃet
אַתָּה מִתְלַבֵּשׁ	ata mitlabéʃ	*du ziehst dich an*	אַתְּ מִתְלַבֶּשֶׁת	at mitla'beʃet
הוּא מִתְלַבֵּשׁ	hu mitlabéʃ	*er/sie zieht sich an*	הִיא מִתְלַבֶּשֶׁת	hi mitla'beʃet
אֲנַחְנוּ	a'naxnu	*wir ziehen uns an*	אֲנַחְנוּ	a'naxnu
מִתְלַבְּשִׁים	mitlabʃim		מִתְלַבְּשׁוֹת	mitlabʃot
אַתֶּם	atem	*ihr zieht euch an*	אַתֶּן	aten
מִתְלַבְּשִׁים	mitlabʃim		מִתְלַבְּשׁוֹת	mitlabʃot
הֵם	hém	*sie ziehen sich an*	הֵן	hén
מִתְלַבְּשִׁים	mitlabʃim		מִתְלַבְּשׁוֹת	mitlabʃot

	m	Vergangenheit		f
הִתְלַבַּשְׁתִּי	hitla'baʃti	*ich zog mich an*	הִתְלַבַּשְׁתִּי	hitla'baʃti
הִתְלַבַּשְׁתָּ	hitla'baʃta	*usw.*	הִתְלַבַּשְׁתְּ	hitlabaʃt
הִתְלַבֵּשׁ	hitlabéʃ		הִתְלַבְּשָׁה	hitlabʃa
הִתְלַבַּשְׁנוּ	hitla'baʃnu		הִתְלַבַּשְׁנוּ	hitla'baʃnu
הִתְלַבַּשְׁתֶּם	hitlabaʃtem		הִתְלַבַּשְׁתֶּן	hitlabaʃten
הִתְלַבְּשׁוּ	hitlabʃu		הִתְלַבְּשׁוּ	hitlabʃu

Infinitiv: לְהִתְלַבֵּשׁ   ləhitlabéʃ   *sich an(zu)ziehen*

Bei Verben, deren Stamm mit einem s-Laut (שׂ, ס) oder mit einem ʃ (שׁ) beginnt, wechseln dieser Buchstabe und das ת t der Vorsilbe מִת‎- mit‎- die Plätze:

אֲנִי מִסְתַּכֵּל‎ ani mistakél *ich schaue, sehe zu*

Anmerkung: Bei dem Verb אֲנִי מִסְתּוֹבֵב‎ ani mistovév *ich gehe herum, treibe mich herum* tritt ein Vokalwechsel bei dem ersten Stammvokal ein (וֹ o statt ◌ a).

2. Die Verben der 5. Konjugation (genannt נִפְעַל‎ nifʲal)

Die 5., 6. und 7. Konjugation sind Passiv-Konjugationen. Sie enthalten die Passivformen der 1., 2. und 3. Konjugation. Die 5. Konjugation (genannt נִפְעַל‎ nifʲal) umfaßt die Passivform der 1. Konjugation (פָּעַל‎ paʲal). Sie ist erkennbar an der Vorsilbe נ ‎-ni und (sowohl in Gegenwart als auch in Vergangenheit) an dem Vokal ◌ (oder ◌ֲ) a unter dem 2. Stammkonsonanten.

1. Konjugation			5. Konjugation		
הוּא שׁוֹמֵר‎	hu ʃomér	*er behütet*	הוּא נִשְׁמָר‎	hu niʃmar	*er wird behütet*
הוּא כּוֹתֵב‎	hu kotév	*er schreibt*	הַסֵּפֶר נִכְתָּב‎	haséfer nixtav	*das Buch wird geschrieben*

Manche Verben der 5. Konjugation haben reflexive Bedeutung:

הוּא מוֹצֵא‎	hu motsé	*er findet*	הוּא נִמְצָא‎	hu nimtsa	*er befindet sich (im)*
הוּא פּוֹגֵשׁ‎	hu pogéʃ	*er trifft, begegnet*	הוּא נִפְגַּשׁ‎	hu nifgaʃ	*er trifft sich (mit)*

Einige wenige Verben der 5. Konjugation haben nur aktive Bedeutung, z.B.:

הוּא נִכְנַס‎	hu nixnas	*er tritt ein*	(s. 9 B 3)
הוּא נִשְׁאָר‎	hu niʃʲar	*er bleibt*	

153

Konjugationsmuster נִשְׁמַר „behütet werden"

m		Präsens	f	
אֲנִי נִשְׁמָר	ani niʃmar	ich werde behütet	אֲנִי נִשְׁמֶרֶת	ani niʃ'meret
אַתָּה נִשְׁמָר	ata niʃmar	usw.	אַתְּ נִשְׁמֶרֶת	at niʃ'meret
הוּא נִשְׁמָר	hu niʃmar		הִיא נִשְׁמֶרֶת	hi niʃ'meret
אֲנַחְנוּ	a'naxnu		אֲנַחְנוּ	a'naxnu
נִשְׁמָרִים	niʃmarim		נִשְׁמָרוֹת	niʃmarot
אַתֶּם נִשְׁמָרִים	atem niʃmarim		אַתֶּן נִשְׁמָרוֹת	aten niʃmarot
הֵם נִשְׁמָרִים	hém niʃmarim		הֵן נִשְׁמָרוֹת	hén niʃmarot

m		Vergangenheit	f	
נִשְׁמַרְתִּי	niʃ'marti	ich wurde behütet,	נִשְׁמַרְתִּי	niʃ'marti
נִשְׁמַרְתָּ	niʃ'marta	bin behütet worden	נִשְׁמַרְתְּ	niʃmart
נִשְׁמַר	niʃmar	usw.	נִשְׁמְרָה	niʃmǝra
נִשְׁמַרְנוּ	niʃ'marnu		נִשְׁמַרְנוּ	niʃ'marnu
נִשְׁמַרְתֶּם	niʃmartem		נִשְׁמַרְתֶּן	niʃmarten
נִשְׁמְרוּ	niʃmǝru		נִשְׁמְרוּ	niʃmǝru

Infinitiv: לְהִשָּׁמֵר ləhiʃamér behütet (zu) werden

Merke: Die 3. Person Singular des Präsens und die 3. Person Singular der Vergangenheit haben die gleiche Aussprache.

Die Präpositionen *von* und *durch* werden in einem Passivsatz mit עַל־יְדֵי aljǝdéi übersetzt (Abkürzung: ע"י).

In Anlehnung an die 3. Person (Singular maskulin) der Vergangenheit wird diese Konjugation נִפְעַל nifʲal genannt.

3. Der Gebrauch von שֶ e als Konjunktion

Präpositionen werden durch Hinzufügen von שֶ ʃe zu Konjunktionen:

לִפְנֵי	lifnéi	vor	...לִפְנֵי שֶ	lifnéi ʃe...	bevor
אַחֲרֵי	axaréi	nach	...אַחֲרֵי שֶ	axaréi ʃe...	nachdem
עַד	ad	bis	...עַד שֶ	ad ʃe...	bis

Beispiele:

דָּוִד בָּא לִפְנֵי הָאֲרוּחָה. david ba lifnéi haʲaruxa.

David kam vor der Mahlzeit.

דָּוִד בָּא לִפְנֵי שֶׁאָכַלְנוּ. david ba lifnéi ʃeʲaxalnu.

David kam, bevor wir gegessen hatten.

Weitere Konjunktionen mit שֶׁ... ʃe

מִפְּנֵי שֶׁ...	mipnéi ʃe...	*weil*
מִכֵּיוָן שֶׁ...	mikévan ʃe...	*da, weil*
לַמְרוֹת שֶׁ...	lamrot ʃe...	*obwohl*
כְּשֶׁ...	kəʃe...	*als (Kurzform neben כַּאֲשֶׁר kaʲaʃér)*

4. שְׂמֹאל smol „links" und יָמִין jamin „rechts"

שְׂמֹאל smol und יָמִין jamin sind im Hebräischen Substantive und nehmen weder weibliche noch Pluralendungen an:

יַד יָמִין	jad jamin	*rechte Hand*
יַד שְׂמֹאל	jad smol	*linke Hand*
בְּצַד שְׂמֹאל	bətsad smol	*auf der linken Seite, linkerhand, links*
בְּצַד יָמִין	bətsad jamin	*auf der rechten Seite, rechterhand, rechts*

Merke:

יָמִינָה	ja'mina	*nach rechts*
שְׂמֹאלָה	'smola	*nach links*

5. Infinitive

הוּא רוֹאֶה hu roʲe *er sieht*   לִרְאוֹת lirʲot *(zu) sehen*

6. Wortfeld

Die Wortwurzel שׁ–מ–ר ʃ–M–R hat die Bedeutung *wachen, bewachen, bewahren, aufbewahren.*

שָׁמַר	ʃamar	*wachen usw.* (paʲal)
שִׁמֵּר	ʃimér	*konservieren* (piʲél)
הִשְׁתַּמֵּר	hiʃtamér	*sich hüten, sich halten* (hitpaʲel – reflexiv)
נִשְׁמַר	niʃmar	*sich hüten, sich vorsehen* (nifʲal – passivisch)
שׁוֹמֵר	ʃomér	*Wächter*
שׁוֹמֵרָה	ʃoméra	*Wachhütte, Schilderhaus*
שִׁמּוּר	ʃimur	*Bewachung, Konservierung*
שִׁמּוּרִים	ʃimurim	*Konserven*

שָׁמוּר ʃamur *aufbewahrt, reserviert, vorbehalten, vertraulich*
שְׁמוּרָה ʃmura *Schutzgebiet*
שִׁמּוּרִי ʃimuri *bewahrend, erhaltend*

Es gibt keine hifʾil Form von dieser Wortwurzel.

Suchen Sie weitere Beispiele!

16C Übungen

1. *Antworten Sie auf die Fragen:*

   a) éix mirjam vədaniel nosʾim liruʃa'lajim? ?אֵיךְ מרים ודניאל נוסעים לירוּשלים

   b) éifo danjél nifgaʃ im mirjam? ?אֵיפה דניאל נפגש עם מרים

   c) ma'duʾa hém lo jatsʾu 'jaxad min ha'bajit? ?מדוע הם לא יצאוּ יחד מן הבית

   d) kama zman nosʾim ad jəruʃa'lajim? ?כמה זמן נוסעים עד ירוּשלים

   e) éix nixnasim laʾir haʾatika? ?אֵיךְ נכנסים לעיר העתיקה

   f) ma ze, ha'kotel hamaʾaravi? ?מה זה הכֹּותל המערבי

   g) ma haʃémot ʃel haməkomot hakədoʃim מה השמות של המקֹומֹות הקדֹושים
      ʃel hamusləmim vəʃel hanotsrim? ?של המוּסלמים וּשל הנֹוצרים

2. *Setzen Sie die Verben in die Vergangenheit:*

   a) danjel kotév bamixtav: :דניאל כֹּותב במכתב
      „ani kam mukdam umitraxéts mahér." ".אני קם מוּקדם וּמתרחץ מהר"

   b) mirjam mitla'beʃet vəho'lexet מרים מתלבשת והֹולכת
      'kodem laʾavoda. .קֹודם לעבֹודה

   c) aljad ha'kotel hamʾaravi hajəhudim על יד הכֹּותל המערבי היהוּדים
      mitpaləlim vəhatajarim mətajəlim. .מתפללים והתיירים מטיילים

   d) basof a'naxnu ajéfim məʾod; ;בסֹוף אנחנוּ עייפים מאֹוד
      a'naxnu maxlitim laxzor ha'baita. .אנחנוּ מחליטים לחזֹור הביתה

3. *Verbinden Sie die folgenden Sätze durch die Entsprechungen der angegebenen
   Konjunktionen:*

   a) danjél mitlabéʃ mahér; ;דניאל מתלבש מהר
      hu rotse lin'soʾa liruʃa'lajim. *(weil)* .הוּא רֹוצה לנסֹוע לירוּשלים

   b) tijalnu kətsat baʾir; ;טיילנוּ קצת בעיר
      mezeg haʾavir lo haja tov. *(obwohl)* .מזג־האוויר לא היה טֹוב

156

c) haja kvar məˑuxar; higanu lətelaviv. *(als)* ‏היה כבר מאוחר; הגענו לתל־אביב.‏

d) axalnu aruxat-haˑerev; ‏אכלנו ארוחת־הערב;‏
   halaxnu lakol'noˑa. *(nachdem)* ‏הלכנו לקולנוע.‏

e) xikinu xatsi ʃaˑa; haˑ otobus hi'giˑa. *(bis)* ‏חיכינו חצי שעה; האוטובוס הגיע.‏

f) xazarnu ha'baita; ha'laila jarad. *(bevor)* ‏חזרנו הביתה; הלילה ירד.‏

4. *Setzen Sie die fehlenden Infinitive ein:*
   a) danjel rotse ... biruʃa'lajim. *(besuchen)* ‏דניאל רוצה ... בירושלים.‏

   b) biruʃa'lajim efʃar ... harbé ‏בירושלים אפשר ... הרבה‏
      dvarim. *(sehen)* ‏דברים.‏

   c) ze məˑuxar; a'naxnu tsərixim ‏זה מאוחר; אנחנו צריכים‏
      ... laˑotobus. *(gehen)* ‏... לאוטובוס.‏

   d) bevéit-hakafe efʃar ... ‏בבית־הקפה אפשר ...‏
      bira və ... salatim. *(trinken, essen)* ‏בירה ... סלטים.‏

5. *Übersetzen Sie:*
   a) Miriam und Daniel gehen wie Touristen zu Fuß durch das Jaffa-Tor und sehen
   viele arabische Geschäfte.   b) Danach gehen sie im jüdischen Viertel der Altstadt spazieren und kommen schließlich zur Klagemauer.   c) Vor der Klagemauer
   sieht man auch viele jüdische Frauen und Mädchen, die dort beten.   d) Die „Touristen" besuchen auch den Tempelberg und stehen nun vor den großen Moscheen;
   dort beten jeden Freitag die Muslime.   e) Sie erklärt ihm, warum Jerusalem, die
   Hauptstadt Israels, nicht nur den Juden, sondern auch den Christen und Muslimen
   heilig ist.   f) Sie hatten Glück: Das Wetter war sehr angenehm, nur am Abend
   war es etwas kühl, denn Jerusalem liegt (befindet sich) in den Bergen, in 800
   Meter Höhe.

6. Frau Pohl, eine deutsche Touristin, macht einen Spaziergang durch die Altstadt
   von Jerusalem.

   *Berichten Sie anhand des Stadtplans von Jerusalem auf hebräisch, welche wichti-
   gen Sehenswürdigkeiten sie besucht und wo sich diese befinden (etwa sechs
   Sätze).*

17A

17A Text

דָּנִיֵּאל חוֹלֶה ...

יוֹם אֶחָד דָּנִיֵּאל מִתְעוֹרֵר מוּקְדָּם וְאֵינוֹ מַרְגִּישׁ טוֹב. הָרֹאשׁ כּוֹאֵב לוֹ, הוּא עָיֵף
מְאוֹד; כַּנִּרְאֶה יֵשׁ לוֹ קְצָת חוֹם. אֵין פֶּלֶא: הוּא הִסְתּוֹבֵב הַרְבֵּה בַּיָּמִים הָאַחֲרוֹנִים;
הוּא בִּיקֵּר כִּמְעַט בְּכָל הָאָרֶץ, לֹא רַק בַּצָּפוֹן – בְּחֵיפָה (לְשָׁם הוּא נָסַע בָּרַכֶּבֶת),
בְּנַהֲרִיָּה (פֹּה גָּרִים הַרְבֵּה דּוֹבְרֵי גֶּרְמָנִית), בְּהָרֵי הַגָּלִיל, בִּטְבֶרְיָה (עַל יַד יָם
הַכִּנֶּרֶת) – אֶלָּא גַּם בַּדָּרוֹם. הוּא בִּיקֵּר בְּקִיבּוּץ בַּנֶּגֶב, שָׂחָה בְּיָם הַמֶּלַח, בְּיַם סוּף ...
לִקְרַאת שָׁעָה תֵּשַׁע גְּבֶרֶת גּוּרִי מַחְלִיטָה לִקְרֹא לָרוֹפֵא. קוֹדֶם הִיא שׁוֹאֶלֶת אֶת
דָּנִיֵּאל: "יֵשׁ לְךָ אוּלַי תְּעוּדַת בִּיטּוּחַ?" "כֵּן", עוֹנֶה דָּנִיֵּאל, "בְּגֶרְמַנְיָה אֲנִי חֲבֵר קוּפַּת
חוֹלִים." "טוֹב מְאוֹד", אוֹמֶרֶת גְּבֶרֶת גּוּרִי, "אָז הַבְּדִיקָה הָרְפוּאִית חִינָם בִּשְׁבִילְךָ."
הָרוֹפֵא בָּא אַחֲרֵי הַצָּהֳרַיִם, כִּי בַּבֹּקֶר הוּא עוֹבֵד בְּבֵית הַחוֹלִים. הַדּוֹקְטוֹר לֵוִי
מַכִּיר הֵיטֵב אֶת מִשְׁפַּחַת גּוּרִי. הוּא נִכְנָס לְחֶדֶר שֶׁל דָּנִיֵּאל וְשׁוֹאֵל אוֹתוֹ: "מַה
שְׁלוֹמְךָ, מַר לִנְדְּמַן? אַתָּה חוֹלֶה? אֵינְךָ סוֹבֵל אֶת הָאַקְלִים שֶׁלָּנוּ?" "אֲנִי חוֹשֵׁב",
עוֹנֶה דָּנִיֵּאל, "שֶׁרָצִיתִי יוֹתֵר מִדַּי מִמָּקוֹם לְמָקוֹם, וְעַכְשָׁיו ..."

"אֵינְךָ יָכוֹל לָרוּץ יוֹתֵר!" מַמְשִׁיךְ הָרוֹפֵא בְּחִיּוּךְ. אַחֲרֵי בְּדִיקָה קַפְּדָנִית (הוּא בָּדַק
גַם אֶת הַלֵּב וְאֶת לַחַץ הַדָּם) הוּא אוֹמֵר: "אֵינֶנִּי רוֹאֶה מַשֶׁהוּ רְצִינִי. הִנֵּה כַּמָּה
כַּדּוּרִים נֶגֶד הַחוֹם. קַח שְׁנַיִם בַּבּוֹקֶר, שְׁנַיִם בַּצָּהֳרַיִם וּשְׁנַיִם בָּעֶרֶב. אַתָּה צָרִיךְ גַם
לִשְׁתּוֹת הַרְבֵּה מַיִם מִינֶרָלִיִּים; מוֹצְאִים אוֹתָם בְּבֵית מִרְקַחַת אוֹ בְּסוּפֶּרְמַרְקֶט. הַיוֹם
אַתָּה נִשְׁאָר בַּמִּטָּה". "וּמָחָר?" שָׁאַל דָּנִיאֵל. "מָחָר אֲנִי רוֹצֶה לָלֶכֶת לִרְאוֹת מִשְׂחָק
כַּדּוּרֶגֶל ..." "אֵינֶנִּי יוֹדֵעַ מַה לְהַגִּיד לְךָ – אוּלַי כֵּן, אוּלַי לֹא. הַמִּשְׂחָק הַזֶּה כֹּל כָּךְ
חָשׁוּב לְךָ?" "כֵּן". "אָז בִּשְׁבִילְךָ יוֹתֵר טוֹב לִרְאוֹת אוֹתוֹ בַּטֶּלֶוִיזְיָה – אֲבָל לִפְנֵי
הַמִּשְׂחָק קַח עוֹד שְׁנֵי כַּדּוּרִים!"

krank	[xolé, xola] חוֹלֶה, חוֹלָה	Sprecher	דּוֹבֵר, דּוֹבְרִים
er (sie) wacht auf	הוּא מִתְעוֹרֵר [hu mit'orér]		[dovér, dovrim] m/Pl
	[hi mit'o'reret] הִיא מִתְעוֹרֶרֶת	Galiläa	הַגָּלִיל [hagalil]
	(4) ([hit'orér] הִתְעוֹרֵר)	Tiberias	טְבֶרְיָה ['tverja]
tut weh,	[ko'év] כּוֹאֵב	Genezareth	כִּנֶּרֶת [ki'neret]
schmerzt	[ko'evet] כּוֹאֶבֶת	See Genezareth	יַם כִּנֶּרֶת [jam ki'neret]
	(1) ([ka'av] כָּאַב)	Süden	דָּרוֹם [darom] m
anscheinend,	[kanir'e] כַּנִּרְאֶה	Kibbuz	קִבּוּץ [kibuts] m
wie es scheint		Die Negev	הַנֶּגֶב [ha'negev] m
Hitze, Fieber	חוֹם [xom] m	(Süden Israels)	
Wunder	פֶּלֶא, פְּלָאִים	er (sie) schwimmt	הוּא שׂוֹחֶה [hu soxe]
	['pele, pla'im] m/Pl		הִיא שׂוֹחָה [hi soxa]
er (sie) dreht	הוּא מִסְתּוֹבֵב [hu mistovév]		(שָׂחָה [saxa])
sich, geht/	הִיא מִסְתּוֹבֶבֶת [hi misto'vevet]	Salz	מֶלַח ['melax] m
kommt herum	(4) ([histovév] הִסְתּוֹבֵב)	das Tote Meer	יַם־הַמֶּלַח [jam ha'melax]
letzte(r)	[axaron, axarona] אַחֲרוֹן, אַחֲרוֹנָה	Schilf	סוּף [suf] m
Norden	צָפוֹן [tsafon] m	das Rote Meer	יַם־סוּף [jam suf]
Haifa	חֵיפָה [xéifa]	gegen, entgegen (Präposition)	לִקְרַאת [likrat]
Zug, Eisenbahn	רַכֶּבֶת, רַכָּבוֹת	Arzt	רוֹפֵא, רוֹפְאִים
	[ra'kevet, rakavot] f/Pl		[rofé, rof'im] m/Pl
Naharija	[Naha'rija] נַהֲרִיָּה	Ausweis, Bescheinigung	[te'uda] f תְּעוּדָה
(in West-Galiläa)		Versicherung	[bi'tu'ax] m בִּטּוּחַ

159

Freund, Mitglied	[xavér] *m* חָבֵר	Druck	['laxats] *m* לַחַץ
Krankenkasse	[kupat-xolim] *f* קֻפַּת חוֹלִים	Blut	[dam] *m* דָּם
Untersuchung	[bədika] *f* בְּדִיקָה	Kugel, Ball, Tablette	[kadur] *m* כַּדּוּר
ärztlich	[rəfuʲi, rəfuʲit] רְפוּאִי, רְפוּאִית	Wasser	*['majim] *m/Pl.* מַיִם
umsonst, kostenlos	[xinam] חִנָּם	Mineral-	[mine'rali] מִינֵרָלִי
(unveränderlich)		Apotheke	בֵּית־מִרְקַחַת, בָּתֵי־מִרְקַחַת

Krankenhaus   בֵּית־חוֹלִים, בָּתֵי־חוֹלִים
[béit-xolim, batéi-xolim] *m/Pl*

Apotheke [béit-mir'kaxat, batéi-mir'kaxat] *m/Pl*

Doktor	['doktor] *m* דּוֹקְטוֹר	Supermarkt	['supermarket] *m* סוּפֶּרְמַרְקֶט
gut	*(Adverb)* [héitév] הֵיטֵב	Bett	[mita] *f* מִטָּה
er (sie) leidet	[hu sovél] הוּא סוֹבֵל	morgen	[maxar] מָחָר
	[hi so'velet] הִיא סוֹבֶלֶת	Spiel, Match	[misxak] *m* מִשְׂחָק
	(1) ([saval] סָבַל)	Fußball	[kadu'regel] *m* כַּדּוּרֶגֶל
Klima	[aklim] *m* אַקְלִים	(zu) sagen	*(Infinitiv)* [ləhagid] לְהַגִּיד
zu, zuviel	[midai] מִדַּי	ordentlich,	מְסֻדָּר, מְסֻדֶּרֶת
zu sehr, zuviel	[jotér midai] יוֹתֵר מִדַּי	geordnet	[məsudar, məsu'deret]
er (sie) setzt fort	[hu mamʃix] הוּא מַמְשִׁיךְ		מְסֻדָּרִים, מְסֻדָּרוֹת
	[hi mamʃixa] הִיא מַמְשִׁיכָה		[məsudarim, məsudarot]
	(3) ([himʃix] הִמְשִׁיךְ)	gelehrt, weise	מְלֻמָּד, מְלֻמֶּדֶת
Lächeln	[xijux] *m* חִיּוּךְ		[məlumad, məlu'medet]
mit einem Lächeln,	[bəxijux] בְּחִיּוּךְ	besprochen,	מְדֻבָּר, מְדֻבֶּרֶת
lächelnd		vereinbart	[mədubar, mədu'beret]
gründlich, genau	קַפְדָּנִי, קַפְדָּנִית	es geht um	[mədubar al...] ... מְדוּבָּר עַל
	[kapdani, kapdanit]	üblich, akzeptiert	מְקֻבָּל, מְקֻבֶּלֶת
			[məkubal, məku'belet]

17B Grammatik

1. Verneinung eines Verbs im Präsens

In der Schriftsprache wird das Verb im Präsens mit dem Wort אֵין éin (statt לֹא lo) verneint (s. 3 B 6):

אֵין אֲנִי עוֹבֵד éin ani ovéd (statt אֲנִי לֹא עוֹבֵד ani lo ovéd) *ich arbeite nicht*

Ist das Subjekt ein Personalpronomen, wird אֵין éin häufig mit den entsprechenden Personalsuffixen verknüpft (s. 4 B 1). Die Endungen der 3. Person Plural werden dabei zu ◌ָם -am (maskulin) und ◌ָן -an (feminin) gekürzt.

---

* Das Wort מַיִם 'majim *Wasser* hat nur die Pluralform, also מַיִם קָרִים 'majim karim *kaltes Wasser*.

Beispiel:

m			f	
אֵינִי (אֵינֶנִּי)	éini (éi'neni)	*ich arbeite nicht*	אֵינִי (אֵינֶנִּי)	éini (éi'neni)
עוֹבֵד	ovéd	*usw.*	עוֹבֶדֶת	o'vedet
אֵינְךָ עוֹבֵד	éinxa ovéd		אֵינֵךְ עוֹבֶדֶת	éinéx o'vedet
אֵינוֹ (אֵינֶנּוּ)	éino (éi'nenu)		אֵינָהּ (אֵינֶנָּה)	éina (éi'nena)
עוֹבֵד	ovéd		עוֹבֶדֶת	o'vedet
אֵינֶנּוּ עוֹבְדִים	éi'nenu ovdim		אֵינֶנּוּ עוֹבְדוֹת	éi'nenu ovdot
אֵינְכֶם עוֹבְדִים	éinxem ovdim		אֵינְכֶן עוֹבְדוֹת	éinxen ovdot
אֵינָם עוֹבְדִים	éinam ovdim		אֵינָן עוֹבְדוֹת	éinan ovdot

Man beachte die Endung der Alternativform der 3. Person Singular (maskulin):

אֵינֶנּוּ   éi'nenu   Diese Form ist identisch mit der 1. Person Plural.

Die Verneinung אֵין éin+Suffix steht (wie לֹא lo) immer **vor** dem Verb!

Die Personalpronomina אֲנִי ani, אַתָּה ata, הוּא hu usw. werden vor אֵין éin nur gebraucht, wenn sie betont werden:

אֲנִי עוֹבֵד אֲבָל אַתָּה אֵינְךָ עוֹבֵד.   ani ovéd, aval ata éinxa ovéd.

Ich arbeite, aber du arbeitest nicht.

Diese Regel (אֵין éin statt לֹא lo) gilt nur für das Präsens; in den anderen Zeiten (Vergangenheit und Zukunft) wird nur לֹא lo (vor dem Verb) gebraucht:

הוּא לֹא עָבַד.   hu lo avad.

Er hat nicht gearbeitet.

In der heutigen Umgangssprache werden die Formen mit אֵין éin auch im Präsens durch das bequemere לֹא lo ersetzt (אֲנִי לֹא עוֹבֵד ani lo ovéd usw.). Dagegen wird in der Schriftsprache weiterhin die Regel אֵין éin statt לֹא lo im Präsens beachtet.

2. Personalpronomen nach einer Präposition

Ein Personalpronomen nach einer Präposition (z.B. *für mich, bei dir, neben ihm, mit uns* usw.) wird zu einem Suffix verkürzt, d.h., die Personalendungen werden – wie nach אֵין éin – an die Präposition angehängt, z.B.

הוּא עוֹבֵד בִּשְׁבִילִי.   hu ovéd biʃvili.   *Er arbeitet für mich.*

Nachstehend einige wichtige Präpositionen mit angehängtem Personalsuffix für alle Personen (Singular und Plural). Bei manchen Präpositionen tritt eine Verkürzung der letzten Silbe ein.

בִּשְׁבִיל   biʃvil   *für*

m			f	
בִּשְׁבִילִי	biʃvili	*für mich*	בִּשְׁבִילִי	biʃvili
בִּשְׁבִילְךָ	biʃvilxa	*für dich*	בִּשְׁבִילֵךְ	biʃviléx
בִּשְׁבִילוֹ	biʃvilo	*für ihn, sie*	בִּשְׁבִילָהּ	biʃvila
בִּשְׁבִילֵנוּ	biʃvi'lénu	*für uns*	בִּשְׁבִילֵנוּ	biʃvi'lénu
בִּשְׁבִילְכֶם	biʃvilxem	*für euch*	בִּשְׁבִילְכֶן	biʃvilxen
בִּשְׁבִילָם	biʃvilam	*für sie*	בִּשְׁבִילָן	biʃvilan

אֵצֶל   'étsel   *bei*

m			f	
אֶצְלִי*	etsli	*bei mir*	אֶצְלִי	etsli
אֶצְלְךָ	etsləxa	*bei dir*	אֶצְלֵךְ	etsléx
אֶצְלוֹ	etslo	*bei ihm, ihr*	אֶצְלָהּ	etsla
אֶצְלֵנוּ	ets'lénu	*bei uns*	אֶצְלֵנוּ	ets'lénu
אֶצְלְכֶם	etsləxem	*bei euch*	אֶצְלְכֶן	etsləxen
אֶצְלָם	etslam	*bei ihnen*	אֶצְלָן	etslan

עַל־יַד   al-jad   *neben*

m			f	
עַל־יָדִי**	al-jadi	*neben mir*	עַל־יָדִי	al-jadi
עַל־יָדְךָ	al-jadxa	*neben dir*	עַל־יָדֵךְ	al-jadéx
עַל־יָדוֹ	al-jado	*neben ihm, ihr*	עַל־יָדָהּ	al-jada
עַל־יָדֵנוּ	al-ja'dénu	*neben uns*	עַל־יָדֵנוּ	al-ja'dénu
עַל־יֶדְכֶם	al-jedxem	*neben euch*	עַל־יֶדְכֶן	al-jedxen
עַל־יָדָם	al-jadam	*neben ihnen*	עַל־יָדָן	al-jadan

---

* Der Vokal ◌ é wird zu ◌ e.

** Der Vokal ◌ a wird zu ◌ a (keine Veränderung der Aussprache).

נֶגֶד 'neged *gegen*

m			f
נֶגְדִּי negdi	*gegen mich*	נֶגְדִּי	negdi
נֶגְדְּךָ negdəxa	*gegen dich*	נֶגְדֵּךְ	negdéx
נֶגְדּוֹ negdo	*gegen ihn, sie*	נֶגְדָּהּ	negda
נֶגְדֵּנוּ neg'dénu	*gegen uns*	נֶגְדֵּנוּ	neg'dénu
נֶגְדְּכֶם negdəxem	*gegen euch*	נֶגְדְּכֶן	negdəxen
נֶגְדָּם negdam	*gegen sie*	נֶגְדָּן	negdan

-בְּ bə *in*

m			f
בִּי bi	*in mir*	בִּי	bi
בְּךָ bəxa	*in dir*	בָּךְ	bax
בּוֹ bo	*in ihm, ihr*	בָּהּ	ba
בָּנוּ 'banu	*in uns*	בָּנוּ	'banu
בָּכֶם baxem	*im euch*	בָּכֶן	baxen
בָּהֶם bahem	*in ihnen*	בָּהֶן	bahen

מִן min (Kurzform -מִ mi-) *von*

m			f
מִמֶּנִּי mi'meni	*von mir*	מִמֶּנִּי	mi'meni
מִמְּךָ mimxa	*von dir*	מִמֵּךְ	miméx
מִמֶּנּוּ mi'menu	*von ihm, ihr*	מִמֶּנָּה	mi'mena
מִמֶּנּוּ mi'menu	*von uns*	מִמֶּנּוּ	mi'menu
מִכֶּם mikem	*von euch*	מִכֶּן	miken
מֵהֶם méhem*	*von ihnen*	מֵהֶן	méhen

Bei dieser Präposition wird die ursprüngliche Form מִן vor einem Suffix verdoppelt (mit Ausnahme der 2. und 3. Person des Plurals). Man beachte, daß die 3. Person

---

* Merke: Vor den sogenannten Kehllauten ע ,ח ,ה ,א und vor ר wird die Kurzform -מִ mi-durch -מֵ mé- ersetzt. (מִגְּרַמַנְיָה miger'manja, aber: מֵהוּנְגַּרְיָה méhun'garja).

Singular (maskulin) und die 1. Person Plural die gleichen Formen haben. Statt der regelmäßigen Suffixformen (עִמִּי imi, עִמְּךָ imxa, עִמּוֹ imo usw.) werden in der modernen hebräischen Sprache meist folgende Formen verwendet, die von אֵת et abgeleitet sind: עִם im *mit*

m		f	
אִתִּי iti	*mit mir*	אִתִּי iti	
אִתְּךָ itxa	*mit dir*	אִתָּךְ itax	
אִתּוֹ ito	*mit ihm, ihr*	אִתָּהּ ita	
אִתָּנוּ i'tanu	*mit uns*	אִתָּנוּ i'tanu	
אִתְּכֶם itxem	*mit euch*	אִתְּכֶן itxen	
אִתָּם itam	*mit ihnen*	אִתָּן itan	

אֵת et (vor Akkusativobjekt)

Auch die unübersetzbare Präposition אֵת et erhält Personalsuffixe und bildet auf diese Weise den Akkusativ des Personalpronomens (*mich, dich* usw.), wobei eine Vokaländerung eintritt (ֵ e wird zu וֹ o): אוֹתִי oti *mich*, אוֹתְךָ otxa *dich* usw. (s. 10 B 2).

שֶׁל ʃel von (besitzanzeigend)

Die Formen der Präposition שֶׁל ʃel mit Personalsuffixen sind Äquivalente deutscher **Possessivpronomen**: שֶׁלִּי ʃeli *mein*, שֶׁלְּךָ ʃelxa *dein*, שֶׁלּוֹ ʃelo *sein* usw. (s. 8 B 4). (Weitere Präpositionen mit Personalsuffixen s. 20 B 3).

Auch die vergleichende Präposition כְּמוֹ kmo *wie* kann Personalsuffixe bekommen (man beachte die Vokalveränderung im Singular und in der 1. Person Plural: ְ Schva wird zu ַ a).

כְּמוֹ kmo *wie*

m		f	
כָּמוֹנִי ka'moni	*wie ich*	כָּמוֹנִי ka'moni	
כָּמוֹךָ ka'moxa	*wie du*	כָּמוֹךְ kamox	
כָּמוֹהוּ ka'mohu	*wie er, sie*	כָּמוֹהָ ka'moha	
כָּמוֹנוּ ka'monu	*wie wir*	כָּמוֹנוּ ka'monu	
כְּמוֹכֶם kəmoxem	*wie ihr*	כְּמוֹכֶן kəmoxen	
כְּמוֹהֶם kəmohem	*wie sie*	כְּמוֹהֶן kəmohen	

מִי כָמוֹךָ?   mi ka'moxa? *Wer ist wie Du?* (Teil eines Bibelverses – Ex. 15,11 – der im täglichen Gebet vorkommt). Wird in der Umgangssprache nur scherzhaft verwendet.

3. Die Verben der 6. Konjugation (genannt פֻּעַל pu'al)

Die 6. Konjugation ist eine reine Passivkonjugation; sie umfaßt die Passivformen zu den Verben der 2. Konjugation (פִּעֵל pi'el). Diese Konjugation wird in der Umgangssprache selten gebraucht.

Häufiger wird in der 6. Konjugation nur das Partizip verwendet, das die Vorsilbe מְ mə- aus dem Präsens der pi'él-Konjugation beibehält; die Vokale zu den Stammkonsonanten sind וּ – ◌ַ u–a bzw. וּ – ◌ֶ u-e (wenn der Stamm auf ה h endet). Dieses Partizip hat jedoch meist die Funktion eines Adjektivs mit erweiterter Bedeutung, z.B.:

	Aktiv (pi'el)			Partizip Passiv (pu'al)	
הוּא מְסַדֵּר	hu mesadér	*er ordnet*	מְסֻדָּר	məsudar	*geordnet, ordentlich*
הוּא מְלַמֵּד	hu məlaméd	*er lehrt*	מְלֻמָּד	məlumad	*gelehrt, weise*
הוּא מְדַבֵּר	hu mədabér	*er spricht*	מְדֻבָּר	mədubar	*besprochen, vereinbart*
הוּא מְקַבֵּל	hu məkabél	*er erhält*	מְקֻבָּל	məkubal	*akzeptiert, üblich*

Die Feminin- und Pluralformen sind:

מְסֻדֶּרֶת   məsu'deret
מְסֻדָּרִים   məsudarim
מְסֻדָּרוֹת   məsudarot

Diese Partizipien werden den Substantiven (wenn vorhanden) angepaßt (vgl. 12C, Abs. 4).

Besondere Präsensformen gibt es nicht. Die Vergangenheit wird mittels der Vokale ◌ֻ u – ◌ַ a und den üblichen Endungen gebildet, beschränkt sich aber nur auf einige wenige Verben.

Beispiele:

הָעִנְיָן סֻדַּר   ha'injan sudar   *die Angelegenheit wurde geordnet (erledigt)*
הַכַּרְטִיס שֻׁלַּם   hakartis ʃulam   *das Ticket wurde bezahlt*

In Anlehnung an die 3. Person Singular der Vergangenheit wird die 6. Konjugation פֻּעַל pu'al genannt. Diese Konjugation hat keinen Infinitiv.

Wie schon erwähnt, werden die Vergangenheitsformen der puʲal-Konjugation (mit Ausnahme des Partizips) wenig gebraucht. Stattdessen umschreibt man sie gewöhnlich durch das unpersönliche Aktiv der piʲel-Konjugation, z.B. *er wurde gesucht*:

חִפְּשׂוּ אוֹתוֹ   xipsu oto   *man suchte ihn*

4. Infinitive

לְהַגִּיד   ləhagid   *(zu) sagen* (Die Stammkonsonanten sind נ-ג-ד ; s. 13B1 und 19B2)

17C Übungen

1. *Antworten Sie auf die Fragen:*
   a) ma'duʲa danjél xole?   מדוע דניאל חולה?
   b) ma hu raʲa badarom?   מה הוא ראה בדרום?
   c) 'éize bi'tuʲax jéʃ lədanjel?   איזה ביטוח יש לדניאל?
   d) ma'duʲa habi'tuʲax xaʃuv?   מדוע הביטוח חשוב?
   e) ma'duʲa harofé ba axaréi hatsoho'rajim?   מדוע הרופא בא אחרי הצהרים?
   f) ma xoʃév harofé al   מה חושב הרופא על
      hamatsav ʃel danjél?   המצב של דניאל?
   g) lama danjél rotsé lakum maxar?   למה דניאל רוצה לקום מחר?

2. *Ersetzen Sie* לֹא *lo durch* אֵין *éin wie im Beispiel:*
   danjél lo margiʃ tov.   דניאל לא מרגיש טוב.
   – danjél éino margiʃ tov.   דניאל אינו מרגיש טוב.
   a) harofé lo xoʃév ʃedanjél xole məʲod.   הרופא לא חושב שדניאל חולה מאוד.
   b) gam mirjam lo margiʃa kol kax tov.   גם מרים לא מרגישה כל כך טוב.
   c) gə'veret 'guri lo korét larofé   גברת גורי לא קוראת לרופא
      lifnéi haʃaʲa eser.   לפני השעה עשר.
   d) harofé ʃoʲél:„mi xole?   הרופא שואל: "מי חולה?
      ani lo ʃo'méʲa otax!"   אני לא שומע אותך!"

3. *Setzen Sie die Verben in Vergangenheit:*
   a) danjél omér: ani niʃ'ar bamita.   דניאל אומר: אני נשאר במטה.
   b) a'naxnu nixnasim la'bajit.   אנחנו נכנסים לבית.
   c) hatalmidim nimtsaʲim bəvéit haséfer.   התלמידים נמצאים בבית־הספר.
   d) mirjam nif'geʃet im david   מרים נפגשת עם דוד
      bataxana hamerkazit.   בתחנה המרכזית.

4. *Verbinden Sie in den folgenden Sätzen die Präpositionen mit dem angegebenen Personalpronomen (in Klammern):*

a) ha�textjo'réᵗax gar etsel ... *(uns)*   ... הָאוֹרֵחַ גָּר אֵצֶל

b) xaverim, efʃar lavo im ...   ... חֲבֵרִים, אֶפְשָׁר לָבוֹא עִם

     lamisxak? *(euch)*   לְמִשְׂחָק?

c) ma ata rotse min ... ? *(ihm)*   מָה אַתָּה רוֹצֶה מִן ... ?

d) ata baxur tov, ʃimon;   אַתָּה בָּחוּר טוֹב, שִׁמְעוֹן;

     éin li klum 'neged ... *(dich)*   ... אֵין לִי כְּלוּם נֶגֶד

e) ani xole; atem lo sovlim kmo ... *(ich)*   ... אֲנִי חוֹלֶה; אַתֶּם לֹא סוֹבְלִים כְּמוֹ

f) jéʃ lo arbaᵗa jəladim;   יֵשׁ לוֹ אַרְבָּעָה יְלָדִים;

     hu ovéd rak biʃvil ... *(sie)*   ... הוּא עוֹבֵד רַק בִּשְׁבִיל

5. *Setzen Sie die hebräischen Äquivalente ein:*

a) lin'soᵗa bli bi'tuᵗax – ze lo ... *(üblich)*   ... לִנְסוֹעַ בְּלִי בִּיטוּחַ – זֶה לֹא

b) mar guri haja pakid ... *(ordnungsliebend)*   ... מַר גּוּרִי הָיָה פָּקִיד

c) 'ainʃtain haja iʃ ...məᵗod *(gelehrt)*   אַיינְשְׁטַיין הָיָה אִישׁ ... מְאוֹד.

d) rut rotsa lədabér im harofé; ...   ... רוּת רוֹצָה לְדַבֵּר עִם הָרוֹפֵא;

     al hadiᵗeta ʃela *(es geht um)*   עַל הַדִּיאֵטָה שֶׁלָּה.

6. *Übersetzen Sie:*

a) David besuchte das ganze Land, von Naharija bis zum Roten Meer. Er war auch in Galiläa und am See Genezareth.   b) Er fuhr viel herum und badete auch im Toten Meer. Kein Wunder, daß er sich sehr müde fühlte.   c) Als der Arzt kam, war Daniel im Bett mit etwas Fieber.   d) Daniel meinte (sagte): „Anscheinend vertrage ich das Klima nicht* gut, ich bin zuviel herumgelaufen."   e) Er nahm Tabletten, trank Mineralwasser und blieb den ganzen Tag im Bett; am Abend fühlte er sich besser.   f) Er wollte am Mittwoch zu einem interessanten Fußballspiel gehen, aber der Arzt sagt ihm: „Nein, Sie sind noch nicht gesund!"

7. Miriam hat starke Kopfschmerzen und geht zum Arzt. Welche Fragen stellt der Arzt? (z.B. „Hatten Sie Fieber?" „Wie ist Ihr Blutdruck?" „Haben Sie Tabletten genommen?" usw.)
Beschreiben Sie das Gespräch (etwa acht Fragen und Antworten)!

---

* Verwenden Sie אֵין éin statt לֹא lo!

18A Text

תֵּיקוּ!

"מִשְׂחָק חָשׁוּב" – זֶה הָיָה מִשְׂחַק הַכַּדּוּרֶגֶל בֵּין נִבְחֶרֶת יִשְׂרָאֵל וּבֵין הַקְּבוּצָה הַגֶּרְמָנִית הַמְפֻרְסֶמֶת בַּיָּירֶן-מִינְכֶן עִם כָּל הַכּוֹכָבִים שֶׁלָּהּ. בִּגְלַל שְׁבִיתַת הַטַּיָּסִים הִגִּיעוּ הַשַּׂחְקָנִים הַגֶּרְמָנִיִּים כַּמָּה יָמִים יוֹתֵר מְאֻחָר לָאָרֶץ. דָּנִיאֵל הָיָה כְּבָר בָּרִיא לְגַמְרֵי, וְהוּא הִזְמִין אֶת מִרְיָם לָלֶכֶת אִתּוֹ לַמִּשְׂחָק. "וְאָחִי?" שָׁאֲלָה מִרְיָם. "הוּא לֹא מֻזְמָן? הוּא לֹא בָּא אִתָּנוּ?" דָּנִיאֵל צָחַק. "חָשַׁבְתִּי שֶׁהוּא צָרִיךְ לִלְמֹד לַבְּחִינוֹת בְּבֵית הַסֵּפֶר שֶׁלּוֹ". "אַל תִּדְאַג, דָּנִיאֵל. לַכַּדּוּרֶגֶל וְלַכַּדּוּרְסַל יֵשׁ לוֹ תָּמִיד זְמַן" ... גַּם מַר גּוּרִי מִתְעַנְיֵן. "לוּ הָיָה לִי זְמַן, הָיִיתִי בָּא גַּם כֵּן".

הָאִצְטַדְיוֹן בְּרָמַת-גַּן הָיָה כִּמְעַט מָלֵא. אַרְבָּעִים אֶלֶף צוֹפִים חִכּוּ לְהַתְחָלַת הַמִּשְׂחָק. תְּמוּנָה יָפָה וְצִבְעוֹנִית: עַל הַדֶּשֶׁא הַיָּרֹק, הַקְּבוּצָה הַגֶּרְמָנִית בְּתִלְבֹּשֶׁת אֲדֻמָּה; נִבְחֶרֶת יִשְׂרָאֵל בַּחֻלְצוֹת תְּכֻלּוֹת וּמִכְנָסַיִם לְבָנִים (כָּחֹל וְלָבָן – הַצְּבָעִים שֶׁל יִשְׂרָאֵל); וְהַשּׁוֹפֵט הָאִיטַלְקִי בְּתִלְבֹּשֶׁת שְׁחוֹרָה, עִם הַכַּדּוּר הַלָּבָן בַּיָּד.

הַמִּשְׂחָק מַתְחִיל. הַקְּבוּצָה הַגֶּרְמָנִית מַתְקִיפָה תֵּכֶף וּמִיָּד. אַחֲרֵי עֶשְׂרִים דַּקּוֹת, הִיא מוֹבִילָה שְׁתַּיִם אֶפֶס! עַכְשָׁיו הַהֲגַנָּה הַיִּשְׂרָאֵלִית יוֹתֵר טוֹבָה, וְלֹא יִהְיֶה* שִׁנּוּי עַד הַהַפְסָקָה. "זֶה אִיֹם וְנוֹרָא!" אוֹמֵר דָּוִד ...

בַּמַּחֲצִית הַשְּׁנִיָּה, הַיִּשְׂרָאֵלִים לוֹחֲמִים חָזָק. הַגֶּרְמָנִים מְשַׂחֲקִים חַלָּשׁ יוֹתֵר. שַׂחְקָן יִשְׂרָאֵלִי מְקַבֵּל "כַּרְטִיס צָהוֹב". וְהִנֵּה הַהַפְתָּעָה: הֶחָלוּץ הַיִּשְׂרָאֵלִי רוֹזֶנְטַל כּוֹבֵשׁ שַׁעַר אַחֲרֵי טָעוּת שֶׁל הַשּׁוֹעֵר הַגֶּרְמָנִי. עַכְשָׁיו הַצּוֹפִים מְעוֹדְדִים אֶת הַקְּבוּצָה שֶׁלָּהֶם בְּכָל הַכּוֹחַ, וְשָׁלוֹשׁ דַּקּוֹת לִפְנֵי סִיּוּם הַמִּשְׂחָק, הַשַּׂחְקָן פִּיזֶנְטִי כּוֹבֵשׁ אֶת הַשַּׁעַר הַשֵּׁנִי. שְׁתַּיִם שְׁתַּיִם – תֵּיקוּ! הַצּוֹפִים מְרוּצִים. דָּנִיאֵל אוֹמֵר: "גַּם בִּשְׁבִילֵנוּ זֹאת תּוֹצָאָה טוֹבָה. אֲבָל לוּ הַשּׁוֹעֵר שֶׁלָּנוּ הָיָה יוֹתֵר טוֹב, הָיִינוּ מְנַצְּחִים ..." דָּוִד עוֹנֶה: "אַתָּה צוֹדֵק בְּהֶחְלֵט, אֲבָל לוּ הַשּׁוֹפֵט הָיָה יוֹתֵר אוֹבְּיֶיקְטִיבִי, אֲנַחְנוּ הָיִינוּ מְנַצְּחִים ..." מִרְיָם כּוֹעֶסֶת קְצָת: "דַּי, דּוּד!" אֲבָל תֵּכֶף הִיא מְחַיֶּכֶת וּמַמְשִׁיכָה: "לוּ אַתָּה הָיִיתָ מְשַׂחֵק, הָיִינוּ מְנַצְּחִים 0:5 (חָמֵשׁ:אֶפֶס) – זֶה בָּטוּחַ!"

unentschieden	תֵּיקוּ ['téiku]	Prüfung	בְּחִינָה [bəxina] f
zwischen ... und ...	בֵּין ... וּבֵין ... [béin ... uvéin]	er (sie) ist besorgt	הוּא דּוֹאֵג [hu doʲég]
Auswahlmannschaft	נִבְחֶרֶת, נִבְחָרוֹת [niv'xeret, nivxarot] f/Pl		הִיא דּוֹאֶגֶת [hi do'ʲeget]
			(דָּאַג) ([daʲag] (1))
Gruppe, Mannschaft	קְבוּצָה [kvutsa] f	Basketball	כַּדּוּרְסַל [kadursal] m
berühmt	מְפֻרְסָם, מְפֻרְסֶמֶת [məfursam, məfur'semet]	er (sie) interessiert sich (für...)	הוּא מִתְעַנְיֵן [hu mitʲanjén] הִיא מִתְעַנְיֶנֶת (בְּ...) [hi mitʲan'jenet (bə)]
Stern; (Sport-, Film-) Star	כּוֹכָב [koxav] m		(הִתְעַנְיֵן) ([hitʲanjén] (4))
Streik	שְׁבִיתָה [ʃvita] f	wenn, falls (s. Grammatik)	לוּ [lu]
Flieger, Pilot	טַיָּס [tajas] m	auch, ebenfalls (meist nachgestellt)	גַּם כֵּן ['gamkén]
Spieler; Schauspieler	שַׂחְקָן, שַׂחְקָנִים [saxakan, saxakanim] m/Pl	Stadion	אִצְטַדְיוֹן [itstadjion] m
gesund	בָּרִיא, בְּרִיאָה [bari, briʲa]	Ramat-Gan (,,Gartenhügel", Stadt bei Tel Aviv)	רָמַת־גַּן [ramatgan] m
völlig, ganz und gar (meist nachgestellt)	לְגַמְרֵי [ləgamréi]	Zuschauer, Beobachter	צוֹפֶה, צוֹפִים [tsofe, tsofim] m/Pl

* s. 19B1, S. 184.

farbig, bunt	צִבְעוֹנִי, צִבְעוֹנִית [tsiv'oni, tsiv'onit]	schwach	[xalaʃ, xalaʃa] חַלָּשׁ, חַלָּשָׁה
Gras, Rasen	דֶּשֶׁא m ['deʃe]	gelb	[tsahov, tsəhuba] צָהֹב, צְהֻבָּה
grün	[jarok, jəruka] יָרוֹק, יְרֻקָּה	„gelbe Karte" (Verwarnung)	[kartis tsahov] כַּרְטִיס צָהֹב
Kleidung, Kluft	[til'boʃet] f תִּלְבֹּשֶׁת	Überraschung	[hafta'a] f הַפְתָּעָה
rot	[adom, aduma] אָדֹם, אֲדֻמָּה	Pionier; (Sport) Stürmer	[xaluts] m חָלוּץ
hellblau	[taxol, təxula] תְּכֵל, תְּכֵלָה	er (sie) erobert, besetzt	[hu kovéʃ] הוּא כּוֹבֵשׁ [hi ko'veʃet] הִיא כּוֹבֶשֶׁת (1) ([kavaʃ] כָּבַשׁ)
Hosen	[mixna'sajim] m/Pl (Dual) מִכְנָסַיִם	er schießt ein Tor	[hu kovéʃ 'ʃa'ar] הוּא כּוֹבֵשׁ שַׁעַר
weiß	[lavan, ləvana] לָבָן, לְבָנָה	Fehler, Irrtum	טָעוּת, טָעֻיּוֹת [ta'ut, ta'ujot] f/Pl
Farbe	צֶבַע, צְבָעִים ['tseva, tsəva'im] m/Pl	Portier, (Sport) Torwart	שׁוֹעֵר, שׁוֹעֲרִים [ʃo'ér, ʃo'arim] m/Pl
Richter, Schiedsrichter	שׁוֹפֵט, שׁוֹפְטִים [ʃofet, ʃoftim] m/Pl	er (sie) ermutigt, feuert an	[hu mə'odéd] הוּא מְעוֹדֵד [hi mə'o'dedet] הִיא מְעוֹדֶדֶת (2) ([odéd] עוֹדֵד)
italienisch	[italki, italkit] אִיטַלְקִי, אִיטַלְקִית	Kraft, Macht	[ko'ax] m כּוֹחַ
schwarz	[ʃaxor, ʃxora] שָׁחֹר, שְׁחוֹרָה	mit aller Kraft	[bəxol ha'ko'ax] בְּכָל הַכּוֹחַ
er (sie) greift an	[hu matkif] הוּא מַתְקִיף [hi matkifa] הִיא מַתְקִיפָה (3) ([hitkif] הִתְקִיף)	Ende, Abschluß	[sijum] m סִיּוּם
sofort	[mijad] מִיָּד	zufrieden	[mərutse, mərutsa] מְרוּצֶה, מְרוּצָה
unverzüglich (verstärkt)	['téixef umijad] תֵּכֶף וּמִיָּד	Ergebnis	[totsa'a] f תּוֹצָאָה
er (sie) führt	[hu movil] הוּא מוֹבִיל [hi movila] הִיא מוֹבִילָה (3) ([hovil] הוֹבִיל)	er (sie) siegt, gewinnt	[hu məna'tsé'ax] הוּא מְנַצֵּחַ [hi məna'tsaxat] הִיא מְנַצַּחַת (2) ([nitsax] נִצַּח)
Null	[efes] m אֶפֶס	er (sie) hat recht	[hu tsodék] הוּא צוֹדֵק [hi tso'deket] הִיא צוֹדֶקֶת (1) ([tsadak] צָדַק)
Verteidigung	[hagana] f הֲגַנָּה	völlig, absolut	[bəhexlet] בְּהֶחְלֵט
Veränderung	[ʃinui] m שִׁנּוּי	objektiv	אוֹבְּיֶקְטִיבִי, אוֹבְּיֶקְטִיבִית [objek'tivi, objek'tivit]
Pause	[hafsaka] f הַפְסָקָה	genug	[dai] דַּי
schrecklich	[ajom, ajuma] אָיֹם, אֲיֻמָּה	sicher	[ba'tu'ax, bətuxa] בָּטוּחַ, בְּטוּחָה
furchtbar	[nora, nora'a] נוֹרָא, נוֹרָאָה	Ehemann	[ba'al] m בַּעַל
entsetzlich	[ajom vənora] אָיֹם וְנוֹרָא		
Hälfte, Halbzeit	[maxatsit] f מַחֲצִית		
er (sie) kämpft	[hu loxém] הוּא לוֹחֵם [hi lo'lexemet] הִיא לוֹחֶמֶת (1) ([laxam] לָחַם)		
er (sie) spielt	[hu məsaxék] הוּא מְשַׂחֵק [hi məsa'xeket] הִיא מְשַׂחֶקֶת (2) ([sixék] שִׂחֵק)		

18B Grammatik

1. Die Verben der 7. Konjugation – genannt הֻפְעַל **huf'al oder** הָפְעַל **hof'al**

Die 7. (und letzte) Konjugation ist – wie die 6. – eine reine Passivkonjugation; sie umfaßt die Passivformen zu den Verben der 3. Konjugation (hif'il).

Wie bei der 6. Konjugation spielt auch hier das Partizip eine wichtige Rolle. Es wird gebildet nach dem Muster der Präsensform der hif'il-Konjugation; die Vokalisierung ist ☐ – ☐ u – a. Das Partizip hat auch hier meist die Funktion eines Adjektivs (mit erweiterter Bedeutung), das seinem Substantiv angepaßt wird.

Beispiele:

Aktiv (hif'il)			Partizip Passiv (huf'al)		
הוּא מַזְמִין	hu mazmin	*er lädt ein*	מֻזְמָן	muzman	*eingeladen*
הוּא מַכִּיר	hu makir	*er kennt*	מֻכָּר	mukar	*bekannt*
הוּא מַצְלִיחַ	hu mats'li'ax	*er hat Erfolg*	מֻצְלָח	mutslax	*gelungen, perfekt*

Weibliche Form:		Pluralformen (m):		Pluralformen (f):	
מֻזְמֶנֶת	muz'menet	מֻזְמָנִים	musmanim	מֻזְמָנוֹת	muzmanot
מֻכֶּרֶת	mu'keret	מֻכָּרִים	mukarim	מֻכָּרוֹת	mukarot
מֻצְלַחַת	muts'laxat	מֻצְלָחִים	mutslaxim	מֻצְלָחוֹת	mutslaxot

Besondere Präsensformen gibt es nicht.

Die Vergangenheit wird nach dem Muster der Vergangenheitsformen der hif'il-Konjugation gebildet; die Vokalisierung ist ☐ – ☐ u – a.

Konjugationsmuster הֻזְמַן *„eingeladen werden"*

m			f	
הֻזְמַנְתִּי	huz'manti	*ich wurde eingeladen*	הֻזְמַנְתְּ	huz'manti
הֻזְמַנְתָּ	huz'manta	*du wurdest eingeladen*	הֻזְמַנְתְּ	huzmant
הֻזְמַן	huzman	*er (sie) wurde eingeladen*	הֻזְמְנָה	huzməna
*הֻזְמַנּוּ	huz'manu	*wir wurden eingeladen*	הֻזְמַנּוּ	huz'manu
הֻזְמַנְתֶּם	huzmantem	*ihr wurdet eingeladen*	הֻזְמַנְתֶּן	huzmanten
הֻזְמְנוּ	huzmənu	*sie wurden eingeladen*	הֻזְמְנוּ	huzmənu

* Der Buchstabe נ *n* des Wortstamms verschmilzt mit der Endung נוּ nu.

Statt der Vokalisierung ☐ – ☐ u – a können auch die Vokale ☐ – ☐ o – a verwendet werden, also: הָזְמַנְתִּי hozmanti, הָזְמַנְתָּ hozmanta, הָזְמַן hozman usw. Diese Formen sind jedoch seltener.

In Anlehnung an die 3. Person Singular (maskulin) der Vergangenheit wird die 7. Konjugation הֻפְעַל hufʲal bzw. הָפְעַל hofʲal genannt. Ihre Formen werden auch in der Umgangssprache verwendet.

2. Bedingungssätze

Bei einer realen, leicht erfüllbaren Bedingung wird der Wenn-Satz durch die Konjunktion אִם im eingeleitet; das Verb steht gewöhnlich – wie im Deutschen – im Präsens. Im Hauptsatz steht das Verb im Präsens oder im Futur (s. 19 B 1):

אִם יֵשׁ לָנוּ זְמַן,   im jéʃ 'lanu zman,

אֲנַחְנוּ הוֹלְכִים לַקּוֹלְנוֹעַ.   a'naxnu holxim lakol'noʲa.

Wenn wir Zeit haben, gehen wir ins Kino.

Bei einer irrealen, schwer erfüllbaren Bedingung beginnt der Wenn-Satz mit der Konjunktion לוּ lu (oder אִלּוּ 'ilu), und das Verb steht im Konditional. Das Verb im Hauptsatz steht ebenfalls im Konditional.

Der Konditional wird durch die Vergangenheit des Verbs *sein* (הָיִיתִי ha'jiti usw.) und der Präsensform des Verbs ausgedrückt.

לוּ אַבָּא שֶׁלִּי הָיָה רוֹצֶה,   lu 'aba ʃeli haja rotsé,

הָיִינוּ נוֹסְעִים לְאָמֶרִיקָה.   ha'jinu nosʲim laʲamerika.

Wenn mein Vater wollte,

würden wir nach Amerika reisen.

Der gleiche Satz kann auch eine irreale Bedingung der Vergangenheit ausdrücken:

Wenn mein Vater gewollt hätte, wären wir nach Amerika gereist.

Statt des Konditionals kann das Verb im Wenn-Satz auch in der Vergangenheit stehen (wobei die Konjunktion אִלּוּ 'ilu bevorzugt wird):

אִלּוּ אַבָּא שֶׁלִּי רָצָה,   ilu 'aba ʃeli ratsa,

הָיִינוּ נוֹסְעִים לְאָמֶרִיקָה.   ha'jinu nosʲim laʲamerika.

הָיָה hat keine Konditionalform; sie wird durch die Vergangenheit ersetzt:

לוּ הָיָה לִי הַרְבֵּה כֶּסֶף,   lu haja li harbé 'kesef,

הָיִיתִי מְרוּצֶה מְאֹד.   ha'jiti mərutse məʲod.

Wenn ich viel Geld hätte, wäre ich sehr zufrieden.

172

Ist der Wenn-Satz verneint, so steht statt לוּ lu die Konjunktion לוּלֵא lulé *wenn nicht*; das Verneinungswort לֹא lo entfällt:

לוּלֵא דָּוִד הָיָה חוֹלֶה, lulé david haja xole,

הוּא הָיָה הוֹלֵךְ לַמִּשְׂחָק. hu haja holéx lamisxak.

Wenn David nicht krank gewesen wäre,
wäre er zum Spiel gegangen.

3. Personalsuffixe anstelle von Possessivpronomen

Das Possessivpronomen wird nicht nur mit den Formen שֶׁלִּי ʃeli, שֶׁלְךָ ʃelxa usw. gebildet (s. 8 B 4), sondern kann auch durch Personalsuffixe ausgedrückt werden, die man an das Substantiv anhängt. Es sind die gleichen Suffixe, die auch an Präpositionen angefügt werden. (s. 17 B 2).

Mein Brief (הַמִּכְתָּב שֶׁלִּי hamixtav ʃeli) kann also auch מִכְתָּבִי mixtavi heißen, eine kürzere und weniger schwerfällige Form.

Vor dem Substantiv steht kein Artikel, wohl aber vor dem dazugehörenden Adjektiv, nachdem das Substantiv durch das Possessivpronomen bestimmt ist, z.B.

מִכְתָּבִי הָרִאשׁוֹן mixtavi hariʃon *mein erster Brief*

Steht das Substantiv mit Personalsuffix im Akkusativ, so muß ihm das Wort אֶת et vorangehen:

אֲנִי כּוֹתֵב אֶת מִכְתָּבִי. ani kotev et mixtavi.

Ich schreibe meinen Brief.

Personalsuffixe mit Possessivbedeutung findet man vor allem in der Bibel und in der hebräischen Literatur, aber auch in der modernen Sprache, besonders bei der Bezeichnung von Familienangehörigen (meist in der 1. Person: *mein Mann, meine Frau, mein Bruder* usw.).

Aber nicht alle hebräischen Substantive können Personalsuffixe erhalten. Schwierigkeiten bereitet auch bisweilen die Vokalisierung des Substantivs, die sich – ähnlich wie bei den verbundenen Formen – vor einem Suffix ändern kann. So heißt z.B. die Possessivform von סֵפֶר séfer – סִפְרִי sifri (*mein Buch*), von שֵׁם ʃém – שְׁמִי ʃmi (*mein Name*) u.a. Der Anfänger sollte sich daher bis auf weiteres mit passiven Kenntnissen begnügen und den Gebrauch von שֶׁלִּי ʃeli vorziehen.

Ein männliches und ein weibliches Substantiv mit Personalsuffix mit Possessivbedeutung (die Formen in Klammern werden im Falle eines weiblichen „Besitzers"
verwendet):

עִנְיָן	injan	*Sache, Angelegenheit*
עִנְיָנִי	injani	*meine Sache*
עִנְיָנְךָ (עִנְיָנֵךְ)	injanxa (injanéx)	*deine Sache*
עִנְיָנוֹ (עִנְיָנָהּ)	injano (injana)	*seine (ihre) Sache*
עִנְיָנֵנוּ	inja'nénu	*unsere Sache*
עִנְיַנְכֶם (עִנְיַנְכֶן)	injanxem (injanxen)	*eure Sache*
עִנְיָנָם (עִנְיָנָן)	injanam (injanan)	*ihre Sache*

Merke: בַּעֲלִי baʲali *mein (Ehe-)Mann*; אָחִי axi *mein Bruder.*

עֲבוֹדָה	avoda	*Arbeit*
עֲבוֹדָתִי	avodati	*meine Arbeit*
עֲבוֹדָתְךָ (עֲבוֹדָתֵךְ)	avodatxa (avodatéx)	*deine Arbeit*
עֲבוֹדָתוֹ (עֲבוֹדָתָהּ)	avodato (avodata)	*seine (ihre) Arbeit*
עֲבוֹדָתֵנוּ	avoda'ténu	*unsere Arbeit*
עֲבוֹדַתְכֶם (עֲבוֹדַתְכֶן)	avodatxem (avodatxen)	*eure Arbeit*
עֲבוֹדָתָם (עֲבוֹדָתָן)	avodatam (avodatan)	*ihre Arbeit*

Merke: אִשְׁתִּי iʃti *meine Frau*; אֲחוֹתִי axoti *meine Schwester.*

Die männlichen Substantive אָב av *Vater* und אָח ax *Bruder* haben den „langen"
Vokal ◌ִי i in allen Formen:

אָחִי	axi	*mein Bruder*
אָחִיךָ (אָחִיךְ)	a'xixa (axix)	*dein Bruder*
אָחִיו (אָחִיהָ)	axiv (a'xiha)	*sein (ihr) Bruder*
אָחִינוּ	a'xinu	*unser Bruder*
אֲחִיכֶם (אֲחִיכֶן)	axixem (axixen)	*euer Bruder*
אֲחִיהֶם (אֲחִיהֶן)	axihem (axihen)	*ihr Bruder*

(zu den Possessivsuffixen für Substantive im Plural s. 20 B 2)

4. Übersicht über die Verbstämme – Zusammenfassung

Die „Menorah" der sieben Konjugationen (בִּנְיָנִים)*

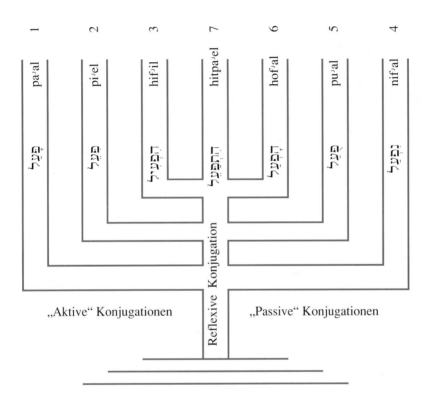

paʾal	– aktive Form des Verbs; machen, tun
piʾel	– intensive Form
hifʾil	– kausative Form; veranlassen, aktivieren
nifʾal	– Passiv des paʾal; gemacht werden
puʾal	– Passiv des piʾel
hofʾal	– Passiv des hifʾil
hitpaʾel	– reflexive Form; sich begeistern

* Aus: Faibisch, D.: Ebraica (Bukarest 1940)

18C Übungen

1. *Antworten Sie auf die Fragen:*
   a) ma zot o'meret *(was heißt das)*:   מה זאת אומרת:
      hatajasim osim ʃvita?   הטייסים עושים שביתה?
   b) haʲim jéʃ lədavid zman lalexet   האם יש לדוד זמן ללכת
      ləmisxak kaduregel?   למשחק כדורגל?
   c) ma hatsəvaʲim ʃel jisraʲél?   מה הצבעים של ישראלי?
   d) mi kavaʃ et haʃaʲar hariʃon?   מי כבש את השער הראשון?
   e) ma'duʲa saxkan jisrəʲéli   מדוע שחקן ישראלי
      kibél kartis tsahov?   קיבל כרטיס צהוב?
   f) ma totsaʲat hamisxak?   מה תוצאת המשחק?
   g) danjel vədavid haju ləgamréi mərutsim?   דניאל ודוד היו לגמרי מרוצים?
   h) ma xoʃevet mirjam?   מה חושבת מרים?

2. *Verwenden Sie die Präposition* עִם *im* mit den Personalpronomen:
   a) danjel ʃoʲél et mirjam: דניאל שואל את מרים:
      at baʲa lamisxak ...? *(mit mir)*   את באה למשחק ...
   b) mirjam ona: kén, ani baʲa ... *(mit dir)*.   מרים עונה: כן, אני באה ...
   c) danjel omér: gam david ba ... *(mit uns)*.   דניאל אומר: גם דוד בא ...
   d) kén, omér david, ani ba ... *(mit euch)*.   כן, אומר דוד, אני בא ...

3. *Bilden Sie Bedingungssätze auf hebräisch (der erste Satz soll mit „wenn" beginnen):*
   1. Reale (mögliche) Bedingungen:
      a) Es regnet heute; wir bleiben zu Hause.
      b) Nachmittags kommt der Arzt; er muß den Blutdruck prüfen.
   2. Irreale (zweifelhafte) Bedingungen:
      a) Der Schiedsrichter kommt nicht; die Spieler ärgern sich (sind böse).
      b) Die israelische Mannschaft gewinnt 5:0; alle Zuschauer freuen sich.

4. *Ersetzen Sie die Konstruktion mit* שֶׁל ʃel *durch ein Personalsuffix:*
   (Beispiel: האח שלי haʲax ʃeli = אחי axi)
   haʃém ʃelo   השם שלו
   hajad ʃelax   היד שלך
   hatikva ʃe'lanu   התקווה שלנו

ha'ba^ʲal ʃela	הבעל שלה
hatafkid ʃelaxem	התפקיד שלכם
ha^ʲav ʃelxa	האב שלך
ha'séfer ʃelo	הספר שלו
ha^ʲaxot ʃeli	האחות שלי

5. *Übersetzten Sie:*
   a) David wurde von seiner Schwester zum Fußballspiel eingeladen. Er ging zusammen mit ihr und mit Daniel.   b) Zuerst meinte (sagte) Daniel: „Komm nicht mit uns, denn du hast Prüfungen in der Schule."   c) „Hab' keine Sorge", antwortete David. „Das ist kein Problem." David interessierte sich sehr für Fußball.   d) Der Schiedsrichter war schwarz gekleidet; es ist die Kleidung aller Schiedsrichter.   e) Herr Guri ist ein ordnungsliebender Mensch. Wenn er Zeit hätte, würde er sicherlich auch zum Spiel gehen.   f) Wenn der deutsche Torwart nicht einen Fehler gemacht hätte, hätte die deutsche Mannschaft vielleicht gewonnen!

6. Sie besuchen eine Sportveranstaltung. Es ist ein Fußballspiel: Werder-Bremen (in grün-weißem Dreß) gegen AC Mailand (in rot-schwarzem Dreß).
   Beschreiben Sie auf hebräisch Ihre Eindrücke zu Beginn des Spiels (5-6 Sätze).

19A Text

סִכּוּם הַבִּקּוּר

דָּניאל היה רק שבועיים בישראל, אבל הוא ראה הרבה מקומות ולמד הרבה דברים על החיים בארץ. אַף פַּעַם לא יִשְׁכַּח ... הוא גם הכיר את הבעיות של המזרח התיכון והבין יותר טוב את המצב הַפּוֹליטי הַמְסוּבָּךְ של מְדינַת־יִשׂרָאֵל. עכשיו היה גם בָּרוּר לוֹ מדוע הוא ראה כל כך הרבה חַיָלים (וְחַיָלוֹת) בָּרחובות וגם בכבישים. מרים הִסְבּירָה לוֹ שֶׁכָּל זמן שֶׁאֵין שלום אֲמִיתִי, ישראל צריכה הרבה צָבָא. מֵאָז קוּם־הַמְדינָה בּ־1948* היו חמש מלחמות בין יהודים וערבים. עוד היום יש מֶתַח בין שני העמים, כי עוד לא מצאוּ פִּתָרון לבעיה של הַפְּליטים אֲשֶׁר עזבוּ את הבתים שלהם בזמן המלחמות.

היום חיים בישראל חמישה וחצי מִליון תושבים; שמונים ושניים אָחוּז מהם יהודים, שמונה עשר אָחוז ערבים (מוסלמים ונוֹצרים). בכל העולם יש בְּעֵרֶךְ ארבעה עשר מליון יהודים; הרוב נמצא בְּאַרצוֹת הַבּרית. גם בְּרוּסְיָה, בְּאַנְגְליָה וּבְצָרְפַת יש מספר גדול של יהודים. בשבילם ישראל היא המרכז הָרוּחָני.

+++

זה היום האחרון של הביקור. כל משפחת גורי בָּאה לִנמל התעוּפה. השמש זוֹרַחַת. דוד

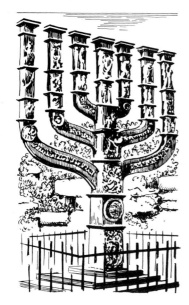

Menorah vor der Knesset

* אלף תשע מאות ארבעים ושמונה

מְצַלֵּם ... מרים שׁוֹאֶלֶת אֶת דָּנִיאֵל: "נוּ,
מָתַי תַּחֲזֹור אַרְצָה?" דָּנִיאֵל מְחַיֵּךְ: "קֹדֶם
כֹּל אֶת תְּבַקְּרִי בְּמֵינְכֶן! אוּלַי יוֹתֵר מְאֻחָר
אָבוֹא שׁוּב לְתֵל־אָבִיב – אִם יְהְיֶה שָׁלוֹם!"
כֹּל הַמִּשְׁפָּחָה עוֹנָה: "הַלְוַאי, הַלְוַאי,
נְסִיעָה טוֹבָה, וְתַחֲזֹור בְּשָׁלוֹם! בַּיי!"
"לְהִתְרָאוֹת בְּקָרוֹב!"
וְדָנִיאֵל, לְבַדּוֹ, עוֹלֶה לְאוּלָם הַיְצִיאָה.

In Mea Shearim

Zusammenfassung, Bilanz	סִכּוּם [sikum] *m*
Leben *(nur im Plural)*	חַיִּים [xajim] *m, Pl*
nie(mals)	אַף פַּעַם [af 'pa·am*]
er (sie) kennt	הוּא מַכִּיר [hu makir]
	הִיא מַכִּירָה [hi makira]
	(הִכִּיר [hikir]) (3)
Osten	מִזְרָח [mizrax] *m*
der Nahe	הַמִּזְרָח הַתִּיכוֹן
(Mittlere) Osten	[hamizrax hatixon]
politisch	פּוֹלִיטִי, פּוֹלִיטִית [po'liti, po'litit]
kompliziert	מְסֻבָּךְ, מְסֻבֶּכֶת
	[məsubax, məsu'bexet]
Staat	מְדִינָה [mədina] *f*
der Staat Israel	מְדִינַת־יִשְׂרָאֵל [mədinat-jisra·él] *f*
klar	בָּרוּר, בְּרוּרָה [barur, brura]
Soldat	חַיָּל [xajal] *m*
Soldatin	חַיֶּלֶת, חַיָּלוֹת [xa'jelet, xajalot] *f/Pl*
auf den (Land-) Straßen	בַּכְּבִישִׁים [bakvi∫im]
er (sie) erklärt	הוּא מַסְבִּיר [hu masbir]
	הִיא מַסְבִּירָה [hi masbira]
	(הִסְבִּיר [hisbir]) (3)
solange	כָּל זְמַן שֶׁ... [kol zman ∫e...]
echt, wirklich	אֲמִתִּי, אֲמִתִּית [amiti, amitit]
Militär, Armee	צָבָא [tsava] *m*
seit	מֵאָז [mé·az]
Staats- gründung	קוּם־הַמְּדִינָה [kum-hamədina] *m*
Spannung	מֶתַח ['metax] *m*
Lösung	פִּתְרוֹן [pitron] *m*
	פִּתְרוֹנִים, פִּתְרוֹנוֹת [pitronim, pitronot]
Flüchtling	פָּלִיט, פְּלִיטִים [palit, plitim] *m/Pl*

---

* In einem Satz mit אַף פַּעַם muß das Verb verneint werden.

Million	*(s. Grammatik)* [miljon] *m* מִלְיוֹן	Lebewohl!, Bye!	*(englisch)* [bai] בָּאי!
Prozent	[axuz] *m* אָחוּז	nahe	[karov, krova] קָרוֹב, קְרוֹבָה
Welt; Ewigkeit	עוֹלָם, עוֹלָמוֹת	bald, in Kürze	[bəkarov] בְּקָרוֹב
	[olam, olamot] *m/Pl*	Abfahrt, Abflug,	[jətsi'a] *f* יְצִיאָה
Bund, Union	[brit] *f* בְּרִית	Ausgang	
Vereinigte	[artsot-habrit] אַרְצוֹת־הַבְּרִית	in *(zeitlich)*, nach	[bə'od] בְּעוֹד
Staaten			
Rußland	['rusja] *f* רוּסְיָה		
England	['anglija] *f* אַנְגְלִיָה		
Frankreich	[tsarfat] *f* צָרְפַת		
geistig	[ruxani, ruxanit] רוּחָנִי, רוּחָנִית		
(Sonne) scheint, strahlt,	[zo'réax] זוֹרֵחַ		
geht auf	[zo'raxat] זוֹרַחַת		
	(1) ([zarax] זָרַח)		
er (sie) foto-	[hu mətsalém] הוּא מְצַלֵם		
grafiert	[hi mətsa'lemet] הִיא מְצַלֶמֶת		
	(2) ([tsilém] צִלֵם)		
nun?, also?	[nu] נוּ?!		
Gott gebe es!,	[haləvai] הַלְוַאי!		
Schön wär's!			

19B Grammatik

1. Zukunft der Verben

Das hebräische Verb hat bekanntlich nur drei Zeiten: Gegenwart (הוֹוֶה hove), Vergangenheit (עָבָר avar), Zukunft (עָתִיד atid).

Die Zukunft (oder Futur) wird in allen Personen mit Hilfe von Präfixen gebildet, unter die der erste Vokal gesetzt wird und an die der Wortstamm angeschlossen wird. Die vier Präfixe sind:

א alef; ת t; י j; נ n.

Die 2. und 3. Person Plural erhalten ferner die Endung ו **-u**.

Schema:

Singular	Plural
X X X א	X X X נ
X X X ת	ת X X X ו
X X X י	י X X X ו

Die Vokale richten sich nach der entsprechenden Konjugation. In der 1. Konjugation (פָּעַל paʲal) sind es ◌ i (1. Person Singular ◌ e) und וֹ o.

אֲנִי סוֹגֵר	ani sogér	*ich schließe*
אֶסְגּוֹר	esgor	*ich werde schließen*
תִּסְגּוֹר	tisgor	*du wirst schließen*
יִסְגּוֹר	jisgor	*er wird schließen*
נִסְגּוֹר	nisgor	*wir werden schließen*
תִּסְגְּרוּ	tisgəru	*ihr werdet schließen*
יִסְגְּרוּ	jisgəru	*sie werden schließen*

Das Personalpronomen wird nur bei besonderer Betonung gebraucht.

Femininformen gibt es nur in 2. und 3. Person Singular:

| תִּסְגְּרִי | tisgəri | *du wirst schließen* |
| תִּסְגּוֹר | tisgor | *sie wird schließen* |

Die 2. Person Singular m hat also die gleiche Form wie die 3. Person Singular f.

Einige Verben der 1. Konjugation haben in der Zukunft als zweiten Vokal ◌ a statt וֹ o, z.B. (Femininformen in Klammern):

אֲנִי לוֹמֵד	ani loméd	*ich lerne*
אֶלְמַד	elmad	*ich werde lernen usw.*
תִּלְמַד (תִּלְמְדִי)	tilmad (tilmədi)	
יִלְמַד (תִּלְמַד)	jilmad (tilmad)	
נִלְמַד	nilmad	
תִּלְמְדוּ	tilmədu	
יִלְמְדוּ	jilmədu	

In einem guten Wörterbuch ist gewöhnlich auch die Zukunftsform (3. Person Singular m) angegeben.

Besondere Zukunftsformen von Verben der 1. Konjugation:

נָתַן	„geben"	יָשַׁב	„sitzen, sich setzen"	הָלַךְ	„gehen"
אֶתֵּן	etén	אֵשֵׁב	éʃév	אֵלֵךְ	éléx
תִּתֵּן	titén	תֵּשֵׁב	téʃev	תֵּלֵךְ	télex
(תִּתְּנִי)	(titni)	(תֵּשְׁבִי)	(téʃvi)	(תֵּלְכִי)	(télxi)
יִתֵּן	jitén	יֵשֵׁב	jéʃév	יֵלֵךְ	jéléx
(תִּתֵּן)	(titén)	(תֵּשֵׁב)	(téʃév)	(תֵּלֵךְ)	(téléx)
נִתֵּן	nitén	נֵשֵׁב	néʃév	נֵלֵךְ	néléx
תִּתְּנוּ	titnu	תֵּשְׁבוּ	téʃvu	תֵּלְכוּ	télxu
יִתְּנוּ	jitnu	יֵשְׁבוּ	jéʃvu	יֵלְכוּ	jélxu

181

Zukunftsformen von Verben der 1. Konjugation mit 2 Stammkonsonanten:

גָּר „wohnen"		בָּא „kommen"		קָם „aufstehen"	
אָגוּר	agur	אָבוֹא	avo	אָקוּם	akum
תָּגוּר	tagur	תָּבוֹא	tavo	תָּקוּם	takum
(תָּגוּרִי)	(ta'guri)	(תָּבוֹאִי)	(ta'voʲi)	(תָּקוּמִי)	(ta'kumi)
יָגוּר	jagur	יָבוֹא	javo	יָקוּם	jakum
(תָּגוּר)	(tagur)	(תָּבוֹא)	(tavo)	(תָּקוּם)	(takum)
נָגוּר	nagur	נָבוֹא	navo	נָקוּם	nakum
תָּגוּרוּ	ta'guru	תָּבוֹאוּ	ta'voʲu	תָּקוּמוּ	ta'kumu
יָגוּרוּ	ja'guru	יָבוֹאוּ	ja'voʲu	יָקוּמוּ	ja'kumu

Zukunftsformen von Verben der 1. Konjugation, die auf ע ausgehen:

נָסַע „fahren"		יָדַע „wissen"		שָׁמַע „hören"	
אֶסַּע	esa	אֵדַע	eda	אֶשְׁמַע	eʃma
תִּסַּע	tisa	תֵּדַע	téda	תִּשְׁמַע	tiʃma
(תִּסְּעִי)	(tisʲi)	(תֵּדְעִי)	(tédʲi)	(תִּשְׁמְעִי)	(tiʃmi)
יִסַּע	jisa	יֵדַע	jéda	יִשְׁמַע	jiʃma
(תִּסַּע)	(tisʲa)	(תֵּדַע)	(téda)	(תִּשְׁמַע)	(tiʃma)
נִסַּע	nisa	נֵדַע	néda	נִשְׁמַע	niʃma
תִּסְעוּ	tisʲu	תֵּדְעוּ	tédu	תִּשְׁמְעוּ	tiʃmə'u
יִסְעוּ	jisʲu	יֵדְעוּ	jédu	יִשְׁמְעוּ	jiʃmə'u

Zukunftsformen von Verben der 1. Konjugation, die auf ה h enden:

רָאָה „sehen"		קָנָה „kaufen"		עָשָׂה „machen"	
אֶרְאֶה	erʲe	אֶקְנֶה	ekne	אַעֲשֶׂה	aʲase
תִּרְאֶה	tirʲe	תִּקְנֶה	tikne	תַּעֲשֶׂה	taʲase
(תִּרְאִי)	(tirʲi)	(תִּקְנִי)	(tikni)	(תַּעֲשִׂי)	(taʲasi)
יִרְאֶה	jirʲe	יִקְנֶה	jikne	יַעֲשֶׂה	jaʲase
(תִּרְאֶה)	(tirʲe)	(תִּקְנֶה)	(tikne)	(תַּעֲשֶׂה)	(taʲase)
נִרְאֶה	nirʲe	נִקְנֶה	nikne	נַעֲשֶׂה	naʲase
תִּרְאוּ	tirʲu	תִּקְנוּ	tiknu	תַּעֲשׂוּ	taʲasu
יִרְאוּ	jirʲu	יִקְנוּ	jiknu	יַעֲשׂוּ	jaʲasu

Zukunftsformen von Verben der 1. Konjugation, die auf ח x enden:

לָקַח „nehmen"		פָּתַח „öffnen"		שָׁלַח „schicken"	
אֶקַּח	ekax	אֶפְתַּח	eftax	אֶשְׁלַח	eʃlax
תִּקַּח	tikax	תִּפְתַּח	tiftax	תִּשְׁלַח	tiʃlax

(תִּקְחִי) (tikxi)	(תִּפְתְּחִי) (tiftəxi)	(תִּשְׁלְחִי) (tiʃləxi)
יִקַּח jikax	יִפְתַּח jiftax	יִשְׁלַח jiʃlax
(תִּקַּח) (tikax)	(תִּפְתַּח) (tiftax)	(תִּשְׁלַח) (tiʃlax)
נִקַּח nikax	נִפְתַּח niftax	נִשְׁלַח niʃlax
תִּקְחוּ tikxu	תִּפְתְּחוּ tiftəxu	תִּשְׁלְחוּ tiʃləxu
יִקְחוּ jikxu	יִפְתְּחוּ jiftəxu	יִשְׁלְחוּ jiʃləxu

Zukunftsformen der 2. Konjugation (פִּעֵל piʲél)

Das Präsens-Präfix מ mə wird durch die Zukunftspräfixe ersetzt. Die Vokale bleiben die gleichen wie im Präsens, nur in der 1. Person Singular ist der Anfangsvokal ◻ **a**.

דִּבֵּר „sprechen"

אֲדַבֵּר adabér	נְדַבֵּר nədabér
תְּדַבֵּר tədabér	תְּדַבְּרוּ tədabru
(תְּדַבְּרִי) tədabri	
יְדַבֵּר jədabér	יְדַבְּרוּ jədabru
(תְּדַבֵּר) tədabér	

Zukunftsformen der 3. Konjugation (הִפְעִיל hifʲil)

Der Anfangsbuchstabe מ m des Präsens wird durch die Zukunftspräfixe ersetzt. Die Vokale bleiben die gleichen wie im Präsens.

הִתְחִיל „beginnen"

אַתְחִיל atxil	נַתְחִיל natxil
תַּתְחִיל tatxil	תַּתְחִילוּ tat'xilu
(תַּתְחִילִי) (tat'xili)	
יַתְחִיל jatxil	יַתְחִילוּ jat'xilu
(תַּתְחִיל) (tatxil)	

Zukunftsformen der 4. Konjugation (הִתְפַּעֵל hitpaʲél)

Der Anfangsbuchstabe des Präsens מ m wird durch die Zukunftspräfixe ersetzt. Die Vokale bleiben die gleichen wie im Präsens, nur in der 1. Person Singular ist der Anfangsvokal ◻ **e**.

הִתְלַבֵּשׁ „sich anziehen"

אֶתְלַבֵּשׁ etlabéʃ	נִתְלַבֵּשׁ nitlabéʃ
תִּתְלַבֵּשׁ titlabéʃ	תִּתְלַבְּשׁוּ titlabʃu
(תִּתְלַבְּשִׁי) (titlabʃi)	
יִתְלַבֵּשׁ jitlabéʃ	יִתְלַבְּשׁוּ jitlabʃu
(תִּתְלַבֵּשׁ) (titlabéʃ)	

Zukunftsformen von הָיָה

אֶהְיֶה	ehje		ich werde sein
תִּהְיֶה (תִּהְיִי)	tihje (tihji)		du wirst sein
יִהְיֶה (תִּהְיֶה)	jihje (tihje)		er (sie) wird sein
נִהְיֶה	nihje		wir werden sein
תִּהְיוּ	tihju		ihr werdet sein
יִהְיוּ	jihju		sie werden sein

Merke: Der geläufige Ausdruck יִהְיֶה טוֹב jihje tov *es wird gut sein* bedeutet *das wird schon wieder werden, das kommt wieder in Ordnung* (oft ironisch gemeint).

Die Zukunft von *haben* wird – wie die Vergangenheit – mit der 3. Person des Verbs הָיָה und לְ + Substantiv oder Personalsuffix gebildet:

יִהְיֶה לִי	jihje li	ich werde haben (eig. *mir wird sein*)
יִהְיֶה לְךָ (לָךְ)	jihje ləxa (lax)	du wirst haben
יִהְיֶה לוֹ (לָהּ)	jihje lo (la)	er (sie) wird haben
יִהְיֶה לָנוּ	jihje 'lanu	wir werden haben
יִהְיֶה לָכֶם (לָכֶן)	jihje laxem (laxen)	ihr werdet haben
יִהְיֶה לָהֶם	jihje lahem	sie werden haben
יִהְיֶה לָהֶן	jihje lahen	

Die Verbform stimmt in Geschlecht und Zahl mit dem folgenden Substantiv überein:

מָחָר לֹא יִהְיֶה לִי זְמַן.   maxar lo jihje li zman.
Morgen werde ich keine Zeit haben.

מָחָר תִּהְיֶה לִי הַרְבֵּה עֲבוֹדָה.   maxar tihje li harbé avoda.
Morgen werde ich viel Arbeit haben.

יִהְיוּ לָנוּ חַיִּים קָשִׁים.   jihju 'lanu xajim kaʃim.
Wir werden ein schweres Leben haben.

2. Formen für das Verb „sagen"

Für das Verb „sagen" gibt es zwei Möglichkeiten, die Zukunft und den Infinitiv auszudrücken:

I. Formen, die von der Wurzel ‏א–מ–ר‎ abgeleitet sind:

Zukunft

אֹמַר	omar	*ich werde sagen usw.*
תֹּאמַר (תֹּאמְרִי)	tomar (tomri)	
יֹאמַר (תֹּאמַר)	jomar (tomar)	
נֹאמַר	nomar	
תֹּאמְרוּ	tomru	
יֹאמְרוּ	jomru	

Infinitiv

לוֹמַר	lomar	

Diese Formen kommen häufig in der Bibel vor.

II. Formen, die von der Wurzel ‏נ–ג–ר‎ abgeleitet sind, die keine Präsensformen hat:

Zukunft

אַגִּיד	agid	*ich werde sagen usw.*
תַּגִּיד (תַּגִּידִי)	tagid (ta'gidi)	
יַגִּיד (תַּגִּיד)	jagid (tagid)	
נַגִּיד	nagid	
תַּגִּידוּ	ta'gidu	
יַגִּידוּ	ja'gidu	

Infinitiv

לְהַגִּיד	ləhagid	*(zu) sagen*

Diese Formen sind im modernen Hebräisch sehr gebräuchlich.

Der Imperativ (vom Futur abgeleitet) lautet:

תַּגִּיד (תַּגִּידִי), תַּגִּידוּ	tagid (ta'gidi), ta'gidu	*sag, sagt*

3. Die Grundzahlen über 1000

(s. auch 9 B 1 und 13 B 3)

1000	אֶלֶף	'elef

Die Zahl אֶלֶף 'elef hat männliches Geschlecht und bleibt auch vor einem Substantiv unverändert. Von 3000 bis 10000 wird der Plural אֲלָפִים alafim verwendet; die erste Ziffer (der „Tausender") muß dann auch die männliche Form haben.

Die Endung הָ ‑a wird bei diesen Zahlen durch תֶ ‑et bzw. תַ ‑at ersetzt.

2 000	אֲלָפִים	alpajim *(unveränderlich)*
3 000	שְׁלוֹשֶׁת אֲלָפִים	'ʃloʃet alafim
4 000	אַרְבַּעַת אֲלָפִים	ar'ba'at alafim
5 000	חֲמֵשֶׁת אֲלָפִים	xa'meʃet alafim
6 000	שֵׁשֶׁת אֲלָפִים	'ʃéʃet alafim
7 000	שִׁבְעַת אֲלָפִים	ʃiv'at alafim
8 000	שְׁמוֹנַת אֲלָפִים	ʃmonat alafim
9 000	תִּשְׁעַת אֲלָפִים	tiʃ'at alafim
10 000	עֲשֶׂרֶת אֲלָפִים	a'seret alafim
11 000	אַחַד־עָשָׂר אֶלֶף	axad asar 'elef
20 000	עֶשְׂרִים אֶלֶף	esrim 'elef
50 000	חֲמִשִׁים אֶלֶף	xamiʃim 'elef
100 000	מֵאָה אֶלֶף	mé'a 'elef
200 000	מָאתַיִם אֶלֶף	ma'tajim 'elef
500 000	חֲמֵשׁ מֵאוֹת אֶלֶף	xaméʃ mə'ot 'elef
1 000 000	מִלְיוֹן	miljon
2 000 000	שְׁנֵי מִלְיוֹנִים	ʃnéi mil'jonim
1 000 000 000	מִילְיַרְד	miljard

Bei Zahlen über 10 000 wird nur noch die Form אֶלֶף 'elef gebraucht. Die Zahlen מִלְיוֹן miljon und מִילְיַרְד miljard haben männliches Geschlecht und werden – ähnlich wie im Deutschen – wie Substantive behandelt.

Merke: אֲלָפִים alafim (ohne Substantiv)   *Tausende*
 אַלְפֵי תַּיָּרִים alféi tajarim   *Tausende von Touristen*
  (verbundene Form).

Jahreszahlen:
1948 *(Staatsgründung)* אֶלֶף תְּשַׁע מֵאוֹת אַרְבָּעִים וּשְׁמוֹנֶה 'elef tʃa mə'ot
  arba'im u'ʃmone

4. Das Adverb לְבַד ləvad „allein"

Da sich das Adverb לְבַד ləvad *allein* meist auf eine bestimmte Person bezieht, erhält es die gleichen Personalsuffixe wie Präpositionen (s. 17 B 2). Die Suffixe werden an das entsprechende Substantiv oder Personalpronomen angepaßt:

m			f	
לְבַדִּי	ləvadi	*(ich) allein*	לְבַדִּי	ləvadi
לְבַדְּךָ	ləvadxa	*(du) allein*	לְבַדֵּךְ	ləvadéx
לְבַדּוֹ	ləvado	*(er/sie) allein*	לְבַדָּהּ	ləvada
לְבַדֵּנוּ	ləva'dénu	*(wir) allein*	לְבַדֵּנוּ	ləva'dénu
לְבַדְכֶם	ləvadxem	*(ihr) allein*	לְבַדְכֶן	ləvadxen
לְבַדָּם	ləvadam	*(sie) allein*	לְבַדָּן	ləvadan

Beispiele:

עָשִׂיתִי אֶת הָעֲבוֹדָה לְבַדִּי.   a'siti et haᴶavoda ləvadi.

Ich habe die Arbeit allein gemacht.

אֲנַחְנוּ נוֹסְעִים לְבַדֵּנוּ.   a'naxnu nosᴶim ləva'dénu.

Wir reisen allein.

Anmerkung: In der Umgangssprache wird לְבַד ləvad auch ohne Personalsuffixe verwendet. Dieser Sprachgebrauch gilt jedoch nicht als korrekt.

5. Wortfeld

Die Wortwurzel צ– ד –ק TS–D–K hat die Bedeutung „*gerecht sein, recht haben*".

צָדַק	tsadak	*gerecht sein, recht haben*
צִדֵּק	tsidék	*rechtfertigen, freisprechen*
הִצְדִּיק	hitsdik	*rechtfertigen, entschuldigen*
הִצְטַדֵּק	hitstadék	*sich rechtfertigen, sich entschuldigen*
מֻצְדָּק	mutsdak	*gerechtfertigt, berechtigt*
צַדִּיק	tsadik	*Gerechte(r)*
צַדִּיקוּת	tsadikut	*Rechtschaffenheit*
צְדָקָה	tsədaka	*Wohltätigkeit*
צֶדֶק	'tsedek	*Gerechtigkeit*
צַדֶּקֶת	tsadeket	*fromme, wohltätige Frau*
צִדּוּק	tsiduk	*Rechtfertigung*
הַצְדָּקָה	hatsdaka	*Rechtfertigung*
הִצְטַדְּקוּת	hitstadəkut	*Entschuldigung, Rechtfertigung (reflexiv)*
צִדְקָנִי	tsidkani	*frömmelnd, scheinheilig*

Wie man sieht, sind einige Bedeutungen oft fast identisch, andere können manchmal jedoch auch sehr abweichend sein.

Versuchen Sie dazu die Wurzel ק – ב – ל K–B–L!

19C Übungen

1. *Antworten Sie auf die Fragen:*
   a) kama zman nimʃax habikur
      ʃel danjel baꞌarets?

      כמה זמן נמשך הביקור
      של דניאל בארץ?

   b) ma hu makir axʃav jotér tov?

      מה הוא מכיר עכשיו יותר טוב?

   c) ma'duꞌa roꞌim kol kax harbé xajalim?

      מדוע רואים כל כך הרבה חיילים?

   d) ma'duꞌa jéʃ od hajom métax
      béin jəhudim vəꞌaravim?

      מדוע יש עוד היום מתח
      בין יהודים וערבים?

   e) biʃvil mi jisraꞌél hamerkaz haruxani?

      בשביל מי ישראל המרכז הרוחני?

   f) éix haja mezeg haꞌavir bəlod?

      איך היה מזג האוויר בלוד?

   g) kama milxamot haju kvar
      béin jəhudim vəꞌaravim?

      כמה מלחמות היו כבר
      בין יהודים וערבים?

2. *Setzen Sie in die Zukunft:*
   a) gamarti et avodati bəʃaꞌa 'eser.

      גמרתי את עבודתי בשעה עשר.

   b) a'naxnu holxim ləkolnꞌa baꞌerev.

      אנחנו הולכים לקולנוע בערב.

   c) bəjisraꞌél at məda'beret rak ivrit?

      בישראל את מדברת רק עברית?

   d) hatalmid notén li et haséfer ʃelo.

      התלמיד נותן לי את הספר שלו.

   e) hatajar matxil lilmod ivrit bəjisraꞌél.

      התייר מתחיל ללמוד עברית בישראל.

   f) bəjom ʃiʃi baꞌerev harbé jəhudim
      mitpaləlim aljad ha'kotel.

      ביום שישי בערב הרבה יהודים
      מתפללים על־יד הכותל.

3. *Fügen Sie die Zukunftsformen von* הגיד *oder* אמר, היה *ein:*
   a) maxar 'ester ... bəxaifa.

      מחר אסתר ... בחיפה.

   b) danjél rotse ləvakér ba'negev,
      aval lo ... lo zman.

      דניאל רוצה לבקר בנגב,
      אבל לא ... לו זמן.

   c) od məꞌat javo harofe;
      danjél ... lo ʃehu lo margiʃ tov.

      עוד מעט יבוא הרופא;
      דניאל ... לו שהוא לא מרגיש טוב.

   d) „axʃav haʃaꞌa 'ʃmone;
      bəꞌeser (a'naxnu) ... biruʃa'lajim.“

      "עכשיו השעה שמונה;
      בעשר (אנחנו) ... בירושלים.

   e) im danjél niʃꞌar baꞌarets,
      ... lo harbé xavérim.

      אם דניאל נשאר בארץ,
      ... לו הרבה חברים.

   f) harofe omér lədanjél:
      bəꞌod jo'majim ... bari.

      הרופא אומר לדניאל:
      "בעוד יומיים ... בריא."

4. *Schreiben Sie die folgenden Zahlenangaben auf hebräisch (und in Buchstaben):*

2 000	Jahre
4 500	Schekel
30 000	Zuschauer
150 000	Einwohner
4 500 000	Israelis

Jahreszahlen: 1492 1789 1897 1945

5. *Fügen Sie die korrekte Form von* לְבַד *ləvad ein:*

a) hajom rina ho'lexet lakol'noa ...   ... היום רינה הולכת לקולנוע

b) avi vəaxi asu et haavoda ...   ... אבי ואחי עשׂו את העבודה

c) ariel, ata no'séa ləparis ... ?   ?... אריאל, אתה נוסע לפאריס

d) kaaʃer haorxim azvu   כאשר האורחים עזבו

et ha'bajit ʃe'lanu, niʃ'arnu ...   ... את הבית שלנו, נשארנו

6. *Übersetzen Sie:*

a) Daniel wohnte nur zwei Wochen in Israel, aber er sah und hörte viel; er wird bestimmt wiederkommen!   b) Dann wird er vielleicht beschließen, länger (יוֹתֵר זְמַן jotér zman) zu bleiben; er wird auch wieder die Altstadt besuchen.   c) Er wird noch mehr Hebräisch und vielleicht auch etwas Arabisch lernen; Miriam und David werden ihm alles erklären.   d) Jetzt versteht er die Lage in Israel besser und wird zu Hause viele interessante Dinge erzählen.   e) Morgen wird er das Land verlassen und die Familie Guri wird mit ihm nach Lod kommen. Es ist das Ende des Urlaubs!   f) Wenn (כַּאֲשֶׁר kaaʃer) er wiederkommen wird, wird ihn die Familie Guri schön empfangen – die Freude wird groß sein!

7. *Schreiben Sie einen kurzen Bericht (etwa fünf Sätze) über die Situation in Israel. (Zum Beispiel: Leben fast normal, aber kein Friede; viele Touristen, aber Militär, Spannung ...)*

189

20A Text

מיקי לא בבית (החוצפה של אורי)

אין לך דבר מרגיז יותר מצלצול טלפון דווקא כשהחלטת פעם אחת ללכת לישון מוקדם. בעשר. "מיקי בבית?" נשמע קול של גבר.

"אין כאן שום מיקי. ודאי טעית במספר, אדוני" – וסגרתי את הטלפון בכעס. אך יש דבר המרגיז יותר מצלצול בשעת שינה, והוא צלצול נוסף של אותו גבר המחפש דווקא אצלי את מיקי.

"אמרתי לך כבר פעם שאין כאן מיקי, תחפש אולי במקום אחר, או תלמד לחייג. לילה טוב". ברוך השם, נפטרתי ממנו. סוף סוף אפשר לישון בשקט.

בבוקר, על יד הטוסט והקפה החם, סיפרתי לבנות שלי על הגבר החצוף שדווקא אצלנו חיפש את מיקי.

כשראיתי את העיניים הכועסות של הבת שלי ואיך הן יורות ברקים, מיד הבנתי איזו טעות איומה עשיתי.

"א ... מ ... א !!! מה אתך? זה היה אורי בטלפון, בן אחד מהתיכון והוא חיפש אותי, את מבינה, אותי. למה אמרת לו שאין כאן מיקי, למה? בפעם הבאה תזכרי, שמעת?" ופרצה בבכי קורע לב. כן, ילדתי, בפעם הבאה כאשר את מחליטה לשנות את שמך או להחליף אותו, למען השם, תגידי גם לי, בבקשה. מיקי, גם כן שם ... ואני, כל השנים, כל

כך עמדתי על כך שכולם יקראו לך מיכל – במלרע ...

(לפי דליה ניר: "קטעים")

Frechheit,	[xutspa] f חֻצְפָּה	aber, jedoch	אַךְ [ax]
„chuzpa"		der, die, das	הַ... [ha...]
Uri *(männl. Vorname)*	['uri] אוּרִי	*(Relativpronomen, s. Grammatik)*	
er (sie) ärgert,	[hu margiz] הוּא מַרְגִּיז	Schlaf	שֵׁנָה [ʃéna]
regt auf	[hi margiza] הִיא מַרְגִּיזָה	zusätzlich	נוֹסָף, נוֹסֶפֶת [nosaf, no'sefet]
	(3) ([hirgiz] הִרְגִּיז)	derselbe,	אוֹתוֹ, אוֹתָהּ [oto, ota]**
ärgerlich,	[margiz, מַרְגִּיז	dieselbe *(Pl* [otam] *m,* [otan] *f)*	אוֹתָם, אוֹתָן [otam, otan]
unangenehm	margiza] מַרְגִּיזָה	er (sie) wählt	הוּא מְחַיֵּג [hu məxajég]
gerade, ausgerechnet	['davka] דַּוְקָא	*(Telefon-Nr.)*	הִיא מְחַיֶּגֶת [hi məxa'jeget]
er (sie) schläft	[hu jaʃén] הוּא יָשֵׁן		(2) ([xijég] חִיֵּג)
	[hi jəʃéna] הִיא יְשֵׁנָה	er (sie) kommt	הוּא נִפְטָר [hu niftar]
	*) יָשֵׁן ([jaʃén] (1)	los von ...;	הִיא נִפְטֶרֶת מִן [hi nif'teret min]
(zu) schlafen	*(Infinitiv)* [liʃon] לִישׁוֹן	wird ... los;	(5) ([niftar] נִפְטָר)
man hört	[niʃma] נִשְׁמָע	*auch verstorben*	
(wörtl.: wird gehört)	[niʃ'ma'at] נִשְׁמַעַת	Toast	טוֹסְט [tost] m
	(4) ([niʃma] נִשְׁמַע)	Töchter	*(Plural von* bat) [banot] f בָּנוֹת
Mann	גֶּבֶר, גְּבָרִים	frech	חָצוּף, חֲצוּפָה [xatsuf, xatsufa]
	['gever, gəvarim] m/Pl	als	כְּשֶׁ..., כַּאֲשֶׁר [kəʃe ...= ka'aʃer]
hier, da	[kan] כָּאן	*(Konjunktion)*	
kein(e)	[ʃum] שׁוּם	Auge	עַיִן, עֵינַיִם
(mit Negation des Verbs)			['ajin, éi'najim] f/Pl
er (sie) irrt sich	[hu to'e] הוּא טוֹעֶה	böse, zornig	[ko'és, ko'eset] כּוֹעֵס, כּוֹעֶסֶת
	[hi to'a] הִיא טוֹעָה	er (sie) schießt	הוּא יוֹרֶה [hu jore]
	(1) ([ta'a] טָעָה)		הִיא יוֹרָה [hi jora]
Zorn, Wut	['ka'as] m כַּעַס		(1) ([jara] יָרָה)
zornig, wütend	[bə'xa'as] בְּכַעַס		

---

*   Die umgangssprachliche Vergangenheitsform ist יָשֵׁן jaʃan.

**   Die Formen אוֹתוֹ oto *(m)* und אוֹתָהּ ota *(f)* entsprechen der Akkusativform des Personalpronomens (s. 10 B 2) und stehen immer **vor** dem Hauptwort (ohne oder mit Artikel).

mit dir	*(s. 17 B 2)* [itax] *f*	אִתָּךְ
hier: Junge		בֵּן, בָּנִים
	[bén, banim] *m/Pl*	
Gym-	[béit-'séfer tixon] *m*	בֵּית סֵפֶר תִּיכוֹן
nasium *(eig.:* Mittelschule)***		
beim	[ba'pa·am haba·a]	בַּפַּעַם הַבָּאָה
nächsten Mal		
denke daran!,	[tizkəri] !	תִּזְכְּרִי
erinnere dich! *(s. Grammatik)*		
er (sie) bricht aus	[hu poréts]	הוּא פּוֹרֵץ
	[hi po'retset]	הִיא פּוֹרֶצֶת
	(1) ([parats]	פָּרַץ)
Weinen, Tränen	[bəxi] *m*	בְּכִי
er (sie) zerreißt	[hu ko'ré·a]	הוּא קוֹרֵעַ
	[hi ko'ra·at]	הִיא קוֹרַעַת
	(1) ([kara]	קָרַע)
er (sie) ändert	[hu məʃane]	הוּא מְשַׁנֶּה
	[hi məʃana]	הִיא מְשַׁנָּה
	(2) ([ʃina]	שִׁנָּה)
(zu) ändern	*(Infinitiv)* [ləʃanot]	לְשַׁנּוֹת

für, zugunsten von	[lə'ma·an]	לְמַעַן
um Him-	[lə'ma·an haʃém]	לְמַעַן הַשֵּׁם
mels (Gottes) Willen		
sag!, erzähl!	[ta'gidi] !	תַּגִּידִי
(s. Grammatik)		
davon, darüber, darauf	[al kax]	עַל כָּךְ
so sehr	[kol kax]	כָּל כָּךְ
er (sie) besteht	[hu oméd]	הוּא עוֹמֵד
auf ...	[hi o'medet al]	הִיא עוֹמֶדֶת עַל
	(1) ([amad]	עָמַד)
(sie) alle	*(s. Grammatik)* [kulam]	כֻּלָּם
Michal	*(weibl. Vorname)* [mixal]	מִיכָל
Betonung auf der	[milra] *m*	מִלְרַע
letzten Silbe *(grammatischer Begriff)*		
Abschnitt, Lesestück		קֶטַע, קְטָעִים
	['keta, kətə·im] *m/Pl*	

20B Grammatik

1. Imperative

Um einen Wunsch oder einen Befehl auszudrücken, benutzt man in der modernen hebräischen Umgangssprache die Formen des Futurs (2. Person Singular und Plural – s. 19 B 1):

Beispiele von Verben der 1. und 2. Konjugation (In Klammern die weibliche Form):

תִּכְתּוֹב (תִּכְתְּבִי)	tixtov (tixtəvi)	*Schreibe! Schreiben Sie!*
תִּכְתְּבוּ	tixtəvu	*Schreibt! Schreiben Sie!*
תִּלְמַד (תִּלְמְדִי)	tilmad (tilmədi)	*Lerne! Lernen Sie!*
תִּלְמְדוּ	tilmədu	*Lernt! Lernen Sie!*
תְּדַבֵּר (תְּדַבְּרִי)	tədabér (tədabri)	*Sprich! Sprechen Sie!*
תְּדַבְּרוּ	tədabru	*Sprecht! Sprechen Sie!*

---

* Kurzform: תִּיכוֹן tixon (*m*).

Es gibt eine eigene Form des Imperativs, bei der die Vorsilbe wegfällt:

כְּתוֹב (כִּתְבִי) kətov (kitvi)

כִּתְבוּ kitvu

לְמַד (לִמְדִי) ləmad (limdi)

לִמְדוּ limdu

דַּבֵּר (דַּבְּרִי) dabér (dabri)

דַּבְּרוּ dabru

Die folgenden Imperativformen werden auch in der Umgangssprache verwendet:

תֵּן (תְּנִי), תְּנוּ	tén (təni), tənu	*Gib! Geben Sie! Gebt!*
קַח (קְחִי), קְחוּ	kax (kəxi), kəxu	*Nimm! Nehmen Sie! Nehmt!*
שֵׁב (שְׁבִי), שְׁבוּ	ʃév (ʃvi), ʃvu	*Setz Dich! Setzen Sie sich!*
		Setzt Euch!
לֵךְ (לְכִי), לְכוּ	léx (ləxi), ləxu	*Geh! Gehen Sie! Geht!*
סַע (סְעִי), סְעוּ	sa (səʲi), səʲu	*Fahre! Fahren Sie! Fahrt!*
רוּץ (רוּצִי), רוּצוּ	ruts ('rutsi), 'rutsu	*Lauf! Laufen Sie! Lauft!*
בּוֹא (בּוֹאִי), בּוֹאוּ	bo ('boʲi), 'boʲu	*Komm! Kommen Sie!*
		Kommt!
שִׂים (שִׂימִי), שִׂימוּ	sim ('simi), 'simu	*Lege! Legen Sie! Legt!*
צֵא (צְאִי), צְאוּ	tsé (tsəʲi), tsəʲu	*Geh hinaus! Gehen Sie*
		hinaus! Geht hinaus!

Man beachte die folgenden Imperative:

שְׁמַע (שִׁמְעִי), שִׁמְעוּ	ʃəma (ʃimʲi), ʃimʲu	*Höre! Hören Sie! Hört!*
רְאֵה (רְאִי), רְאוּ	rəʲé (rəʲi), rəʲu	*Sie (mal)! Sehen Sie (mal)!*
		Seht (mal)!
oder תִּרְאֶה (תִּרְאִי), תִּרְאוּ	tirʲé (tirʲi), tirʲu	*(Futurformen)*

Beispiele von Verben der 3., 4. und 5. Konjugation

Auch in der 3., 4. und 5. Konjugation wird der Imperativ im allgemeinen durch die 2. Person Singular und Plural des Futurs ausgedrückt:

תַּתְחִיל (תַּתְחִילִי),	tatxil (tat'xili),	*Beginne! Beginnen Sie!*
תַּתְחִילוּ	tat'xilu	*Beginnt!*
תִּתְרַחֵץ (תִּתְרַחֲצִי),	titraxéts (titraxatsi)	*Wasch dich!* usw.
תִּתְרַחֲצוּ	titrax(a)tsu	
תִּכָּנֵס (תִּכָּנְסִי),	tikanés (tikansi),	*Tritt ein!* usw.
תִּכָּנְסוּ	tikansu	

Es gibt auch in diesen Konjugationen eigene Imperativformen, bei denen der erste Buchstabe (ת t) durch ה h ersetzt wird. In der 3. Konjugation (הִפְעִיל hifʲil) steht außerdem bei der männlichen Form der Vokal ◌ é statt ◌ i.

הַתְחֵל (הַתְחִילִי), הַתְחִילוּ	hatxél (hat'xili), hat'xilu	*Beginne!* usw.
הִתְרַחֵץ (הִתְרַחֲצִי), הִתְרַחֲצוּ	hitraxéts (hitraxatsi) hitraxatsu	*Wasch dich!* usw.
הִכָּנֵס (הִכָּנְסִי), הִכָּנְסוּ	hikanés (hikansi) hikansu	*Tritt ein!* usw.

Anmerkung: In der 5. Konjugation (nifʲal) haben nur Verben mit aktiver Bedeutung einen Imperativ.

Besondere Imperative

הֱיֵה (הֲיִי), הֱיוּ	hejé (haji), heju	*Sei! Seien Sie! Seid!*
תִּהְיֶה (תִּהְיִי), תִּהְיוּ	tihjé (tihji), tihju*	*Sei! Seien Sie! Seid!*
הַגֵּד (הַגִּידִי), הַגִּידוּ	hagéd (ha'gidi), ha'gidu	*Sag! Sagen Sie! Sagt!*
תַּגִּיד (תַּגִּידִי), תַּגִּידוּ	tagid (tagidi), ta'gidu**	*Sag! Sagen Sie! Sagt!*

Diese Formen (hagéd usw.) gehören zu einem hifʲil-Verb, das kein Präsens hat und fast nur im Imperativ, im Futur und im Infinitiv (לְהַגִּיד ləhagid) verwendet wird. Sie ersetzen in der Umgangssprache die Imperativformen des Verbs אֲנִי אוֹמֵר ani omér, die sehr selten verwendet werden:

אֱמוֹר (אִמְרִי), אִמְרוּ	emor (imri), imru	*Sag! Sagen Sie! Sagt!*

Der Imperativ הַצִּילוּ! ha'tsilu *Rettet!* vom hifʲil-Verb אֲנִי מַצִּיל ani matsil wird als Hilferuf in der Not gebraucht: *Hilfe! Zu Hilfe!*

Ein indirekter Imperativ, gerichtet an eine dritte Person (*er/sie soll..., sie sollen...*) wird durch die Konjunktion שֶׁ... ʃe und das Futur (mit Personalpronomen) ausgedrückt:

שֶׁהוּא יָבוֹא	ʃehu javo	*Er soll kommen!*
שֶׁהִיא תִּכְתּוֹב	ʃehi tixtov	*Sie soll schreiben!*
שֶׁיֵּלְכוּ	ʃejélxu	*Sie sollen gehen!*

---

* s. 19 B 1.
** s. 19 B 2.

Das Futur kann auch für einen Imperativ der 1. Person Plural verwendet werden:

נֵלֵךְ	néléx	*Gehen wir!*
נַתְחִיל	natxil	*Beginnen wir!*
נְדַבֵּר	nədabér	*Sprechen wir!*

6. und 7. Konjugation

Die Verben dieser Konjugationen (puʲal und hofʲal) haben nur Passivformen und daher keinen Imperativ.

Der verneinende Imperativ

Bei der Verneinung im Imperativ (Warnungen, Verbote usw.) kann nur die volle Futurform (2. Person Singular und Plural) verwendet werden. An Stelle von לֹא lo tritt das Verneinungswort אַל al.

Beispiele für die erwähnten fünf Konjugationen:

אַל תִּכְתּוֹב (תִּכְתְּבִי),	al tixtov (tixtəvi)	*Schreibe (Schreibt) nicht!*
אַל תִּכְתְּבוּ	al tixtəvu	
אַל תְּדַבֵּר (תְּדַבְּרִי),	al tədabér (tədabri)	*Sprich (Sprecht) nicht!*
אַל תְּדַבְּרוּ	al tədabru	
אַל תַּתְחִיל (תַּתְחִילִי),	al tatxil (tat'xili),	*Beginne (Beginnt) nicht!*
אַל תַּתְחִילוּ	al tat'xilu	
אַל תִּתְרַחֵץ (תִּתְרַחֲצִי),	al titraxéts (titraxatsi)	*Bade(t) nicht!*
אַל תִּתְרַחֲצוּ	al titraxatsu	
אַל תִּכָּנֵס (תִּכָּנְסִי),	al tikanés (tikansi)	*Tritt (Tretet) nicht ein!*
אַל תִּכָּנְסוּ	al tikansu	

Bei unpersönlichen Warnungen oder Verboten wird auch im Hebräischen der Infinitiv gebraucht. Das Verneinungswort ist dann לֹא lo:

נָא לֹא לְדַבֵּר!	na lo lədabér	*Bitte nicht sprechen!*
נָא לֹא לְהִכָּנֵס!	na lo ləhikanés	*Bitte nicht eintreten!*

נָא na ist eine Kurzform für בְּבַקָּשָׁה bevakaʃa *bitte*.

Oft ist נָא na auch Bestandteil einer höflichen Aufforderung:

בְּבַקָּשָׁה נָא לְהִכָּנֵס!	bəvakaʃa na ləhikanes	*Bitte (doch) ein(zu)treten!*
		Bitte treten Sie ein!

2. Personalsuffixe anstelle von Possessivpronomen (Pluralformen)

Wie schon erwähnt, kann das Possessivpronomen im Hebräischen nicht nur durch
שֶׁלִּי ʃeli und שֶׁלְךָ ʃelxa ausgedrückt werden, sondern auch durch Personalsuffixe, die
an das Substantiv angehängt werden: עִנְיָנִי injani *meine Sache*, עִנְיָנְךָ injanxa *deine
Sache* usw. (s. 18 B 3).

Wenn nun das Hauptwort im Plural steht (z.B. *meine Sachen, deine Sachen* usw.),
wird vor dem Suffix ein Vokal eingefügt (◌ é, ◌ e oder ◌ a), gefolgt von dem
Buchstaben י j.

Beispiel einer Deklination im Plural der Substantive עִנְיָן injan und עֲבוֹדָה avoda
(in Klammern die Formen im Falle eines weiblichen „Besitzers"):

עִנְיָנַי	injanai	*meine Angelegenheiten*
עִנְיָנֶיךָ (עִנְיָנַיִךְ)	inja'neixa (inja'najix)	*deine Angelegenheiten*
עִנְיָנָיו (עִנְיָנֶיהָ)	injanav (inja'neiha)	*seine (ihre) Angelegenheiten*
עִנְיָנֵינוּ	inja'néinu	*unsere Angelegenheiten*
עִנְיָנֵיכֶם	injənéixem	*eure Angelegenheiten*
(עִנְיָנֵיכֶן)	(injənéixen)	
עִנְיָנֵיהֶם	injənéihem	*ihre Angelegenheiten*
(עִנְיָנֵיהֶן)	(injənéihen)	

Anmerkung: In der 1. Person Singular bleibt am Wortende nur ein י j; in der 3. Person Singular wird das י i vor dem ו v nicht ausgesprochen. Beachte die Vokalverkürzung in der 2. und 3. Person Plural und die Endbetonung dieser Formen!

עֲבוֹדוֹתַי	avodotai	*meine Arbeiten*
עֲבוֹדוֹתֶיךָ	avodo'teixa	*deine Arbeiten*
(עֲבוֹדוֹתַיִךְ)	(avodo'tajix)	
עֲבוֹדוֹתָיו (עֲבוֹדוֹתֶיהָ)	avodotav (avodo'teiha)	*seine (ihre) Arbeiten*
עֲבוֹדוֹתֵינוּ	avodo'téinu	*unsere Arbeiten*
עֲבוֹדוֹתֵיכֶם	avodotéixem	*eure Arbeiten*
(עֲבוֹדוֹתֵיכֶן)	(avodotéixen)	
עֲבוֹדוֹתֵיהֶם	avodotéihem	*ihre Arbeiten*
(עֲבוֹדוֹתֵיהֶן)	(avodotéihen)	

Die Suffixe werden an die Pluralform des Substantivs angefügt.

Die Anwendung dieser Possessivformen erfordert eine gewisse Sprachgewandtheit.
Der Lernende sollte zunächst die Possessivformen mit der Präposition שֶׁל ʃel (8 B 4)
benutzen.

Anmerkung: Die Possessivform von אָדוֹן adon *Herr* ist אֲדוֹנִי adoni *mein Herr*. Die Pluralform אֲדוֹנָי adonai bedeutet jedoch nicht *meine Herren*, sondern ist der Name Gottes, der nur in Gebeten ausgesprochen wird. „*Meine Herren!*" heißt רַבּוֹתַי rabotai! (von רַב rav *Lehrer, Meister, Rabbi*).

גְּבִרוֹתַי וְרַבּוֹתַי! gvirotai vərabotai   *Meine Damen und Herren!*

Das Wort für Gott im allgemeinen Sprachgebrauch ist אֱלֹהִים elohim, manchmal auch אֵל el (תּוֹדָה לָאֵל toda laᵊél *Gott sei Dank*).

3. Personalpronomen nach Präposition

Ein Personalpronomen nach einer Präposition wird zu einem Suffix, das an die Präposition angehängt wird (s. 17 B 2). Die Suffixe bestehen gewöhnlich aus ...לְ + Personalendung (לִי li, לְךָ ləxa, לוֹ lo usw.).

Bei einigen wenigen Präpositionen werden statt dieser Endungen die Plural-Suffixe (wie beim Possessivpronomen – s. oben, Abs. 2) angefügt, auch wenn das Personalpronomen Singular-Bedeutung hat. So heißt z.B. *auf mir* עָלַי alai, *auf dir* עָלֶיךָ a'leixa, *auf ihm* עָלָיו alav usw.

Nachstehend einige „Deklinations"-Beispiele. Wegen der Wichtigkeit dieser Präpositionen sollte sich der Lernende diese Formen einprägen, vor allem die 1. und 2. Person, die häufig vorkommen.

עַל   al   *auf, über*

m		f
עָלַי alai	*auf, über mir*	עָלַי alai
עָלֶיךָ a'leixa	*auf, über dir*	עָלַיִךְ a'lajix
עָלָיו alav	*auf, über ihm (ihr)*	עָלֶיהָ a'leiha
עָלֵינוּ a'léinu	*auf, über uns*	עָלֵינוּ a'léinu
עֲלֵיכֶם aléixem	*auf, über euch*	עֲלֵיכֶן aléixen
עֲלֵיהֶם aléihem	*auf, über ihnen*	עֲלֵיהֶן aléihen

שָׁלוֹם עֲלֵיכֶם ʃalom aléixem   *Friede über Euch!* (hebräischer Gruß)

Merke: In der 2. und 3. Person Plural wird der Vokal ◌ָ a zu ◌ֲ a (keine Veränderung der Aussprache).

197

אֶל   el   *zu*

m			f	
אֵלַי	élai	*zu mir*	אֵלַי	élai
אֵלֶיךָ	é'leixa	*zu dir*	אֵלַיִךְ	é'lajix
אֵלָיו	é'lav	*zu ihm, zu ihr*	אֵלֶיהָ	é'leiha
אֵלֵינוּ	é'léinu	*zu uns*	אֵלֵינוּ	é'léinu
אֲלֵיכֶם	aléixem	*zu euch*	אֲלֵיכֶן	aléixen
אֲלֵיהֶם	aléihem	*zu ihnen*	אֲלֵיהֶן	aléihen

Merke: Vor einem Suffix wird der Vokal ◌ e zu ◌ é, in der 2. und 3. Person Plural zu ◌ a.

לִפְנֵי   lifnéi   *vor* (örtlich und zeitlich)

m			f	
לְפָנַי	ləfanai	*vor mir*	לְפָנַי	ləfanai
לְפָנֶיךָ	ləfa'neixa	*vor dir*	לְפָנַיִךְ	ləfa'najix
לְפָנָיו	ləfanav	*vor ihm, ihr*	לְפָנֶיהָ	ləfa'neiha
לְפָנֵינוּ	ləfa'néinu	*vor uns*	לְפָנֵינוּ	ləfa'néinu
לִפְנֵיכֶם	lifnéixem	*vor euch*	לִפְנֵיכֶן	lifnéixen
לִפְנֵיהֶם	lifnéihem	*vor ihnen*	לִפְנֵיהֶן	lifnéihen

Merke: Vor einem Suffix wird die erste Silbe לִפְ lif... zu לְפָ ləfa...
In der 2. und 3. Person Plural bleibt die erste Silbe לִפְ lif...

אַחֲרֵי   axaréi   *nach* (zeitlich)

m			f	
אַחֲרַי	axarai	*nach mir*	אַחֲרַי	axarai
אַחֲרֶיךָ	axa'reixa	*nach dir*	אַחֲרַיִךְ	axa'rajix
אַחֲרָיו	axarav	*nach ihm, ihr*	אַחֲרֶיהָ	axa'réiha
אַחֲרֵינוּ	axa'réinu	*nach uns*	אַחֲרֵינוּ	axa'réinu
אַחֲרֵיכֶם	axaréixem	*nach euch*	אַחֲרֵיכֶן	axaréixen
אַחֲרֵיהֶם	axaréihem	*nach ihnen*	אַחֲרֵיהֶן	axaréihen

Merke: אַחֲרַי axarai   *mir nach!*

בְּלִי   bli   *ohne*

m			*f*	
בִּלְעָדַי	bil‿adai	*ohne mich*	בִּלְעָדַי	bil‿adai
בִּלְעָדֶיךָ	bil‿a'deixa	*ohne dich*	בִּלְעָדֵיךְ	bil‿a'dajix
בִּלְעָדָיו	bil‿adav	*ohne ihn, sie*	בִּלְעָדֶיהָ	bil‿a'deiha
בִּלְעָדֵינוּ	bil‿a'déinu	*ohne uns*	בִּלְעָדֵינוּ	bil‿a'déinu
בִּלְעָדֵיכֶם	bil‿adéixem	*ohne euch*	בִּלְעָדֵיכֶן	bil‿adéixen
בִּלְעָדֵיהֶם	bil‿adéihem	*ohne sie*	בִּלְעָדֵיהֶן	bil‿adéihen

Zwei Konsonanten (ע ajin und ד d) werden bei der „Deklination" dieser Präposition hinzugefügt; das ְ Schva am Wortanfang wird durch ִ i ersetzt.

20C Übungen

1. *Antworten Sie auf die Fragen:*
   a) 'lama 'uri mətalfén 'davka ba‿'erev?   ?למה אורי מטלפן דווקא בערב
   b) ma xaʃva 'ima ʃel mixal?   ?מה חשבה אמא של מיכל
   c) ma'du‿a hatsiltsul hirgiz ota?   ?מדוע הצלצול הרגיז אותה
   d) jéʃ la rak bat axat?   ?יש לה רק בת אחת
   e) 'lama 'uri tilfén od 'pa‿am?   ?למה אורי טלפן עוד פעם
   f) éix mixal jad‿a ʃə‿'uri xipés ota?   ?איך מיכל ידעה שאורי חיפש אותה
   g) ma hi bikʃa me'‿ima?   ?מה היא ביקשה מאמא
   h) mi ze 'uri?   ?מי זה אורי

2. *Setzen Sie das Verb in den Imperativ (zwei mögliche Formen!):*
   a) 'ima, ... *(auflegen)* et hatelefon!   !אמא ... את הטלפון
   b) 'uri, ... *(suchen)* mispar axér!   !אורי ... מספר אחר
   c) gə'veret, ... *(erzählen)* li ma kara!   !גברת ... לי מה קרה
   d) xavérim, ... *(beginnen)* et ha‿avoda!   !חברים ... את העבודה

3. *Verwenden Sie den verneinenden Imperativ:*
   a) 'sara, al ... *(zumachen)* et ha'delet!   !שרה, אל ... את הדלת

b) gideon, al ... *(sprechen)* bəkol ram!   !גדעון, אל ... בקול רם

c) rabotai, al ... *(eintreten)* bli kartis!   !רבותי, אל ... בלי כרטיס

d) 'jeled, al ... *(baden)* hajom ax maxar!   !ילד, אל ... היום אך מחר

4. Setzen Sie an Stelle des Possessivpronomens mit שֶׁל ʃel *ein Personalsuffix (Plural):*

Beispiel: החברים שלי haxavérim ʃeli = חבריי xavérai

hahorim ʃeli	ההורים שלי
hatikvot ʃelxa	התקוות שלך
haxajalim ʃe'lanu	החיילים שלנו
hatalmidot ʃelo	התלמידות שלו
haʲéi'najim ʃelax	העיניים שלך
hasfarim ʃeli	הספרים שלי
harag'lajim ʃelaxem	הרגליים שלכם

5. *Verbinden Sie in den folgenden Sätzen die Präposition mit dem angegebenen Personalpronomen (Pluralform):*

a) moʃe, 'bati laʲavoda lifnéi ... *(dir)*   ... משה, באתי לעבודה לפני

b) lo, 'rivka, at bat laʲavoda axaréi ... *(mir)*   ...לא, רבקה, את באת לעבודה אחרי

c) haxavérim asu tijul im ... *(uns)*   ... החברים עשו טיול עם

d) hajəladim məsaxakim baxuts.   הילדים משחקים בחוץ.

     mi ʃomér al ... ? *(sie)*   ... מי שומר על

e) 'étsel ... ba'bajit éin tele'vizja. *(uns)*   אצל ... בבית אין טלוויזיה.

f) 'uri, ani lo ho'lexet lakol'noʲa bli ... *(dich)*   ...אורי, אני לא הולכת לקולנוע בלי

6. *Übersetzen Sie:*

a) Rivka, gib mir schnell ein hebräisch-deutsches Wörterbuch!   b) Kinder, sagt mir, wohin ihr gehen wollt!   c) Jossi, hast du einen Brief von Rina bekommen? Dann schreibe ihr sofort!   d) Gideon, hör zu, geh' heute nicht zur Schule, wenn du dich nicht gut fühlst!   e) Frau Levi, bitte öffnen Sie das Fenster, es ist sehr warm in diesem Büro!   f) Herr Landmann, treten Sie ein und setzen Sie sich. Miriam, komm und sage Herrn Landmann „Guten Tag"!

7. *Sie wollen in einer Buchhandlung telefonisch ein französisch-hebräisches Wörterbuch bestellen. Beschreiben Sie den hebräischen Dialog!*
    (8-10 Sätze)

21A Text

מי שבר את לוחות־הברית?

יום אחד מפקח מבקר בבית־ספר בתל־אביב. הוא נכנס לכיתה ט' לשיעור של
היסטוריה עם ישראל. אחרי כמה דקות הוא שואל את התלמידים: "האם אתם
יודעים מי שבר את לוחות־הברית?" אין תשובה. המפקח מתפלא. הוא פונה אל
תלמיד בשורה הראשונה: "מה שמך?" התלמיד עונה: "שמי משה". "נו, משה,
אולי אתה יכול להגיד לי מי שבר את לוחות־הברית?" "לא, אדוני, אבל אני נשבע
שלא אני שברתי אותם".

המפקח מתרגז. הוא שואל את המורה: "אדוני, אני לא מרוצה. איך זה אפשר
שאף אחד בכיתה הזאת אינו יודע מי שבר את לוחות־הברית? מה אתה מלמד

פה?" המורה מסביר: "אדון המפקח, אני מכיר היטב את התלמיד משה. אם הוא אומר שהוא לא עשה את זאת, אני מאמין לו".

המפקח מתחיל לצעוק כל כך חזק שמנהל בית־הספר שומע אותו ונכנס מהר לכיתה. "מה קרה, אדון המפקח?" "אינני מבין, אדון המנהל. בכיתה הזאת אף תלמיד אינו יודע מי שבר את לוחות־הברית. אפילו המורה לא נתן לי תשובה טובה". המנהל עונה בשקט: "אין דבר, אדוני, אל תקח ללב. אני מציע שבית־הספר ישלם בעד הנזק; כך נגמור את העניין ...".

Lehrer	מוֹרֶה, מוֹרִים	er (sie) zer-	הוּא שׁוֹבֵר [hu ʃovér]
	[more, morim] m/Pl	bricht	הִיא שׁוֹבֶרֶת [hi ʃo'veret]
er (sie) unter-	הוּא מְלַמֵּד [hu məlaméd]		(שָׁבַר [ʃavar]) (1)
richtet	הִיא מְלַמֶּדֶת [hi məla'medet]	Tafel, Kalender	לוּחַ, לוּחוֹת
	(לִמֵּד [liméd]) (2)		['luʲax, luxot] m/Pl
dies, das	זֹאת [zot]	Bundestafeln*	לוּחוֹת־הַבְּרִית [luxot-habrit]
er (sie) glaubt	הוּא מַאֲמִין [hu maʲamin]	Klasse	כִּתָּה [kita] f
	הִיא מַאֲמִינָה [hi maʲamina]	9. Klasse (s. Übersicht)	כִּתָּה ט' [kita tét]
	(הֶאֱמִין [heʲemin]) (3)	(Unterrichts-)Stunde,	שִׁעוּר [ʃiʲur] m
(zu) schreien	(Infinitiv) [litsʲok] לִצְעוֹק	Lektion	
Direktor	מְנַהֵל, מְנַהֲלִים	er (sie) wundert	הוּא מִתְפַּלֵּא [hu mitpalé]
	[mənahél, mənahalim] m/Pl	sich	הִיא מִתְפַּלֵּאת [hi mitpalét]
leise, ruhig	בְּשֶׁקֶט [bə'ʃeket]		(הִתְפַּלֵּא [hitpalé]) (4)
macht nichts	אֵין דָּבָר [éin davar]	Reihe	שׁוּרָה [ʃura]
er nimmt (es)	הוּא לוֹקֵחַ לַלֵּב	Mosche, Moses	מֹשֶׁה [moʃe]
sich zu Herzen	[hu lo'kéax lalév]	er (sie) schwört	הוּא נִשְׁבָּע [hu niʃba]
	(לָקַח [lakax]) (1)		הִיא נִשְׁבַּעַת [hi niʃ'baʲat]
er (sie) schlägt	הוּא מַצִּיעַ [hu ma'tsiʲa]		(נִשְׁבַּע [niʃba]) (5)
vor	הִיא מַצִּיעָה [hi matsiʲa]	er (sie) regt	הוּא מִתְרַגֵּז [hu mitragéz]
	(הִצִּיעַ [hi'tsiʲa]) (3)	sich auf,	הִיא מִתְרַגֶּזֶת [hi mitra'gezet]
für	בְּעַד [bəʲad]	ärgert sich	(הִתְרַגֵּז [hitragéz]) (4)

* Die steinernen Gesetzestafeln mit den zehn Geboten, die Moses auf dem Berg Sinai empfing und die er im Zorn zertrümmerte, als er bei seiner Rückkehr inmitten seines Volkes das „Goldene Kalb" erblickte (Ex. 32,19).

Schaden	נֶזֶק, נְזָקִים	Mittel-, Zwischen-	[béi'najim]	בֵּינַיִם
	['nezek, nəzakim] *m/Pl*	höher(e),	[eljon, eljona]	עֶלְיוֹן, עֶלְיוֹנָה
System, Struktur	[maʲaraxa] *f* מַעֲרָכָה	Ober-		
Erziehung,	[xinux] *m* חִנּוּךְ	Absolvent *(Universität)*	[bogér] *m*	בּוֹגֵר
Unterricht		[bogeret, bogrim] *f/Pl*	בּוֹגֶרֶת,בּוֹגְרִים
gründlich,	[jəsodi, jəsodit] יְסוֹדִי, יְסוֹדִית	diplomiert,	[musmax,	מֻסְמָךְ,
Grund-		zuständig	musˈmexet]	מֻסְמֶכֶת
Abitur	[bagrut] *f* בַּגְרוּת	Grad, Titel		תֹּאַר, תְּאָרִים
Abteilung,	[xativa] *f* חֲטִיבָה		['toʲar, təˈarim] *m/Pl*
Brigade			

21B Grammatik

1. Relativpronomen (s. auch 10 B 3 und 11 B 3)

a) Relativpronomen הַ ha

Der Artikel הַ ha kann auch als Relativpronomen im Nominativ anstelle von אֲשֶׁר aʃér und שֶ ʃe verwendet werden, vorausgesetzt, das folgende Verb steht im Präsens und ist nicht verneint. Das Verb wird direkt an den Artikel angehängt (wie beim verkürzten Relativpronomen שֶ ʃe):

גֶּבֶר הַמְחַפֵּשׂ אֶת מִיקִי... 'gever hamexapés et 'miki ...
Ein Mann, der Micky sucht ...

תַּלְמִידָה הַלּוֹמֶדֶת עִבְרִית ... talmida halo'medet ivrit ...
Eine Schülerin, die Hebräisch lernt ...

Mit Artikel:

הַיֶּלֶד הָאוֹמֵר אֶת הָאֱמֶת... ha'jeled haʲomér et haʲemet ...
Das Kind, das die Wahrheit sagt ...

b) Relativpronomen – Dativ und Akkusativ

Die Entsprechungen zu den deutschen Dativ- und Akkusativformen des Relativpronomens (*dem/welchem, der/welcher, denen/welchen; den/welchen, die/welche, das/welches*) werden mit Hilfe der Relativpronomen אֲשֶׁר aʃer oder der verkürzten Form ...שֶ ʃe, und den Personalendungen gebildet, die nach dem Verb stehen. (Die Kurzform ...שֶ ʃe verschmilzt mit dem darauffolgenden Wort.)

Beispiele für die Entsprechungen der Dativform:

הַסְטוּדֶנְט אֲשֶׁר נָתַתִּי (שֶׁנָּתַתִּי)   hastudent aʃer na'tati (ʃena'tati)

לוֹ סֵפֶר גָּר בְּמִינְכֶן.   lo séfer gar bəminxen.

Der Student, dem ich ein Buch gab,
wohnt in München.

הַסְטוּדֶנְטִית אֲשֶׁר נָתַתִּי (שֶׁנָּתַתִּי)   hastudentit aʃer na'tati (ʃena'tati)

לָהּ סֵפֶר גָּרָה בְּתֵל־אָבִיב.   la séfer gara bətelaviv.

Die Studentin, der ich ein Buch gab,
wohnt in Tel Aviv.

Beispiele für die Entsprechungen der Akkusativform:

Hier können die Personalpronomen אוֹתוֹ oto und אוֹתָהּ ota auch wegfallen.

הַשּׁוֹטֵר אֲשֶׁר רָאִיתִי (שֶׁרָאִיתִי)   haʃotér aʃer ra'iti (ʃera'iti)

אוֹתוֹ אֶתְמוֹל הָיָה צָעִיר מְאוֹד.   oto etmol haja tsaʲir məʲod.

oder:

הַשּׁוֹטֵר אֲשֶׁר רָאִיתִי (שֶׁרָאִיתִי)   haʃotér aʃer raʲiti (ʃeraʲiti)

אֶתְמוֹל הָיָה צָעִיר מְאוֹד.   etmol haja tsaʲir məʲod.

Der Polizist, den ich gestern sah, war sehr jung.

הַמַּזְכִּירָה אֲשֶׁר רָאִיתִי   hamazkira aʃer raʲiti

(שֶׁרָאִיתִי) אוֹתָהּ אֶתְמוֹל הָיְתָה   (ʃeraʲiti) ota etmol hajta

צְעִירָה מְאוֹד.   tsəʲira məʲod.

oder:

הַמַּזְכִּירָה אֲשֶׁר רָאִיתִי   hamazkira aʃer raʲiti

(שֶׁרָאִיתִי) אֶתְמוֹל הָיְתָה   (ʃeraʲiti) etmol hajta

צְעִירָה מְאוֹד.   tsəʲira məʲod.

Die Sekretärin, die ich gestern sah, war sehr jung.

Anmerkung: Ein Relativsatz mit Dativ- oder Akkusativformen des Relativpronomens erscheint im Hebräischen wie ein eingeschobener erklärender Hauptsatz: *Der Student (ich gab ihm ein Buch) wohnt in München*, wobei die Wörter אֲשֶׁר aʃer bzw. ...שֶׁ ʃe ihn als Relativsatz kennzeichnen.

c) Relativpronomen – Genitiv und nach Präpositionen

Für das Relativpronomen in der Genitivform und nach Präpositionen werden die Personalsuffixe (s. 17 B 2 und 18 B 3) verwendet. Auch diese Relativsätze beginnen mit אֲשֶׁר aʃer oder ...שֶׁ ʃe...

Beispiele für die Genitivform:

Das vom Relativpronomen (*dessen, deren*) abhängige Substantiv erhält das Personal-suffix des Possessivpronomens:

אָדוֹן לַנְדְמַן אֲשֶׁר בְּנוֹ (שֶׁבְּנוֹ)   adon landman aʃer bəno (ʃebəno)
לוֹמֵד בָּאוּנִיבֶרְסִיטָה, גָּר בְּמִינְכֶן.   loméd baʲuni'versita, gar bəminxen.
Herr Landmann, dessen Sohn an der Universität
studiert, wohnt in München.

גְּבֶרֶת לַנְדְמַן אֲשֶׁר בְּנָהּ סְטוּדֶנְט,   gəveret landman aʃer bəna student,
עוֹבֶדֶת בַּבַּיִת.   o'vedet ba'bajit.
Frau Landmann, deren Sohn Student ist,
arbeitet zu Hause.

אָדוֹן לַנְדְמַן אֲשֶׁר אֲנִי (שֶׁאֲנִי)   adon landman aʃer ani (ʃeʲani)
מַכִּיר אֶת בְּנוֹ ...   makir et bəno ...
Herr Landmann, dessen Sohn ich kenne ...

גְּבֶרֶת לַנְדְמַן אֲשֶׁר אֲנִי (שֶׁאֲנִי)   gə'veret landman aʃer ani (ʃeʲani)
מַכִּיר אֶת בְּנָהּ ...   makir et bəna ...
Frau Landmann, deren Sohn ich kenne ...

d) Beispiele für Relativpronomen nach Präpositionen
Die Präposition erhält das Personalsuffix und kann vor oder nach dem Verb stehen.

הֶחָבֵר אֲשֶׁר אֶצְלוֹ (שֶׁאֶצְלוֹ)   hexavér aʃer étslo (ʃeʲetslo)
גַּרְתִּי בַּחֹפֶשׁ, עָבַד בָּעִיר.   'garti ba'xofeʃ, avad baʲir.

oder:

הֶחָבֵר אֲשֶׁר גַּרְתִּי (שֶׁגַּרְתִּי)   hexavér aʃer 'garti (ʃe'garti)
אֶצְלוֹ בַּחֹפֶשׁ, עָבַד בָּעִיר.   etslo ba'xofeʃ, avad baʲir.
Der Freund, bei dem ich in den Ferien wohnte,
arbeitete in der Stadt.

הַמִּשְׁפָּחָה אֲשֶׁר אֶצְלָהּ   hamiʃpaxa aʃer etsla
(שֶׁאֶצְלָהּ) גַּרְתִּי בַּחֹפֶשׁ הָיְתָה   (ʃeʲetsla) 'garti ba'xofeʃ, hajta
גְּדוֹלָה.   gədola.

oder:

הַמִּשְׁפָּחָה אֲשֶׁר גַּרְתִּי (שֶׁגַּרְתִּי)   hamiʃpaxa aʃer 'garti (ʃe'garti)
אֶצְלָהּ בַּחֹפֶשׁ הָיְתָה גְּדוֹלָה.   etsla ba'xofeʃ, hajta gədola.
Die Familie, bei der ich in den Ferien wohnte,
war groß.

2. Wortfeld

Die Wortwurzel ר – ב – שׁ ʃ – B(V) – R hat die Bedeutung *brechen, zerbrechen.*

שָׁבַר	ʃavar	*brechen, zerbrechen*
שִׁבֵּר	ʃibér	*zerschmettern, zerstören*
נִשְׁבַּר	niʃbar	*nicht mehr können, satt haben*
שֶׁבֶר	'ʃever	*Bruch, Bruchstück*
שִׁבָּרוֹן	ʃibaron	*Zerstörung*
מַשְׁבֵּר	maʃbér	*Krise*
מִשְׁבָּר	miʃbar	*Brandung*

Versuchen Sie es mit den Wurzeln ן – מ – ז Z – M – N, ז – ג – ר R – G – Z usw.!

21C Übungen

1. Antworten Sie auf die Fragen:

a) 'lama haməfa'ké'ax nixnas lakita?   ?למה המפקח נכנס לכיתה

b) éize ʃi'ur haja lətalmidéi kita tét?   ?איזה שיעור היה לתלמידי כיתה ט'

c) ma bədijuk haməfa'ké'ax ratsa la'da'at?   ?מה בדיוק המפקח רצה לדעת

d) ma'du'a haməfa'ké'ax hitragéz?   ?מדוע המפקח התרגז

e) ha'im hamore vəhamənahél   האם המורה והמנהל
jad'u et hatʃuva hanəxona?   ?ידעו את התשובה הנכונה

f) ma'du'a hamənahél nixnas pit'om lakita?   ?מדוע המנהל נכנס פתאום לכיתה

g) ma hi'tsi'a hamənahél? ma hu xaʃav?   ?מה הציע המנהל? מה הוא חשב

h) mi ʃavar be'emet et luxot-habrit?   ?מי שבר באמת את לוחות־הברית
lifnéi kama zman bə'erex?   ?לפני כמה זמן בערך

2. Verwandeln Sie den zweiten Satz in einen Relativsatz mit שֶׁ ʃe oder אֲשֶׁר aʃer:

a) ka'niti et hamilon.   .קניתי את המילון
ra'iti oto bəxanut-sfarim.   .ראיתי אותו בחנות־ספרים

b) hiné gə'veret aharon.   .הנה גברת אהרון
ka'tavti la mixtav xaʃuv.   .כתבתי לה מכתב חשוב

c) éifo hamazkira?   ?איפה המזכירה
hi amra li lavo lamisrad.   .היא אמרה לי לבוא למשרד

d) hatalmidim mistaklim al ha'lu'ax.   .התלמידים מסתכלים על הלוח
al ha'lu'ax ktuvim misparim.   .על הלוח כתובים מספרים

Anhang

Erziehungswesen in Israel

מערכת החינוך בישראל

ma^ja'rexet haxinux bəjisra^jél

Grundschule	béit-'sefer jəsodi	בית־ספר יסודי
1. Klasse	[kita 'alef]	כיתה א'
2. Klasse	[kita bét]	כיתה ב'
3. Klasse	[kita 'gimel]	כיתה ג'
4. Klasse	[kita 'dalet]	כיתה ד'

Mittelschule (Gymnasium)	béit-séfer tixon	בית־ספר תיכון
(Zwischenstufe)	[xativat-béi'najim]	חטיבת־ביניים
5. Klasse	[kita hé]	כיתה ה'
6. Klasse	[kita vav]	כיתה ו'
7. Klasse	[kita 'zajin]	כיתה ז'
8. Klasse	[kita xét]	כיתה ח'

(Oberstufe)		
9. Klasse	[kita tét]	כיתה ט'
10. Klasse	[kita jod]	כיתה י'
11. Klasse	[kita jod-'alef]	כיתה יא'
12. Klasse	[kita jod-bét]	כיתה יב'
Abitur	[bagrut]	בגרות

Die Schulpflicht umfaßt acht Klassen. Es gibt staatlich-weltliche, staatlich-religiöse, Berufs- und Privatschulen.

Grad, Titel	'to^jar	תואר
Absolvent der Universität (B.A.)	[bogér-uni'versita (b.a.)*]	בוגר־אוניברסיטה (ב.א.)
Magister (M.A.)	[musmax-uni'versita (m.a.)*]	מוסמך־אוניברסיטה (מ.א.)
Doktor (Dr.)	['doktor]	דוקטור (ד"ר)**

Es gibt ferner Talmud-Hochschulen („Jeschivot"), die von den religiösen Behörden verwaltet werden.

---

* englische Aussprache: bi-é, em-é

** Abgekürzte Schreibweise, die sehr gebräuchlich ist (Dr.). Abkürzungen werden generell durch Anführungszeichen vor dem letzten Buchstaben gekennzeichnet.

Glückwünsche und Höflichkeiten

בְּרָכוֹת וְנִימוּסִים
braxot vənimusim

Guten Tag! Grüß Gott!	[ʃalom]	שָׁלוֹם!
Wie geht es dir (Ihnen)?	[ma ʃlomxa] *m*	מַה שְׁלוֹמְךָ?
	[ma ʃloméx] *f*	מַה שְׁלוֹמֵךְ?
Guten Morgen!	['boker tov]	בֹּקֶר טוֹב!
Guten Abend!	['erev tov]	עֶרֶב טוֹב!
Gute Nacht!	['laila tov]	לַיְלָה טוֹב!
Eine gute Woche!	[ʃa'vuᵃa tov]	שָׁבוּעַ טוֹב!
(am Samstagabend)		
Ein gutes Jahr!	[ʃana tova]	שָׁנָה טוֹבָה!
Bitte!	[bəvakaʃa]	בְּבַקָשָׁה!
Danke sehr!	[toda raba]	תּוֹדָה רַבָּה!
Keine Ursache!	[al lo davar]	עַל לֹא דָבָר!
Verzeihung!	[slixa]	סְלִיחָה!
Macht nichts!	[éin davar]	אֵין דָבָר!
Alles in Ordnung.	[hakol bə'séder]	הַכֹּל בְּסֵדֶר.
Gute Besserung!	[rəfuᵃa ʃléma]	רְפוּאָה שְׁלֵמָה!
Alles Gute!	[kol tuv]	כָּל טוֹב!
Alles Gute! *(eig.: Sei gesund)*	[tihje bari] *m*, [tihji briᵃa] *f*	תִּהְיֶה בָּרִיא! תִּהְיִי בְּרִיאָה!
Gesundheit!	[labriᵘut]	לַבְּרִיאוּת!
Alles Gute zum Geburtstag!	[ad 'méᵃa vəᵃesrim]	עַד מֵאָה וְעֶשְׂרִים!
(eig.: Bis 120 Jahre!*)*		
Haben Sie Feuer?	[jéʃ ləxa (lax) éʃ]	יֵשׁ לְךָ (לָךְ) אֵשׁ?
Bedaure, ich rauche nicht.	[ani mitstaᵃér (mitstaᵃéret), ani lo məᵃaʃén (məᵃa'ʃénet)]	אֲנִי מִצְטַעֵר (מִצְטַעֶרֶת), אֲנִי לֹא מְעַשֵׁן (מְעַשֶׁנֶת).
Frohes Fest!	[xag sa'méᵃax]	חַג שָׂמֵחַ!
Guten Appetit!	[bətéᵃavon]	בְּתֵאָבוֹן!
Zum Wohl! Prost! *(bei*	[lə'xajim]	לְחַיִּים!
Genuß von Wein oder Branntwein)		
Auf Wiedersehen! Bye-bye!	[ləhitraᵃot, bai, ʃalom]	לְהִתְרָאוֹת! בַּי! שָׁלוֹם!
Alle Achtung!	[kol hakavod]	כָּל הַכָּבוֹד!
Herzlichen Glückwunsch!	[mazal tov]	מַזָל טוֹב!
Grüße (von ..., an ...)	[driʃat ʃalom (mi ..., lə ...)]	דְרִישַׁת שָׁלוֹם (מֵ ... לְ ...)
herzliche Grüße	[driʃat ʃalom xam]	דְרִישַׁת שָׁלוֹם חַם
Sabbatgruß	[ʃabat ʃalom]	שַׁבָּת שָׁלוֹם!

Das Wetter 'mezeg avir מֶזֶג אֲוִיר

		°C		
חַם מְאוֹד [xam mə'od]		40	חַמְסִין [xamsin]	
			סוּפַת חוֹל [sufat-xol]	
		35		
חַם [xam]		30		
נוֹחַ ['no'ax]		25		
		20		
		15	רוּחַ ['ruax]	
			מְעֻנָּן חֶלְקִית [mə'unan xelkit]	
		10	יוֹרֵד גֶּשֶׁם [joréd 'geʃem]	
קָרִיר [karir]			סְעָרָה [sə'ara]	
		5	סוּפַת רְעָמִים [sufat-rə'amim]	
			(רַעַם, בָּרָק) [('ra'am, barak)]	
קַר [kar]		0	עֲרָפֶל [arafel]	
		-5	יוֹרֵד שֶׁלֶג [joréd 'ʃeleg]	
קַר מְאוֹד [kar mə'od]		-10		
		-15		

מַעֲלוֹת
[ma'alot]

heißer, trockener Südwind	[xamsin] *m (arab. Wort)*	חַמְסִין
Sturm(wind)	[sufa] *f*	סוּפָה
Sand	[xol] *m*	חוֹל
angenehm, bequem	['noʲax, noxa]	נוֹחַ, נוֹחָה
bewölkt	[məʲunan]	מְעֻנָּן
teilweise	[xelkit]	חֶלְקִית
es regnet	[joréd 'geʃem, jarad]	יוֹרֵד גֶּשֶׁם (יָרַד)
Sturm	[səʲara] *f*	סְעָרָה
Donner, Gewitter	['raʲam, rəʲamim] *m/Pl*	רַעַם (רְעָמִים)
Blitz	[barak, brakim] *m/Pl*	בָּרָק (בְּרָקִים)
kühl	[karir]	קָרִיר
Nebel	[arafel] *m*	עֲרָפֶל
Grad (Temperatur)	[maʲala]	מַעֲלָה

Lesen Sie den folgenden Zeitungsbericht zum Thema „Wetter":

שֶׁלֶג בַּחֶרמוֹן

וּבִירוּשָׁלַיִם – בְּאַפְרִיל

בכל הארץ ירדו ביום ראשון
ושני גשמים רבים וחזקים. בחר־
מוֹן ירד שלג. גם בירושלים ירד
שלג קל. זה מקרה לא רגיל,
שבחודש אפריל יורד שלג. בפעם
האחרונה קרה הדבר לפני שמוֹנה
שנים.

(Aus dem Wochenblatt für Einwanderer: שַׁעַר לַמַתְחִיל.)

Hermon (Gebirge)	[xermon] *m*	חֶרְמוֹן
viel, häufig	[rav, raba]	רַב , רַבָּה
Fall, Vorfall	[mikre] *m*	מִקְרֶה
gewöhnlich, üblich	[ragil]	רָגִיל
Tor	['ʃaʲar]	שַׁעַר
Anfänger	[matxil] *m*	מַתְחִיל

Übersetzung der hebräischen Texte

1A Der Student Daniel

Daniel Landmann ist ein deutscher Student. Er wohnt in München. Er studiert Geschichte an der Universität. Er kann auch sehr gut Englisch. Er kennt eine Familie in Israel: Herrn Guri, Frau Guri, die Tochter Miriam und den Sohn David. Herr Guri war einmal in Deutschland mit der ganzen Familie. Jetzt lernt Daniel Hebräisch. Warum? Vielleicht fährt (reist) er eines Tages nach Tel Aviv!

2A Eine israelische Familie

Miriam Guri wohnt in Tel Aviv. Tel Aviv ist eine große Stadt; es gibt dort viel Verkehr. Miriam ist Sekretärin in einem großen Büro. Sie kann Hebräisch und Englisch. Der Vater, Herr Guri, ist Zollbeamter. Er spricht ziemlich gut Deutsch; auch die Mutter spricht etwas Deutsch. Der kleine Bruder David ist noch ein Schüler. Er kann nur Hebräisch, aber er lernt Englisch, und er lernt schnell. Auch die Schwester Miriam ist noch eine „Schülerin". Wieso? Sie lernt Deutsch am Abend, in der Volkshochschule...

3A Ein Brief aus Tel Aviv

Eines Tages schreibt Miriam einen Brief an Daniel.
Schalom Daniel! Wie geht es Dir? Ich schreibe auf Hebräisch, denn ich weiß, daß Du Hebräisch lernst, und diese Sprache ist nicht schwer... Heute stelle ich eine Frage: Warum kommst Du nicht nach Israel? Mama sagt, daß es viel Platz zu Hause gibt! Nun, wann kommst Du? Im Sommer ist es hier sehr heiß, es gibt viel Sonne und (es gibt) keinen Regen. Im Winter hat man (ist) keine Zeit: die ganze Familie arbeitet und lernt... Also vielleicht im Frühling? Was sagst Du: ja oder nein?
Grüße
Miriam
P.S. Dieser Brief ist sehr leicht, nicht wahr?

4A Die Antwort

Nach einigen Tagen antwortet Daniel Miriam. Er schreibt: Sei gegrüßt, Miriam! Wie geht es Dir? Vielen Dank für Deinen Brief und die Einladung. Ich denke tatsächlich an einen Besuch in Israel, aber jetzt habe ich viel Arbeit und nicht genug Geld für Reisen... Im Frühjahr wird die Lage besser sein. Inzwischen lerne ich die hebräische Sprache. Diesen Brief schreibe ich allein, ohne Wörterbuch! (Vielleicht hast Du ein gutes Wörterbuch?)
In Deutschland ist es jetzt sehr kalt; es gibt Wind und Schnee (es ist windig und es schneit); fast die ganze Zeit sitzen wir zu Hause... Und Ihr? Ihr geht sicherlich viel spazieren. Ihr habt viel Sonne, sogar im Winter. Ihr habt Glück!

Alles Gute – auf Wiedersehen in Tel Aviv!

Daniel

P.S. In diesem Augenblick denke ich an das israelische Lied „Nächstes Jahr in Jerusalem...“

5A In der Luft

Im Monat März bekommt Daniel zwei Wochen Urlaub. Und da ist der große Augenblick: Eine Reise nach Israel! Er hat schon alles: einen Paß (Visum ist nicht nötig), Geld und eine Flugkarte. Das Billet ist nicht teuer (als Student bezahlt Daniel nur den halben Preis), und die Eltern geben ihm noch etwas Taschengeld. In Tel Aviv wohnt er bei Familie Guri... Auf dem Flugplatz ist eine strenge Kontrolle: Die Polizisten durchsuchen die Koffer aller Reisenden. Endlich steigt Daniel in ein Flugzeug der (Flug-)Gesellschaft El Al ein. Drinnen hört man israelische Musik. Die Stewardeß ist charmant; sie spricht selbstverständlich Hebräisch und auch Englisch und Deutsch. Unterwegs bekommen die Fluggäste Tee, Kaffee, Orangensaft (aus Israel!) und eine leichte Mahlzeit. Daniel sitzt an einem Fenster (hat einen Fensterplatz), und er sieht die Alpen und das Mittelmeer. Nach drei Stunden kommt die Maschine in Lod an. Es ist schon Abend; unten sieht man die Lichter von Tel Aviv. Und da ist jetzt der Flughafen Ben-Gurion. Die Reisenden steigen aus. Auf einem großen Schild steht geschrieben (auf Hebräisch und auf Englisch):

Willkommen in Israel!

Welcome to Israel!

6A Willkommen!

Daniel passierte die Kontrolle der Polizei und des Zolls ohne Probleme (problemlos). Draußen ist warmes und angenehmes Wetter. Daniel sieht viele Busse, viele Taxis, viele Israelis. Aber er sieht Miriam nicht. Wo ist sie? Sie weiß, daß er heute ankommt; er schrieb ihr vor einem Monat, und gestern schickte er ihr ein Telegramm. Warum ist sie nicht gekommen? Auch David ist nicht da...

„Taxi, mein Herr?“ „Nein, vielen Dank. Wo gibt es hier ein Telefon?“ „Da drinnen gibt es einen öffentlichen Fernsprecher.“ Daniel wechselt etwas Geld; jetzt hat er Schekel und Agorot. Aber wie telefoniert man? Der Schekel geht nicht hinein... Der Taxichauffeur erklärt ihm: „Mein Herr, für ein öffentliches Telefon braucht man eine Münze, und Telefonmünzen verkauft man nur im Postamt!“ Gott sei Dank gibt es ein Postamt in der großen Halle des Flughafens; Daniel kauft einige Münzen, und endlich spricht er mit Herrn Guri. „Hallo, Daniel, willkommen! Wo sind Sie? Warum kommen Sie nicht her? Was, Miriam ist noch nicht dort? Sie hat das Haus zusammen mit David vor einer Stunde verlassen! Vielleicht sind sie noch unterwegs... Heute ist viel Verkehr!" Daniel fragt: „Also was mache ich?" Plötzlich nimmt jemand (von) Daniel das Telefon weg und sagt: „Alles in Ordnung, Papa. Wir sind schon da." Es ist David... Daniel sieht auch Miriam im Auto. Was für eine Freude!

7A Auf dem Weg nach Tel Aviv

David stellt Daniels Koffer in das Auto (hinein) – sie haben einen Kleinwagen der Marke Renault – und gleich fahren sie nach Tel Aviv. Unterwegs (auf der neuen Straße Jerusalem – Tel Aviv) erklärt Miriam Daniel, warum sie so spät gekommen ist. „In Tel Aviv war heute eine Demonstration gegen die Regierung; die Straße war voll (mit) Menschen, und es war sehr schwer durchzukommen – fast unmöglich... Auch die Straße nach Lod war verstopft. Ich brauchte mehr als eine Stunde bis Lod, anstatt einer halben Stunde. Ich war schon halb verrückt!"
Daniel ist nicht böse. Er sagt: „Aber jetzt haben wir Glück: die Straße ist frei und der Verkehr fast normal. Bald sind wir in Tel Aviv." „Ja, ja," antwortet David. „Die Eltern warten schon auf uns." Und da ist (schon) die Stadt. Daniel sieht viele Menschen, Autos, große Häuser. Es ist schon Nacht geworden, aber der Verkehr ist noch ziemlich stark, und der Lärm ist groß. Da ist das Haus der Familie Guri. Herr und Frau Guri stehen draußen und rufen laut: „Schalom, Daniel! Willkommen!"

8A Die Wohnung der Familie Guri

Die Familie Guri hat eine ziemlich große und bequeme Wohnung in der Ben-Jehuda-Straße: vier Zimmer, eine moderne Küche mit einem riesigen Kühlschrank, ein Badezimmer mit Dusche und Badewanne. Außerdem gibt es noch ein WC. Ihr Balkon ist sehr schön; dort nehmen sie das Frühstück ein, wenn es draußen warm ist. In der Küche befindet sich auch eine „Eßecke"; dort essen sie zu Mittag und zu Abend. Wenn Gäste da sind, nimmt man die Mahlzeiten im Speisezimmer ein. In der Mitte des Wohnzimmers steht ein Fernsehgerät. Im Haus ist auch ein kleiner Hund.
Daniel freut sich: Sein Zimmer ist schön, voll Licht und Sonne. Er öffnet das Fenster; draußen ist Frühlingswetter. Im Zimmer sind ein Bett, ein Tisch und ein Stuhl, ein Schrank mit einem großen Spiegel; an der Wand (hängen) einige Bilder. Er ordnet seine Sachen, wäscht (sich) das Gesicht und die Hände und zieht ein anderes Hemd an. Da hört er Miriams Stimme: „Wo ist unser Gast?" „Ich bin hier, in meinem Zimmer!" ruft Daniel. „Komm, ich habe Hunger, wir wollen essen." Daniel denkt: Das ist eine gute Idee. Er beeilt sich und läuft ins Speisezimmer...

9A Auf der Bank

Am Morgen steht Daniel früh auf. Er muß zur Bank gehen. Er will noch (mehr) israelisches Geld holen (nehmen). Er hat nicht viel Mark, hat aber Schecks (Euroschecks) und eine Scheckkarte seiner Bank in München. Aber zuerst ißt man Frühstück. Es gibt Kaffee (mit oder ohne Milch), Tee mit Zitrone, Brot mit Butter oder Marmelade. Auch Salate und Eier sind auf dem Tisch, und jeder nimmt, was er will. Nach dem Frühstück fragt Miriam, die ins Büro fahren muß: „Kannst Du alles ohne Hilfe erledigen?" „Gewiß, gewiß", antwortet Daniel. „Also paß auf Dein Geld auf! Auf Wiedersehen zu Mittag!"

In Tel Aviv gibt es viele Banken, fast in jeder Straße. Daniel geht in eine große Bank hinein; viele Leute stehen Schlange... Daniel sucht und sieht ein Schild:

Devisen – Exchange

Daniel wartet einige Minuten in der Reihe. Jetzt ist er vor dem Angestellten.

„Bitte, mein Herr? Kann ich Ihnen helfen?"

„Ich brauche 400 Mark in israelischem Geld. Hier ist der Scheck und meine Scheckkarte."

„In Ordnung, mein Herr. Bitte unterschreiben Sie auf dem Scheck (auf dem Scheck zu unterschreiben). Kann ich Ihren Paß sehen? Danke. Hier ist das Geld, in 20-Schekel-Scheinen."

Und er zählt: „1,2,3,4,5,6,7,8,9,10,11,12..."

Daniel versteht nichts. Aber er ist sicher, daß alles in Ordnung ist. Er nimmt das Geld, sagt „Schalom, vielen Dank." und verläßt die Bank. Und er denkt (sich): Jetzt beginnt der Urlaub!

10A Spaziergang in der Stadt

Um halb elf kam Daniel aus der Bank heraus. Er dachte (sich): „Ich habe noch zwei Stunden Zeit bis zum Mittagessen. Das Wetter ist schön. Man kann (es ist möglich) noch einen kleinen Spaziergang in der Stadt (zu) machen." Die Bank war in der Allenby-Straße, im Zentrum der Stadt. Diese Straße ist nicht breit, aber sehr lang. Es gibt dort viele Geschäfte, viele Fußgänger, viele Autos und Autobusse. Hier ist auch eine Synagoge. Es (das) ist die Große Synagoge der Stadt Tel Aviv. Nicht weit von der Allenby-Straße befindet sich auch das Kaufhaus „Migdal-Schalom" (Friedensturm). Dort kann man auf das Dach steigen (mit einem Fahrstuhl natürlich) und ein herrliches Panorama sehen. Aber Daniel fuhr nicht hinauf; er hatte nicht genug Zeit. Es war fast 11 Uhr.

Daniel sah auch viele Kioske, die Zeitungen und auch Getränke oder Kuchen verkaufen. Er hatte Durst; er kaufte ein Glas Orangensaft (es war die Saison der Orangen und Grapefruits/Pampelmusen!), trank und zahlte. An einem anderen Kiosk gab es alle Morgenzeitungen; die meisten Zeitungen waren hebräisch, aber es gab auch israelische Zeitungen in Englisch, Arabisch, Französisch, Rumänisch, Ungarisch, Russisch und auch in – Deutsch! Drinnen saß ein ziemlich alter Mann.

„Bitte, mein Herr, ich möchte die deutsche Zeitung „Chadschot-Israel" („Israel-Nachrichten") kaufen. Hier ist das Geld."

„Ich verstehe kein Hebräisch." antwortete der Mann. „Nur Jiddisch oder Deutsch."

Daniel lachte... Schließlich nahm er die Zeitung, der Mann (Herr) bekam das Geld und sagte „danke" (und dankte) – auf deutsch...

Die Zeitung war ziemlich dünn – nur 4 Seiten. Aber für Daniel war sie sehr wichtig, denn er konnte sie lesen!

11A Daniel kauft ein Wörterbuch

Daniel las schnell die Überschriften (eine Überschrift: „In München, in Deutschland, hat es geschneit") und ging die Allenby-Straße hinauf, bis zum Boulevard Rothschild. Dort sieht man hohe Bäume, die viel Schatten spenden (geben). An der Ecke befindet sich die Hauptpost und auch eine große Buchhandlung.

Daniel sah viele Bücher im (Schau-)Fenster – Bücher in Hebräisch, aber auch in Englisch, Französisch und Deutsch. Er ging hinein. Er wandte sich an die Dame, die neben der Kasse saß, und fragte sie:

„Kann man hier (ist es hier möglich) (irgend-)ein gutes Wörterbuch (zu) bekommen?"

„Ein hebräisch-englisches oder ein hebräisch-deutsches Wörterbuch?"

„Ein hebräisch-deutsches – aber mit Aussprache."

„Bitte sehr, hier ist das Wörterbuch von Lavy – es ist groß und sehr seriös. Ich glaube, daß es das beste ist. Es gibt auch separat einen deutsch-hebräischen Teil."

„Ich weiß, daß dies ein ausgezeichnetes Wörterbuch ist. Aber ich suche ein kleineres Wörterbuch, das man in die Tasche stecken kann.* So ist es bequemer, wenn ich unterwegs bin."

„Ja, ja, ich verstehe. Sie suchen ein Taschenwörterbuch. Aber momentan haben wir kein gutes Taschenwörterbuch für die deutsche Sprache. Vielleicht nehmen Sie ein hebräisch-englisches Taschenwörterbuch? Sie können sicherlich Englisch. Wir haben ein ziemlich gutes von Ben-Jehuda. Es ist auch billiger als das deutsche Wörterbuch."

„Ben-Jehuda? Die ganze Zeit höre ich diesen Namen. Wer ist das, Ben-Jehuda? Ich wohne in der Ben-Jehuda-Straße!"

Die Dame lächelt. „Eliezer Ben-Jehuda ist der Vater (Schöpfer) der modernen hebräischen Sprache. Er ist schon lange tot. Er schrieb auch ein sehr großes Wörterbuch. Es ist das größte hebräische Wörterbuch. Sein Sohn schrieb ein hebräisch-englisches und englisch-hebräisches Taschenwörterbuch."

---

* wörtlich: „„...das in die Tasche zu stecken möglich ist..."

„Sehr interessant. Ich nehme es. Wieviel kostet es?"
„20 Schekel, mein Herr. Vielen Dank. Sie können schon sehr gut Hebräisch. Wo haben Sie (es) gelernt? Nicht in einem Ulpan? Nein? In Deutschland? Erst gestern sind Sie gekommen? Alle Achtung (bravo)!"
„Danke!* Auf Wiedersehen!"

12A Was tun?

Als Daniel aus dem Geschäft herauskommt, ist es fast halb eins. Draußen ist es ziemlich warm. Er fühlt sich etwas müde; er beschließt, nach Hause zu gehen – am Meeresufer entlang. Dort ist es sehr angenehm; da gibt es immer etwas Wind; das Meer ist blau und ruhig. Junge und ältere (wörtl.: weniger junge) Leute, Jungen, Mädchen, Kinder gehen spazieren oder sitzen in der Sonne – auf Bänken oder in Cafés; all dies ist ein Bild der Ruhe und des Friedens.
Plötzlich bleibt Daniel stehen. Wo ist sein Paß? Er erinnert sich, daß er ihn in der Bank dem Angestellten übergab. Der Angestellte hat ihm den Paß sicher zurückgegeben. Also wo ist er? Er sucht in allen Taschen, aber er findet ihn nicht. Er beginnt zu laufen. Wohin? Er läuft zurück zur Bank; aber die Tür ist verschlossen. Drinnen ist niemand. Was tun? Vielleicht hat jemand ihm den Paß gestohlen? An der Tür der Bank steht geschrieben:
Die Bank ist am Sonntag, Montag, Dienstag und Donnerstag von 8.30 bis 12.30 Uhr geöffnet.
Am Sonntag, Dienstag und Donnerstag auch von 16 bis 17.30 Uhr.
Am Freitag von 8.30 bis 12 Uhr. Am Samstag geschlossen.
Daniel hatte die Namen der Wochentage nach Zahlen gelernt (z.B. Sonntag = 1. Tag, Montag = 2. Tag usw.), aber die Büros und die Banken bezeichnen sie im allgemeinen nach dem Alphabet. Hier die Liste, die Daniel in seinem Heft gemacht hatte:
Sonntag
Montag
Dienstag
Mittwoch
Donnerstag
Freitag
Samstag (Sabbat)
Heute ist Dienstag. Es bleibt (ihm) nichts anderes übrig – Daniel muß bis vier Uhr warten. Inzwischen ist es besser, nach Hause zu gehen, denn sicherlich erwartet man ihn zum Mittagessen. Aber zuerst muß er zur Polizei gehen... Vielleicht hat jemand den Paß gefunden und ihn einem Polizisten oder einer Polizistin übergeben?

---

* wörtlich: „Danke, Frau." Ins Deutsche ist diese gebräuchliche Anrede nicht zu übersetzen.

13 A Auf dem Polizeirevier

Daniel findet ein Polizeirevier in der Dizengoff-Straße. Er erzählt dem dienst-habenden Polizisten, was passiert ist – halb auf hebräisch, halb auf englisch. Der Polizeibeamte fragt: „(Der) Name? Sind Sie israelischer Bürger oder Tourist? Aus welchem Land? (Das) Alter? (Die) Adresse? In einem Hotel oder einer Privatunter-kunft?" Daniel gibt alle Einzelheiten. Der Polizist notiert alles. Daniel möchte wis-sen, ob Hoffnung besteht, den Paß zu finden. Der Beamte antwortet: „Ich hoffe. Es ist nicht einfach. Manchmal gelingt es der Polizei, Dinge (Sachen) zu finden... Aber wenn jemand Ihren Paß gestohlen hat, gibt es nicht viel Hoffnung, den Dieb zu fin-den... Auf jeden Fall schicken wir Ihnen eine Mitteilung. Schalom!"
Es ist halb zwei. Daniel kommt nach Hause, müde und traurig. Das war sein erster Tag in Israel, aber er hatte kein Glück!
Familie Guri ist schon nervös. Herr Guri sagt: „Wo warst Du, Daniel? Wir warten die ganze Zeit auf Dich. Wir haben einen Telefonanruf von der Buchhandlung Stei-matzky bekommen. Du hast Deinen Paß neben der Kasse vergessen! Wo warst Du mit den Gedanken?" (wörtl.: Wo war Dein Kopf?)

14A Besuch in Jaffa

Am Nachmittag beschließen Daniel und Miriam, ein bißchen in Jaffa spazieren zu gehen. Jaffa war einmal eine arabische Stadt; auch Juden lebten dort. Aber die Mehr-zahl der arabischen Einwohner verließ die Stadt im Jahre 1948 wegen des Krieges zwischen Juden und Arabern. Heute ist Jaffa ein Teil von Tel Aviv. Es leben dort noch etwa 7000 Araber.
Daniel und Miriam besuchen das Künstlerviertel und sehen in den Straßen und Ga-lerien viele interessante Dinge. Danach gehen sie im Stadtzentrum spazieren, kom-men am Uhrturm (aus der Türkenzeit) vorbei und sehen zwei große Gebäude: die große Moschee und das Kloster (die Kirche sieht man von weitem). Von dem kleinen Hafen ist der Ausblick auf das Mittelmeer und auf die Stadt Tel Aviv herrlich. Im Zentrum sieht Daniel nicht nur ein großes Kino, sondern auch einen Nachtklub (der noch nicht geöffnet ist...). Auf der Straße sind viele Leute (Juden und Araber), viel Verkehr, viel Lärm.
Am Ende des Spaziergangs sagt Miriam: „Jetzt bin ich hungrig und auch müde. Können wir uns (kann man sich) ein bißchen hinsetzen?"
Daniel antwortet: „Ich habe auch Hunger und Durst. Da ist ein kleines Café!"
Miriam und Daniel gehen in das Café hinein. Der Kellner sagt: „Guten Tag, meine Dame, guten Tag, mein Herr! Wollen Sie drinnen oder draußen sitzen?" „Wir blei-ben drinnen. Da ist ein freier Tisch. Bitte bringen (geben) Sie uns etwas zu trinken."
„Kalt oder warm?" „Kalt. Haben Sie Orangensaft?" „Orangensaft haben wir heute nicht, aber es gibt Grapefruitsaft, Limonade, Bier, Coca Cola..." „Gut, bringen Sie

mir eine Flasche Bier, bitte. Und was möchtest Du, Miriam?" „Bitte ein Glas Tee. Bier mag ich nicht." „Mit Milch oder mit Zitrone?" fragt der Kellner. „Mit Milch, aber ohne Zucker. Vielleicht haben Sie eine Pizza?" „Haben wir nicht, meine Dame; es gibt Humus mit Pita und auch Sandwiches mit Käse, Ei(ern) oder Tomaten. Es gibt auch Gemüsesuppe und Kartoffelsalat. Fleisch haben wir nicht." Daniel nimmt ein Käsesandwich; Miriam bestellt Kuchen mit Schlagsahne. „Ich verstehe nicht," sagt Daniel, „Du nimmst Kuchen mit Schlagsahne, aber Tee ohne Zucker?" „Ja, Daniel, ich halte strenge Diät..."

15A Eine kluge Antwort

Es geschah in Wien, zu Beginn des Jahrhunderts. Ein Jude läuft durch die Straßen des Stadtzentrums und schreit: „Wir brauchen keinen Kaiser! Nein! Wir brauchen keinen Kaiser!" Zwei Geheimpolizisten verhaften ihn und bringen ihn auf das Polizeirevier. Der Kommissar, der unter einem Bild des Kaisers Franz Josef sitzt, fragt ihn: „Wie ist Ihr Name?"

„Josef Bermann."

„Wie alt (sind Sie)?"

„Fünfundvierzig."

„Wo wohnen Sie?"

„In Wien, Mozartstraße Nr. 9."

„Sind Sie österreichischer Bürger?"

„Ja, Herr (Kommissar)."

„Worum handelt es sich?"

Die Geheimpolizisten erzählen, was geschehen ist. Der Kommissar sagt zornig: „Was? Sie haben auf der Straße geschrien, daß wir keinen Kaiser brauchen? Sind Sie verrückt? Sind Sie ein Terrorist? Wollen Sie eine Revolution machen? Ja oder nein? Wehe Ihnen, wenn Sie nicht die Wahrheit sagen!"

Der Jude antwortet: „Es stimmt, ich habe geschrien, daß wir keinen Kaiser brauchen, denn wir haben ja schon einen!"

16A Jerusalem!

Daniel und Miriam haben beschlossen, nach Jerusalem zu fahren. Am Donnerstag stand Daniel früh auf, wusch sich, rasierte sich und zog sich schnell an. Nach einem leichten Frühstück nahm er den Autobus 4 zum Busbahnhof. Dort traf er sich mit Miriam, die ihre Arbeit um 10 Uhr beendet und einen Tag Urlaub bekommen hatte.

Jetzt sind Miriam und Daniel Touristen. Zusammen fahren sie im Autobus direkt nach Jerusalem. Die Reise dauert insgesamt 45 Minuten. Die Straße ist breit und schön; nach Lod steigt sie ständig an (steigt und steigt), denn Jerusalem liegt mitten in den Bergen (man nennt sie die „Berge von Judäa"), in 800 Meter Höhe. Und da ist

Jerusalem, die Hauptstadt Israels! Zuerst gehen Miriam und Daniel in die Altstadt hinein durch das Jaffator und (dann) zu Fuß die Hauptstraße des muslimischen Stadtteils hinunter. Die ganze Straße ist wie ein großer Markt. Sie passieren das jüdische Viertel, das nach dem Krieg von 1967 von neuem aufgebaut wurde (vorher war die Altstadt unter jordanischer Herrschaft), und kommen zur Klagemauer; das ist alles, was von dem großen Tempel vor 2000 Jahren übrig blieb... Viele Juden beten an (neben) der Mauer, und Tausende von Touristen gehen dort spazieren und schauen zu...

Auf der anderen Seite der Mauer sieht man die Omar-Moschee (links) und die El-Aksa-Moschee (rechts). Dieser ganze Bezirk, auf hebräisch „Tempelberg" genannt, ist ein heiliger Ort für die Muslime. Daniel und Miriam befinden sich wieder im muslimischen Viertel (das größte in der Altstadt) und gehen in den christlichen Stadtteil hinüber, zur Via dolorosa bis zur Grabeskirche Jesu. Durch das armenische Viertel kehren sie zum Jaffator zurück.

Es gibt noch viel zu sehen, sowohl in der Altstadt als auch in der Neustadt: die Knesset, das Israel-Museum, das Rockefeller-Museum, Jad Vaschem (Holocaust-Gedenkstätte), den Ölberg, die Hebräische Universität... Aber Miriam meint: „Es ist schon spät, wir sind müde. Man muß noch einmal herkommen!" „Ja," antwortet Daniel, „wenigstens für 2 Tage..." Miriam lächelt: „Auch das reicht nicht. Kennst du die Werbung des Ministeriums für Tourismus: Um Jerusalem zu entdecken, braucht man mehr als 2 Tage..."

17A Daniel ist krank

Eines Tages wacht Daniel früh auf und fühlt sich nicht gut. Der Kopf tut ihm weh, er ist sehr müde; anscheinend hat er etwas Fieber. Kein Wunder: In den letzten Tagen ist er viel herumgereist; er besuchte fast das ganze Land, nicht nur den Norden – Haifa (dorthin fuhr er mit der Bahn), Naharia (hier wohnen viele Deutschsprechende), die Berge Galiläas, Tiberias (am See Genezareth) – sondern auch den Süden. Er besuchte einen Kibbuz im Negev, er badete im Toten Meer, im Roten Meer...

Gegen neun Uhr beschließt Frau Guri, den Arzt zu rufen. Vorher fragt sie Daniel: „Hast Du vielleicht einen Versicherungsschein?" „Ja," antwortet Daniel, „in Deutschland bin ich Mitglied der Krankenkasse." „Sehr gut", sagt Frau Guri, „dann ist die ärztliche Untersuchung für Dich kostenlos."

Der Arzt kommt nachmittags, denn am Morgen arbeitet er im Krankenhaus. Doktor Levy kennt die Familie Guri gut. Er geht in Daniels Zimmer und fragt ihn: „Wie geht es Ihnen, Herr Landmann? Sind Sie krank? Vertragen Sie unser Klima nicht?" „Ich glaube", antwortet Daniel, „daß ich zuviel von Ort zu Ort gerannt bin, und jetzt..." „Können Sie nicht mehr rennen!" fährt der Arzt lächelnd fort. Nach einer gründlichen Untersuchung (er überprüfte auch das Herz und den Blutdruck) sagt er: „Ich sehe nichts Ernsthaftes. Hier sind ein paar Tabletten gegen das Fieber. Nehmen Sie zwei am Morgen, zwei am Mittag und zwei am Abend. Sie müssen auch viel Mineralwasser trinken; man findet es in der Apotheke oder im Supermarkt. Heute bleiben Sie im Bett." „Und morgen?" fragt Daniel. „Morgen möchte ich zu einem Fußballspiel gehen (wörtl.: gehen, um ein Fußballspiel zu sehen)..." „Ich weiß nicht, was ich Ihnen sagen soll – vielleicht ja, vielleicht nein. Ist Ihnen dieses Spiel so wichtig?" „Ja." „Dann ist es für Sie besser, es im Fernsehen anzuschauen – aber vor dem Spiel nehmen Sie noch zwei Tabletten!"

18A Unentschieden

„Ein wichtiges Spiel" – das war das Fußballspiel zwischen einer israelischen Auswahl(elf) und der berühmten deutschen Mannschaft Bayern München mit allen ihren Stars. Wegen des Pilotenstreiks kamen die deutschen Spieler einige Tage später in Israel an (ins Land). Daniel war schon (wieder) ganz gesund, und er lud Miriam ein, mit ihm zu dem Spiel zu gehen. „Und mein Bruder?" fragte Miriam. „Ist er nicht eingeladen? Kommt er nicht mit uns?" Daniel lachte. „Ich dachte, daß er für die Prüfungen in seiner Schule lernen muß." „Hab' keine Sorge, Daniel. Für Fußball und für Basketball hat er immer Zeit..." Auch Herr Guri ist interessiert. „Wenn ich Zeit hätte, würde ich auch mitkommen."

Das Stadion in Ramat-Gan war fast voll. 40 000 Zuschauer warteten auf den Beginn des Spiels. Ein schönes und farbiges Bild: Auf dem grünen Rasen die deutsche Mannschaft im roten Dreß; die Israel-Auswahlelf in blauen Hemden und weißen Hosen (blau und weiß – die Farben Israels); der italienische Schiedsrichter in schwarzer Kleidung mit dem weißen Ball in der Hand.

Das Spiel beginnt. Die deutsche Mannschaft greift sofort an. Nach 20 Minuten führt sie 2:0! Jetzt ist die israelische Verteidigung besser, und bis zur Pause wird es keine Veränderung geben. „Das ist verheerend!" meint David...

In der zweiten Halbzeit kämpfen die Israelis energisch. Die Deutschen spielen schwächer. Ein israelischer Spieler erhält die „gelbe Karte". Und da (kommt) die Überraschung: Der israelische Stürmer Rosenthal schießt ein Tor nach einem Fehler des deutschen Torwarts. Nun feuern die Zuschauer ihre Mannschaft mit aller Kraft an, und drei Minuten vor Spielende erzielt der Spieler Pisanti das zweite Tor. 2:2 – unentschieden!

Die Zuschauer sind zufrieden. Daniel sagt: „Auch für uns ist das ein gutes Ergebnis. Aber wenn unser Torwart besser (gewesen) wäre, hätten wir gewonnen..." David antwortet: „Du hast vollkommen recht, aber wenn der Schiedsrichter objektiver gewesen wäre, hätten wir gewonnen..." Miriam wird ein bißchen ärgerlich: „Jetzt reicht's, David!" Aber gleich lächelt sie (wieder) und fährt fort: „Wenn Du gespielt hättest, hätten wir 5:0 gewonnen – das ist sicher!"

19A Fazit des Besuchs

Daniel war nur zwei Wochen in Israel, aber er sah viele Orte und lernte viele Dinge über das Leben in Israel. Niemals wird er (es) vergessen. Er lernte auch die Probleme des Nahen Ostens kennen und die komplizierte politische Situation des Staates Israel besser verstehen. Jetzt war ihm auch klar, warum er so viele Soldaten (und Soldatinnen) auf den Straßen (in der Stadt) und auch auf dem Lande (den Landstraßen) sah. Miriam erklärte ihm, daß, solange es keinen wirklichen Frieden gibt, Israel viel Militär braucht. Seit der Errichtung des Staates 1948 gab es fünf Kriege zwischen Juden und Arabern. Noch heute herrscht (gibt es) Spannung zwischen den beiden Völkern, denn man hat noch keine Lösung für das Problem der Flüchtlinge gefunden, die ihre Häuser während der Kriege verlassen haben.

Heute leben in Israel fünfeinhalb Millionen Einwohner; 82% davon sind Juden, 18% sind Araber (Muslime und Christen). Auf der ganzen Welt gibt es etwa 14 Millionen Juden; die Mehrheit befindet sich in den Vereinigten Staaten. Auch in Rußland, in England und in Frankreich lebt eine große Anzahl von Juden. Für sie ist Israel das geistige Zentrum.

Es ist der letzte Tag des Besuchs. Die ganze Familie Guri ist zum Flugplatz gekommen. Die Sonne scheint. David photographiert... Miriam fragt Daniel: „Nun, wann kommst Du wieder nach Israel?"* Daniel lächelt:„Vorher mußt Du (wirst Du) München besuchen! Vielleicht werde ich später wieder nach Tel Aviv kommen – wenn Friede sein wird!" Die ganze Familie antwortet: „Schön wär's, schön wär's – gute Reise, komm gut heim!" „Bye! Auf baldiges Wiedersehen!" Und allein geht Daniel zur Abflughalle hinauf.

20A Micky ist nicht zu Hause (Uris Frechheit)

Nichts (wörtl.: keine Sache) ist ärgerlicher als ein Telefonanruf ausgerechnet dann, wenn du dich einmal entschlossen hast, früh schlafen zu gehen, um zehn. „Ist Micky zu Hause?" hört man die Stimme eines Mannes.

„Hier gibt es gar keine Micky. Gewiß haben Sie sich in der Nummer geirrt, mein Herr." – und ich legte wütend auf (wörtl.: machte ich das Telefon zu).

Aber es gibt etwas (eine Sache), das noch ärgerlicher als ein Anruf zur Schlafenszeit (in der Stunde des Schlafes) ist, und das ist ein weiterer Anruf des selben Mannes, der ausgerechnet bei mir eine Micky sucht.

„Ich sagte Ihnen schon einmal, daß es hier keine Micky gibt, suchen Sie vielleicht woanders, oder lernen Sie, (eine Telefonnummer) zu wählen. Gute Nacht." Gott sei Dank, ich bin ihn los (geworden). Endlich ist es möglich, in Ruhe zu schlafen.

Am Morgen, bei Toast und heißem Kaffee, erzählte ich meinen Töchtern von dem frechen Mann, der ausgerechnet bei uns Micky suchte.

---

* wörtl.: „...wann wirst Du wieder nach Israel kommen?"

Als ich die bösen Augen meiner Tochter sah, wie sie Blitze schossen, verstand ich sofort, was für einen schrecklichen Fehler ich gemacht hatte.

„M..a..m..a !!! Was ist (los) mit dir? Das war Uri am Telefon, ein Junge vom Gymnasium, und er hat mich gesucht, verstehst du, mich. Warum hast du ihm gesagt, daß es hier keine Micky gibt, warum? Beim nächsten Mal denke daran, hast du gehört?" Und sie brach in herzzerreißendes Weinen aus.

Ja, mein Kind nächstes Mal, wenn du beschließt, deinen Namen zu ändern oder zu wechseln, um Himmels willen, sag' es auch mir, bitte.

Micky, auch ein Name... Und ich habe all die Jahre so sehr darauf bestanden, daß alle dich Michal nennen – mit Betonung auf der letzten Silbe...

(Nach Dalia NIR: „Keta'im" – Mit frdl. Genehmigung des Verlags Reschafim, Tel Aviv 1985.)

21A Wer hat die Bundestafeln zerbrochen?

Eines Tages besucht ein Inspektor (Schulrat) eine Schule in Tel Aviv. Er geht in eine 9. Klasse zu einer Stunde über die Geschichte des Volkes Israel. Nach einigen Minuten fragt er die Schüler: „Wißt ihr, wer die Bundestafeln zerbrochen hat?" Keine Antwort. Der Inspektor wundert sich. Er wendet sich an einen Schüler in der ersten Reihe:„Wie heißt du?" Der Schüler antwortet: „Ich heiße Mosche." „Nun, Mosche, vielleicht kannst du mir sagen, wer die Bundestafeln zerbrochen hat?" „Nein, mein Herr, aber ich schwöre, daß nicht ich sie zerbrochen habe."

Der Inspektor wird ärgerlich. Er fragt den Lehrer: „Mein Herr, ich bin nicht zufrieden. Wie ist es möglich, daß niemand in dieser Klasse weiß, wer die Bundestafeln zerbrochen hat? Was unterrichten Sie (denn) hier?" Der Lehrer erklärt: „Herr Inspektor, ich kenne den Schüler Mosche gut. Wenn er sagt, daß er es nicht getan hat, glaube ich ihm."

Der Inspektor beginnt so laut (stark) zu schreien, daß der Direktor der Schule ihn hört und schnell in die Klasse kommt. „Was ist passiert, Herr Inspektor?" „Ich verstehe nicht, Herr Direktor. In dieser Klasse weiß kein Schüler, wer die Bundestafeln zerbrochen hat. Sogar der Lehrer hat mir keine richtige Antwort gegeben." Der Direktor antwortet leise (ruhig): „Das macht nichts, mein Herr, nehmen Sie es sich nicht zu Herzen. Ich schlage vor, daß die Schule für den Schaden aufkommt (zahlen wird); auf diese Weise erledigen wir die Angelegenheit (wörtl.: werden wir die Angelegenheit beenden)."

Alphabetisches Wörterverzeichnis

Nur die wichtigsten Vokabeln erscheinen im Verzeichnis. Die Punktierung ist nicht vollständig. Geographische Namen werden gesondert aufgeführt.

א

Alef [alef] א
(1. Buchstabe des hebräischen Alphabets, Zeichen der Zahl 1) Einleitung
Vater 2A [av] אָב
Vater, Papa *(Anrede)* 6A ['aba] אַבָּא
ach!, wehe!, oh! 15A [avoj] אֲבוֹי
Frühling 3A [aviv] אָבִיב
Frühlings-, frühlingshaft 8A [avivi] אֲבִיבִי
aber 2A [aval] אֲבָל
Agora 6A [agora] אֲגוֹרָה
(Münze, 1 Schekel = 100 Agorot)
Herr 1A [adon] אָדוֹן
mein Herr! 9A [adoni] אֲדוֹנִי
rot 18A [adom, aduma] אָדוֹם, אֲדֻמָה
Erde, Boden 14A [adama] אֲדָמָה
lieben, gern haben 14A [ahav] אָהַב
(לֶאֱהוֹב, אוֹהֵב)
oder 3A [o] אוֹ
objektiv 18A [objek'tivi] אוֹבְּיֶקְטִיבִי
August 13B ['ogust] אוֹגוּסְט
Autobus 6A ['otobus] אוֹטוֹבּוּס
wehe! 15A [oi va'avoj] אוֹי וַאֲבוֹי
Luft 5A [avir] אֲוִיר
vielleicht 1A [ulai] אוּלַי
Universität 1A [uni'versita] אוּנִיבֶּרְסִיטָה
Volkshochschule 2A אוּנִיבֶּרְסִיטָה עֲמָמִית
[uni'versita amamit]
Uri *(männl. Vorname)* 20A [uri] אוּרִי
Oktober 13B [ok'tober] אוֹקְטוֹבֶּר
Licht 5A [or] אוֹר
Gast 8A [o'ré'ax] אוֹרֵחַ
dann, also 3A [az] אָז
Bezirk, Gegend 16A [ézor] אֵזוֹר
Bürger 13A [ezrax] אֶזְרָח
Bürgerin 13A [ezraxit] אֶזְרָחִית
Bruder 2A [ax] אָח

ein, eins 1A, 9B1 [exad] אֶחָד
elf 9B1 [axad-asar] אַחַד־עָשָׂר
Prozent 19A [axuz] אָחוּז
Schwester 2A [axot] אָחוֹת
nachher, darauf 14A [axar-kax] אַחַר־כָּךְ
ein anderer 8A [axér] אַחֵר
eine andere 8A [a'xeret] אַחֶרֶת
letzte(r) 17A [axaron] אַחֲרוֹן
nach *(zeitl.)* 4A [axaréi] אַחֲרֵי
eins, eine 9B1 ['axat] אַחַת
welcher, welches, ['éize] אֵיזֶה
    wer, was 6A, 11A
welche 6A, 11A ['eizo] אֵיזוֹ
wie, wieso 2A [éix] אֵיךְ
schrecklich, furchtbar 18A [ajom] אָיוֹם
entsetzlich 18A [ajom vənora] אָיוֹם וְנוֹרָא
es gibt nicht, kein 3A [éin] אֵין
(er) ist nicht da 6A [éi'nenu] אֵינֶנּוּ
macht nichts 21A [éin davar] אֵין דָּבָר
wo 1A, 6A [éifo] אֵיפֹה
Mann, Gatte 1A, 12A, 12B [iʃ] אִישׁ
    (Pl. Menschen, Leute) [anaʃim] אֲנָשִׁים
aber, jedoch 20A [ax] אַךְ
essen 8A [axal] אָכַל
(לֶאֱכוֹל, אוֹכֵל)
Essen 8A ['oxel] אֹכֶל
an, zu 11A [el] אֶל
El Al *(isr. Fluggesellschaft)* 5A [el al] אֶל־עָל
tausend 13B3 ['elef] אֶלֶף
Alef *(1. Buchstabe des* ['alef] אָלֶף
    hebr. Alphabets) Einleitung
Alphabet 12A ['alef-bét] אָלֶף־בֵּית
Ulpan *(Intensivsprachkurs)*; אֻלְפָּן
    Studio 11A [ulpan]
Tausende *(vor Substantiven)* 16A [alféi] אַלְפֵי
Mutter, Mama 2A [ém] אֵם

wenn 11A	[im] אִם
Mama 3A	['ima] אִמָּא
Badewanne 8A	[am'batja] אַמְבַּטְיָה
glauben 21A	[heʲemin] הֶאֱמִין
	(לְהַאֲמִין, מַאֲמִין)
Künstler 14A	[oman] אֻמָּן , אוֹמָן
Mitte 8A	['emtsa] אֶמְצַע
sagen 3A	[amar] אָמַר
	(לֵאמֹר , אוֹמֵר)
Wahrheit 4A	[emet] אֱמֶת
echt, wirklich 19A	[amiti] אֲמִיתִי
England 19A	['anglija] אַנְגְּלִיָה
Englisch 1A	[anglit] אַנְגְּלִית
wir 4A	[a'naxnu] אֲנַחְנוּ
ich 3A	[ani] אֲנִי
Telefonmünze 6A	[asimon] אֲסִימוֹן
niemand 12A	[af exad] אַף אֶחָד
nie(mals) 19A	[af 'paʲam] אַף פַּעַם
sogar, nicht einmal, selbst wenn 4A	[a'filu] אֲפִלּוּ
Art, Weise 13A	['ofen] אֹפֶן
Null 18A	['efes] אֶפֶס
April 13B2	[april] אַפְּרִיל
möglich 7A	[efʃar] אֶפְשָׁר
unmöglich 7A	[iʲefʃar] אִי־אֶפְשָׁר
Stadion 18A	[itstadjion] אִצְטַדְיוֹן
bei (auf Personen bezogen) 5A	['étsel] אֵצֶל
Klima 17A	[aklim] אַקְלִים
vier (f) 9B1	[arba] אַרְבַּע
vierzehn (f) 9B1	[arba-esré] אַרְבַּע־עֶשְׂרֵה
vier (m) 9B1	[arbaʲa] אַרְבָּעָה
vierzehn (m) 9B1	[arbaʲa-asar] אַרְבָּעָה־עָשָׂר
vierzig 13B3	[arbaʲim] אַרְבָּעִים
Vereinigte Staaten 19A	אַרְצוֹת־הַבְּרִית
	[artsot habrit]
Mahlzeit 5A	[aruxa] אֲרוּחָה
Frühstück 8A	[aruxat-boker] אֲרוּחַת־בֹּקֶר
Mittagessen 8A	אֲרוּחַת־צָהֳרַיִם
	[aruxat-tsoho'rajim]
Schrank 8A	[aron] אֲרוֹן

lang 10A	[arox] אָרוֹךְ
	[aruka] אֲרֻכָּה
armenisch 16A	[armé'ni] אַרְמֶנִי
Land, auch: Israel 13B4	['erets] אֶרֶץ
Grapefruit, Pampelmuse 10A	[eʃkolit] אֶשְׁכּוֹלִית
der, die, das (Relativpronomen) 9A, 10A	[aʃer] אֲשֶׁר
Partikel des deter- minierten Akkusativs 10A, 10B, 20A	[et] אֶת
du (f) 3A	[at] אַתְּ
du (m) 3A	[ata] אַתָּה
ihr (m/pl.) 4A	[atem] אַתֶּם
ihr (f/pl.) 4A	[aten] אַתֶּן
gestern 6A	[etmol] אֶתְמוֹל

ב

Bet; ohne Dagesch Vet	([vet] ב) [bet] ב
(2. Buchstabe des hebr. Alphabets, Zeichen der Zahl 2) Einleitung	
in, an, durch, mittels 1A	[bə] בְּ
bitte 9A	[bəvakaʃa] בְּבַקָּשָׁה
wegen (Präposition) 8A	[biglal] בִּגְלַל
Abitur, Reifeprüfung 21A	[bagrut] בַּגְרוּת
genau, pünktlich 10A	בְּדִיּוּק
	[bədijuk, bidjuk]
Untersuchung 17A	[bədika] בְּדִיקָה
kontrollieren 5A	[badak] בָּדַק
	(לִבְדּוֹק , בּוֹדֵק)
völlig, absolut 18A	[bəhexlét] בְּהֶחְלֵט
kommen, ankommen 3A	[ba] בָּא
	(לָבוֹא , בָּא)
Absolvent, Er- wachsener (Anhang)	[boger] בּוֹגֵר
Absolvent der Uni- versität (erster akad.	בּוֹגֵר אוּנִיבֶּרְסִיטָה
	['boger uni'versita]
Grad d. geistesw. Fakultät) Anhang	
sicher, sicherlich, gewiß 4A	[bəvadai] בְּוַדַּאי
draußen 6A	[baxuts] בַּחוּץ
Junge, junger Mann 12A	[baxur] בָּחוּר

225

Alphabetisches Wörterverzeichnis

Mädchen 12A [baxura] בַּחוּרָה
Prüfung 18A [bəxina] בְּחִינָה
sicher 9A, 18A [ba'tuʲax] בָּטוּחַ
Versicherung 17A [bi'tuʲax] בִּטוּחַ, בִּיטוּחַ
Sicherheit 5A [bitaxon] בִּטָחוֹן
am meisten, [bəjotér] בְּיוֹתֵר
  meist 11A, 11B
zusammen 16A [bə'jaxad] בְּיַחַד
verstehen 9A, 14A [ban] בֵּן (ב'ן)
  (לְבִין , בַּנְתִּי)
hif. verstehen, – הֵבִין (מֵבִין)
  begreifen 9A, 14A
zwischen 14A [béin] בֵּין
zwischen... בֵּין ... וּבֵין
und... 18A [béin ... uvéin]
Mittel-, Zwischen- 21A [béi'najim] בֵּינַיִם
inzwischen 4A [béin'tajim] בֵּינְתַיִם
Ei 9A [béitsa] בֵּיצָה
Hauptstadt, Regierungssitz 16A [bira] בִּירָה
Bier 14A ['bira] בִּירָה
Bet (2. Buchstabe [bét] בֵּית
  des hebr. Alphabets) Einleitung
Haus 3A ['bajit] בַּיִת
Krankenhaus 17A [béit-xolim] בֵּית־חוֹלִים
Synagoge 10A [béit-'kneset] בֵּית־כְּנֶסֶת
Tempel 16A [béit-hamikdaʃ] בֵּית־הַמִקְדָשׁ
Apotheke 17A [béit-mir'kaxat] בֵּית־מִרְקַחַת
Grundschule Anhang בֵּית־סֵפֶר יְסוֹדִי
  [béit-'séfer jəsodi]
Gymnasium 20A Anhang בֵּית־סֵפֶר תִיכוֹן
  [béit-'séfer tixon]
Café 12A [béit-kafe] בֵּית־קָפֶה
Weinen, Tränen 20A [bəxi] בְּכִי
zornig, wütend 20A [bə'xaʲas] בְּכַעַס
ohne 20B [bli] בְּלִי
ohne 20B [bilʲadéi] בִּלְעֲדֵי
Geheimpolizist, Detektiv 15A [balaʃ] בַּלָשׁ
anstatt 7A [bimkom] בִּמְקוֹם
Sohn 3A [ben] בֶּן
Gebäude 14A [binjan] בִּנְיָן

Bank 9A [bank] בַּנְק
für 21A [bəʲad] בְּעַד
in (zeitl.), nach 19A [bəʲod] בְּעוֹד
Problem 6A [bəʲaja] בְּעָיָה
Ehemann 18A ['baʲal] בַּעַל
ungefähr 14A [bəʲ'erex] בְּעֵרֶךְ
drin, drinnen 5A [bifnim] בִּפְנִים
Flasche 14A [bakbuk] בַּקְבּוּק
Besuch 4A [bikur] בִּקוּר
pi. besuchen 14A [bikér] בִּקֵר
Morgen 8A ['boker] בֹּקֶר, בּוֹקֶר
Guten Morgen! 8A ['boker tov] בֹּקֶר טוֹב!
Kontrolle 5A [bi'koret] בִּקֹרֶת
gesegnet 5A [barux] בָּרוּךְ
Willkommen! 5A [barux haba] בָּרוּךְ הַבָּא!
gesund 18A [bari] בָּרִיא
Bund, Union 19A [bərit] בְּרִית
klar 19A [barur] בָּרוּר
Wahl, Alternative 12A [bréra] בְּרֵרָה
für 4A [biʃvil] בִּשְׁבִיל
leise, ruhig 21A [bə'ʃeket] בְּשֶׁקֶט
Fleisch 14A [basar] בָּשָׂר
Tochter 1A [bat] בַּת
in...hinein, inmitten 7A, 16A [bətox] בְּתוֹךְ

ג

Gimmel (3. Buchstabe [gimmel] ג
  des hebr. Alphabets, Zeichen
  der Zahl 3) Einleitung
Höhe 16A ['govah] גֹבַה
hoch 11A [ga'voʲa] גָּבֹהַ
[gvoha] גְבוֹהָה
Käse 14A [gvina] גְבִינָה
Mann 20A ['gever] גֶבֶר
Frau, Dame 1A [gəveret] גְבֶרֶת
Dach 10A [gag] גַג
groß 2A [gadol, gədola] גָּדוֹל , גְדוֹלָה
wohnen 1A [gar] גָר (גור)
  (לָגוּר , גָר)

226

Alter 13A	[gil]	גִּיל
Gimmel *(3. Buchstabe*	[gimmel]	גִּימֶל
des hebr. Alphabets) Einleitung		
rasieren 16A	[gilax]	גִּלַּח
		(לְגַלֵּחַ, מְגַלֵּחַ)
hit. sich rasieren 16A		הִתְגַּלֵּחַ (מִתְגַּלֵּחַ)
Galerie 14A	[ga'lerja]	גָּלֶרְיָה
auch 1A	[gam]	גַּם
auch, ebenfalls 18A	[gam kén]	גַּם כֵּן
beenden 16A	[gamar]	גָּמַר
		(לִגְמוֹר, גּוֹמֵר)
Garten, Park 5A	[gan]	גַּן
stehlen 12A	[ganav]	גָּנַב
		(לִגְנוֹב, גּוֹנֵב)
Dieb 13A	[ganav]	גַּנָּב
deutsch 1A	[germani]	גֶּרְמָנִי
deutsche Spra-	[germanit]	גֶּרְמָנִית
che, Deutsch 2A		
Regen 3A	['geʃem]	גֶּשֶׁם

ד

Dalet *(4. Buchstabe des*	[dalet]	ד
hebr. Alphabets, Zeichen		
der Zahl 4) Einleitung		
besorgt sein, sorgen 18A	[daʲag]	דָּאַג
		(לִדְאוֹג, דּוֹאֵג)
Post 6A	['doʲar]	דָּאַר, דּוֹאַר
Ding, Sache; *auch* Wort 8A	[davar]	דָּבָר
sprechen 2A	[dibér]	דִּבֶּר
		(לְדַבֵּר, מְדַבֵּר)
Beispiel, Muster 12A	[dugma]	דֻּגְמָה
Sprecher 17A	[dovér]	דּוֹבֵר
gerade, ausgerechnet 20A	['davka]	דַּוְקָא
genug, genügend 18A	[dai]	דַּי
ziemlich, genug 2A, 7A	[déi]	דֵּי
Diät 14A	[di'eta]	דִּיאֵטָה
Stewardeß 5A	[da'jelet]	דַּיֶּלֶת
Doktor 17A	['doktor]	דּוֹקְטוֹר
Wohnung 8A	[dira]	דִּירָה
Tür 12A	['delet]	דֶּלֶת

Dalet *(4. Buchstabe des*	[dalet]	דֶּלֶת
hebr. Alphabets) Einleitung		
Blut 17A	[dam]	דָּם
Minute 9A	[daka]	דַּקָּה
Süden 17A	[darom]	דָּרוֹם
Weg 5A, *auch*	['derex]	דֶּרֶךְ
Präposition durch, über 12A		
(Reise-)Paß 5A	[darkon]	דַּרְכּוֹן
Gras, Rasen, 18A	[deʃe]	דֶּשֶׁא

ה

He *(5. Buchstabe des hebr.*	[he]	ה, הֵא
Alphabets, Zeichen der		
Zahl 5) Einleitung		
der, die, das *bestimmter*	[ha]	הַ
Artikel 1A, *Relativpronomen* 20A		
der nächste, die nächste 4A	[haba]	הַבָּא
		(הַבָּאָה)
nach Hause 12A	[ha'bajta]	הַבַּיְתָה
Aussprache 11A	[higui]	הִגּוּי
Verteidigung 18A	[hagana]	הֲגָנָה
er 1A	[hu]	הוּא
Mitteilung 13A	[hodaʲa]	הוֹדָעָה
Fußgänger 10A	[holéx-'regel]	הוֹלֵךְ-רֶגֶל
ungarisch 10A	[hungarit]	הוּנְגָּרִית
Eltern 5A	[horim]	הוֹרִים
Einladung 4A	[hazmana]	הַזְמָנָה
sie *(f/sg.)* 2A	[hi]	הִיא
er war 1A, 7A	[haja]	הָיָה
gut 17A	[héitév]	הֵיטֵב
Geschichte 1A	[his'torja]	הִיסְטוֹרְיָה
weiter 12A	['halʲa]	הָלְאָה
Gott gebe es! ,	[halevai]	הַלְוַאי
Schön wär's! 19A		
gehen 9A, 12A	[halax]	הָלַךְ
		(לָלֶכֶת, הוֹלֵךְ)
her, hierher 6A	['héna]	הֵנָה
hier ist/sind; da ist/sind 10A	[hiné]	הִנֵּה
Demonstration 7A	[hafgana]	הַפְגָּנָה
Pause 18A	[hafsaka]	הַפְסָקָה

Alphabetisches Wörterverzeichnis

Überraschung 18A	[hafta⁾a] הַפְתָּעָה	Gesellschaft 5A	[xevra] חֶבְרָה
Berg 16A	[har] הַר	Zimmer 8A	['xeder] חֶדֶר
Ölberg 16A	[har-hazéitim] הַר־הַזֵּיתִים	Speisezimmer 8A	[xadar-'oxel] חֲדַר־אֹכֶל
viel(e) 2A	[harbé] הַרְבֵּה	Badezimmer 8A	[xadar-raxtsa] חֲדַר־רַחְצָה
Gott; *auch* der	[haʃém] הַשֵּׁם	neu 7A, 10A	[xadaʃ] (חֲדָשָׁה) חָדָשׁ
Name Gottes 6A		Monat 5A	['xodeʃ] חוֹדֶשׁ , חֹדֶשׁ
Anfang, Beginn 15A	[hatxala] הַתְחָלָה	Neuigkeit 10A	[xadaʃa] חֲדָשָׁה
		Nachrichten 10A	[xadaʃot] חֲדָשׁוֹת

ו

		krank 17A	[xolé] חוֹלֶה
Vav *(6. Buchstabe des*	[vav] ו	Mauer 16A	[xoma] חוֹמָה
hebr. Alphabets, Zeichen		das Außen, Straße 13B4	[xuts] חוּץ
der Zahl 6) Einleitung,1A		Ausland 13B4	[xuts la⁾'arets] חוּץ־לָאָרֶץ
und 1A	[və] וְ	außer 8A	[xuts mi...] ־חוּץ מִ
Visum 5A	['viza] וִיזָה	Winter 3A	['xoref] חוֹרֶף , חֹרֶף
		stark 7A	[xazak] חָזָק

ז

Zajin *(7. Buchstabe des*	[zajin] זַיִן , ז	zurückkehren 16A	[xazar] חָזַר
hebr. Alphabets, Zeichen der		(לַחֲזוֹר , חוֹזֵר)	
Zahl 7) Einleitung		*hif.* zurückgeben,	הֶחֱזִיר (מַחֲזִיר) –
diese, dies, das 21A	[zot] זֹאת	wiedergeben 12A	
dieser, dieses 21A	[ze] זֶה	Rückkehr, Wieder-	[xazara] חֲזָרָה
scheinen, strahlen,	[zarax] זָרַח	holung 16A	
aufgehen *(Sonne)* 19A	(לִזְרוֹחַ , זוֹרֵחַ)	Abteilung, Brigade 21A	[xativa] חֲטִיבָה
billig 11A	[zol] (זוֹלָה) זוֹל	leben 14A	[xaja] חָיָה
Olive, Ölbaum 16A	['zajit] זַיִת	Lächeln 17A	[xijux] חִיּוּךְ
sich erinnern 12A	[zaxar] זָכַר	Leben 19A	[xajim] חַיִּים
(לִזְכּוֹר , זוֹכֵר)		Soldat 19A	[xajal] חַיָּל
Zeit 3A	[zman] זְמָן	Soldatin 19A	[xa'jelet] חַיֶּלֶת
einberufen, zusammen-	[zimén] זִמֵּן	Chet *(8. Buchstabe des*	[xét] חֵית
bringen, vorladen 14A	(לְזַמֵּן , מְזַמֵּן)	*hebr. Alphabets)* Einleitung	
hif. bestellen,	הִזְמִין (מַזְמִין) –	warten (auf) 7A, 12A	[xika] חִכָּה
einladen 14A		(לְחַכּוֹת , מְחַכֶּה)	
alt *(Lebewesen)* 10A	[zakén] (זְקֵנָה) זָקֵן	klug 15A	[xaxam] חָכָם
fremd, ausländisch 9A	[zar] זָר	Milch 9A	[xalav] חָלָב
		Fenster 5A	[xalon] חַלּוֹן

ח

		hif. beschließen 12A	[hexlit] (חלם) הֶחְלִיט
Chet *(8. Buchstabe des*	[xét] ח	Pionier; *(Sport)* Stürmer 18A	[xaluts] חָלוּץ
hebr. Alphabets, Zeichen der		vorübergehen, vorbei-	[xalaf] חָלַף
Zahl 8) Einleitung		gehen, vergehen 6A	(לַחֲלוֹף , יַחֲלוֹף)
Freund, Mitglied 17A	[xavér] חָבֵר	*hif.* (aus-)wechseln 6A	הֶחֱלִיף (מַחֲלִיף)
		Hemd 8A	[xultsa] חוּלְצָה , חֻלְצָה

228

Teil 11A [ˈxélek] חֵלֶק

schwach 18A [xalaʃ] חָלָשׁ

heiß 3A [xam] חַם

Hitze, Fieber 17A [xom] חֹם , חוֹם

Butter 9A [xemʲa] חֶמְאָה

streng 5A [xamur] חָמוּר (חֲמוּרָה)

fünf (f) 9B1 [xameʃ] חָמֵשׁ

fünfzehn (f) 9B1 [xameʃ-esré] חֲמֵשׁ־עֶשְׂרֵה

fünf (m) 9B1 [xamiʃa] חֲמִשָּׁה

fünfzehn (m) 9B1 [xamiʃa-asar] חֲמִשָּׁה־עָשָׂר

fünfzig 13B3 [xamiʃim] חֲמִשִּׁים

Erziehung, Unterricht 21A [xinux] חִנּוּךְ

Laden, Geschäft 10A [xanut] חֲנוּת

Buch- [xanut-sfarim] חֲנוּת־סְפָרִים
handlung 11A

umsonst, kostenlos 17A [xinam] חִנָּם , חִינָם

erforschen, prüfen 11A [xafas] חָפַשׂ
(לַחְפּוֹשׂ , יַחְפּוֹשׂ)

pi. suchen 11A חִפֵּשׂ (מְחַפֵּשׂ) –

Urlaub, Ferien 5A [ˈxofeʃ] חֹפֶשׁ , חוֹפֶשׁ

frech 20A [xatsuf] חָצוּף

Mitternacht 10A [xatsot] חֲצוֹת

Hälfte, halb 5A, 7A [xatsi] חֲצִי

(ein)halb 7A [ˈxétsi] חֵצִי

Frechheit 20A [xutspa] חֻצְפָּה , חוּצְפָּה

denken (an) 4A [xaʃav] חָשַׁב
(לַחְשׁוֹב , חוֹשֵׁב)

wichtig 10A [xaʃuv] חָשׁוּב (חֲשׁוּבָה)

unterschreiben 9A [xatam] חָתַם
(לַחְתּוֹם , חוֹתֵם)

ט

Tet (9. Buchstabe des hebr. [tét] ט
Alphabets, Zeichen der Zahl 9) Einleitung

gut 1A [tov] טוֹב

Spaziergang, -fahrt 10A [tijul] טִיּוּל

spazieren gehen, (לְטַיֵּל , מְטַיֵּל)
Ausflug machen 10A

Flieger, Pilot 18A [tajas] טַיָּס

Flug 5A [tisa] טִיסָה

Tet (9. Buchstabe [tet] טֵית
des hebr. Alphabets) Einleitung

Fernsehen 8A [teleˈvizja] טֶלֶוִיזְיָה

telefonieren 6A [tilfén] טִלְפֵּן
(לְטַלְפֵּן , מְטַלְפֵּן)

sich irren 20A [taʲa] טָעָה
(לִטְעוֹת , טוֹעֶה)

Fehler, Irrtum 18A [taʲut] טָעוּת

Terrorist 15A [terorist] טֶרוֹרִיסְט

י

Jod, Jud (10. Buchstabe des [jod] י
hebr. Alphabets, Zeichen der
Zahl 10) Einleitung

Hand; auch Denkmal, [jad] יָד
Mahnmal 8A

"Denkmal und Name" [jad vaʃém] יָד וָשֵׁם
Holocaust-Gedenkstätte 16A

wissen, kennen 1A [jada] יָדַע

Jude 14A [jəhudi] יְהוּדִי

Tag 1A [jom] יוֹם

Sonntag [jom riʃon] יוֹם רִאשׁוֹן
(1. Tag der jüd. Woche) 12A, 12B3

Montag [jom ʃeni] יוֹם שֵׁנִי
(2. Tag der jüd. Woche) 12B3

Dienstag [jom ʃliʃi] יוֹם שְׁלִישִׁי
(3. Tag der jüd. Woche) 12B3

Mittwoch [rom rəviʲi] יוֹם רְבִיעִי
(4. Tag der jüd. Woche) 12B3

Donnerstag [jom xamiʃi] יוֹם חֲמִישִׁי
(5. Tag der jüd. Woche) 12B3

Freitag [jom ʃiʃi] יוֹם שִׁשִּׁי
(6. Tag der jüd. Woche) 12B3

mehr 4A [jotér] יוֹתֵר

besser 4A [jotér tov] יוֹתֵר טוֹב

mehr als, über 7A [joter min] יוֹתֵר מִן

zusammen 6A [ˈjaxad] יַחַד

Kind, Junge 1A, 12A [ˈjeled] יֶלֶד

Kind, kleines Mädchen 12A [jalda] יַלְדָּה

Meer 5A [jam] יָם

229

rechts, Rechte 16A, 16B4   [jamin] יָמִין

gründlich, Grund- 21A   [jəsodi] יְסוֹדִי

schön 8A   [jafe] יָפֶה

hinausgehen, -treten 10A   [jatsa] יָצָא

(לָצֵאת מִן , יוֹצֵא)

Abfahrt, Abflug,Ausgang 19A [jətsiʲa] יְצִיאָה

teuer 5A   [jakar] יָקָר

(יָקְרָה)

aus-, hinuntersteigen 5A   [jarad] יָרַד

(לָרֶדֶת , יוֹרֵד)

schießen 20A   [jara] יָרָה

grün 18A   [jarok] יָרוֹק

Gemüse 14A   [jərakot] יְרָקוֹת

es gibt, es ist 2A   [jéʃ] יֵשׁ

sitzen 4A, 12A, 14A   [jaʃav] יָשַׁב

Jesus 16A   ['jéʃu] יֵשׁוּ

schlafen 20A   [jaʃen] יָשֵׁן

(לִישׁוֹן , יָשֵׁן)

gerade, direkt 16A   [jaʃar] יָשָׁר

israelisch 2A   [jisra'éli(t)] יִשְׂרְאֵלִי(ת)

כ

Kaf; *ohne Dagesch* Chaf   ([xaf] כ) [kaf] כ
(11. Buchstabe des hebr. Alphabets,
Zeichen der Zahl 20) Einleitung

als, wie 5A   [ke] ...כְּ

weh tun, schmerzen 17A   [kaʲav] כָּאַב

(לִכְאוֹב , כּוֹאֵב)

hier, da 20A   [kan] כָּאן

Ehre 11A   [kavod] כָּבוֹד

(Land-)Straße, Fahrbahn 19A   [kviʃ] כְּבִישׁ

schon, bereits 5A   [kvar] כְּבָר

erobern, besetzen 18A   [kavaʃ] כָּבַשׁ

(es ist) angebracht 12A   [kədai] כְּדַאי

Kugel, Ball, Tablette 17A   [kadur] כַּדוּר

Basketball 18A   [kadursal] כַּדוּרְסַל

Fußball 17A   [kadu'regel] כַּדוּרֶגֶל

Stern; *(Sport, Film)* Star 18A   [koxav] כּוֹכָב

Glas 10A   [kos] כּוֹס

Überschrift,   [ko'teret] כּוֹתֶרֶת

Schlagzeile 11A

Kraft, Macht 18A   [koʲax] כֹּחַ, כֹּח

blau 12A   [kaxol] כָּחוֹל

(Hosen-, Mantel-)Tasche 5A   [kis] כִּיס

so, auf diese Weise 11A   [kax] כָּךְ

ganz, all, jede(r,s) 1A   [kol] כָּל

jeder 9A   [kol exad] כָּל אֶחָד

Kaufhaus, Warenhaus 10A   [kolbo] כָּל־בּוֹ

alles Gute 4A   [kol tuv] כָּל טוּב

so, so sehr 7A   [kol kax] כָּל־כָּךְ

Hund 8A   ['kelev] כֶּלֶב

Regel 12A   [klal] כְּלָל

einige, wieviel 4A   [kama] כַּמָּה

wie, als ob 16A   [kmo] כְּמוֹ

selbstverständlich 5A   [kamuvan] כַּמּוּבָן

fast 4A   [kimʲat] כִּמְעַט

ja 3A   [ken] כֵּן

hineingehen, eintreten 6A   [nixnas] נִכְנַס

(לְהִכָּנֵס, נִכְנָס)

Kirche 14A   [knésija] כְּנֵסִיָּה

Versammlung, Knesseth   ['kneset] כְּנֶסֶת
(isr. Parlament) 10A, 16A

anscheinend,   [kanirʲe] כַּנִּרְאָה
wie es scheint 17A

Stuhl 8A   [kisé] כִּסֵּא

Geld 4A   ['kesef] כֶּסֶף

böse, verärgert sein 7A   [kaʲas] כָּעַס

(לִכְעוֹס , כּוֹעֵס)

Zorn, Wut 20A   ['kaʲas] כַּעַס

momentan 11A   [ka'rega] כָּרֶגַע

Billet, (Fahr-)Karte 5A   [kartis] כַּרְטִיס

als *(Kon-*   [kəʃe, kaʲaʃer] כְּשֶׁ , כַּאֲשֶׁר
junktion) 8A, 20A

schreiben 3A   [katav] כָּתַב

(לִכְתּוֹב , כּוֹתֵב)

Adresse 13A   ['ktovet] כְּתֹבֶת

Klasse 21A   [kita] כִּתָּה

geschrieben 5A, 12A   [katuv] כָּתוּב

Mauer *(für*   ['kotel] כֹּתֶל , כּוֹתֶל
religiöse Bauten) 16A

(die) Klagemauer 16A   הַכֹּתֶל הַמַּעֲרָבִי
[ha'kotel hamaʲaravi]

ל

Lamed *(12. Buchstabe des*   [lamed] ל
hebr. Alphabets, Zeichen der
Zahl 30) Einleitung
nach, zu, hin, für, um zu 1A   [lə] לְ
nein, nicht 3A   [lo] לֹא
nicht nur...   לֹא רַק ...אֶלָּא גַם
   sondern auch 14A   [lo rak ... 'ela gam]
wohin 12A   [ləʲan] לְאָן
Herz 9A   [lév] לֵב
allein 4A   [ləvad] לְבַד
ich allein 4A   [ləvadi] לְבַדִּי
weiß 18A   [lavan] לָבָן
anziehen 8A   [lavaʃ] לָבַשׁ
hit. sich anziehen,   הִתְלַבֵּשׁ (מִתְלַבֵּשׁ)
   sich kleiden 16A
völlig, ganz und   [ləgamréi] לְגַמְרֵי
   gar, absolut 18A
ihnen *(m/pl.)* 4B1   [lahem] לָהֶם
ihnen *(f/pl.)* 4B1   [lahen] לָהֶן
Auf Wiedersehen! 4A   [ləhitraʲot] לְהִתְרָאוֹת
ihm *(m/sg.)* 4B1   [lo] לוֹ
wenn, falls 18A, 18B   [lu] לוּ
Tafel, Kalender 21A   ['luʲax] לוּחַ
Bundes-   [luxot habrit] לוּחוֹת הַבְּרִית
   tafeln 21A
separat, für sich 11A   [ləxud] לְחוּד
kämpfen 18A   [laxam] לָחַם
Brot 9A   ['lexem] לֶחֶם
Druck, Zwang,   ['laxats] לַחַץ
   Bedrängung 17A
Nacht 7A   ['laila] לַיְלָה
Zitrone 9A   [limon] לִימוֹן
Limonade 14A   [limo'nada] לִימוֹנָדָה
euch *(m/pl.)* 4B1   [laxem] לָכֶם
euch *(f/pl.)* 4B1   [laxen] לָכֶן

lernen 1A   [lamad] לָמַד
   (לִלְמוֹד , לוֹמֵד)
pi. unterrichten 21A   [liméd] לִמֵּד
   (לְלַמֵּד, מְלַמֵּד)
Lamed *(12. Buchstabe des*   [lamed] לָמֶד
hebr. Alphabets) Einleitung
warum, wozu 1A   ['lama] לָמָה
unten 5A   [lə'mata] לְמַטָּה
wem 3A   [ləmi] לְמִי
für, zugunsten von 20A   [ləmaʲan] לְמַעַן
nach, gemäß 12A   [ləfi] לְפִי
vor *(zeitl. und räuml.)* 6A   [lifnéi] לִפְנֵי
manchmal 13A   [lifʲamim] לִפְעָמִים
nehmen 6A, 9A   [lakax] לָקַח
   (לָקַחַת , לוֹקֵחַ)
gegen, entgegen 17A   [likrat] לִקְרָאת

מ

Mem *(13. Buchstabe des hebr.*   [mem] מ
Alphabets, Zeichen der Zahl 40) Einleitung
von, aus 3A   [mi(n)] מִ...(ן)
sehr 1A   [məʲod] מְאֹד, מְאוֹד
Hundert 13B3, Jahrhundert 15A   [méʲa] מֵאָה
seit 19A   [méʲaz] מֵאָז
spät 7A   [məʲuxar] מְאֻחָר
Mai 13B   [mai] מַאי
Telegramm 6A   [mivrak] מִבְרָק
Turm 10A   [migdal] מִגְדָּל
besprochen,   [mədubar] מְדֻבָּר
   vereinbart 17A
es geht um... 17A   [mədubar al] מְדֻבָּר עַל
warum, weshalb 3A, 7A   [ma'duʲa] מַדּוּעַ
zu, zuviel 17A   [midai] מִדַּי
Staat 19A   [mədina] מְדִינָה
der Staat Israel 19A   מְדִינַת יִשְׂרָאֵל
   [mədinat jisraʲél]
was 1A   [ma] מַה
Revolution 15A   [mahpéxa] מַהְפֵּכָה
eilen, sich beeilen 8A   [miher] מִהֵר
   (לְמַהֵר , מְמַהֵר)

231

Alphabetisches Wörterverzeichnis

schnell 2A, 11A [mahér] מַהֵר
modern 8A, 11A [mo'derni] מוֹדֶרְנִי
Museum 16A [muzéʲon] מוּזֵיאוֹן
gegenüber 9A [mul] מוּל
Taxi 6A [monit] מוֹנִית
Musik 5A ['musika] מוּסִיקָה
muslimisch 16A [musləmi] מוּסְלְמִי
Klub 14A [moʲadon] מוֹעֲדוֹן
Lehrer 6A, 21A [more] מוֹרֶה
Wetter 6A ['mezeg-avir] מֶזֶג־אֲוִיר
Koffer 5A [mizvada] מִזְוָדָה
Sekretär 2A [mazkir] מַזְכִּיר
Sekretärin 2A [mazkira] מַזְכִּירָה
Glück 4A [mazal] מַזָּל
seit langem, [mizman] מִזְמָן
   schon längst 11A
Osten 19A [mizrax] מִזְרָח
Heft 12A [max'beret] מַחְבֶּרֶת
von neuem 16A [méxadaʃ] מֵחָדָשׁ
Preis 5A [məxir] מְחִיר
Hälfte, Halbzeit 18A [maxatsit] מַחֲצִית
morgen 17A [maxar] מָחָר
Küche 8A [mitbax] מִטְבָּח
Münze, Währung 9A [mat'béʲa] מַטְבֵּעַ
Bett 8A, 17A [mita] מִטָּה
Flugzeug 5A [matos] מָטוֹס
Meter *(Sg. und Pl.)* 16A ['meter] מֶטֶר
wer 1A, 11A [mi] מִי
Wer ist das? 1A [mi ze] מִי זֶה
sofort 18A [mijad] מִיָּד
Million 19A [miljon] מִילְיוֹן
Wasser 17A ['majim] מַיִם
Mineral- 17A [minerali] מִינֶרָלִי
Saft 5A [mits] מִיץ
Orangensaft 5A [mits tapuzim] מִיץ תַּפּוּזִים
jemand 6A ['miʃehu] מִישֶׁהוּ
Auto 7A [məxonit] מְכוֹנִית
Hosen 18A [mixna'sajim] מִכְנָסַיִם
Zoll 2A ['mexes] מֶכֶס

verkaufen 6A [maxar] מָכַר
   (לִמְכֹּן , מוֹכֵר)
Gerät 8A [maxʃir] מַכְשִׁיר
Brief 3A [mixtav] מִכְתָב
Hotel 13A [malon] מָלוֹן
Wörterbuch 4A [milon] מִלוֹן
Salz 17A ['melax] מֶלַח
Krieg 14A [milxama] מִלְחָמָה
gelehrt, weise 17A [məlumad] מְלֻמָּד
Kellner 14A [meltsar] מֶלְצַר
Betonung auf der [milra] מִלְרַע
   letzten Silbe *(grammat. Begriff)* 20A
Mem *(13. Buchstabe des* [mém] מֵם
   hebr. Alphabets) Einleitung
Regierung 7A [memʃala] מֶמְשָׁלָה
Direktor 21A [mənahél] מְנַהֵל
Kloster 14A [minzar] מִנְזָר
kompliziert 19A [məsubax] מְסֻבָּךְ
Moschee 14A [misgad] מִסְגָּד
ordentlich, [məsudar] מְסֻדָּר , מְסוּדָּר
   geordnet 17A
diplomiert, [musmax] מֻסְמָךְ , מוּסְמָךְ
Magister מוּסְמָךְ אוּנִיבֶרְסִיטָה
   (M.A.) Anhang [musmax uni'versita]
genug 4A [maspik] מַסְפִּיק
Zahl, Nummer 12A [mispar] מִסְפָּר
übergeben 12A [masar] מָסַר
   (לִמְסוֹר , מוֹסֵר)
wenig, etwas 7A [məʲat] מְעַט
Fahrstuhl 10A [maʲalit] מַעֲלִית
interessant 11A [məʲanjén] מְעַנְיֵן
westlich, West- 16A [maʲaravi] מַעֲרָבִי
System, Struktur 21A [maʲaraxa] מַעֲרָכָה
berühmt 18A מְפֻרְסָם , מְפוּרְסָם
   [məfursam]
Inspektor, [məfa'keʲax] מְפַקֵּחַ
   Kommissar 15A
finden 12A, 13A [matsa] מָצָא
   (לִמְצוֹא , מוֹצֵא)

232

Lage, Situation 4A	[matsav] מַצָּב
ausgezeichnet,	[mətsujan] מְצֻיָּן
hervorragend 11A	
üblich,	מְקֻבָּל , מְקוּבָּל
akzeptiert 17A	[məkubal]
früh 9A	[mukdam] מֻקְדָּם , מוּקְדָּם
Platz, Ort 3A	[makom] מָקוֹם
Dusche 8A	[mik'laxat] מִקְלַחַת
Kühlschrank 8A	[məkarér] מְקָרֵר
Herr *(vor Namen)* 6A	[mar] מַר
ärgerlich, unangenehm 20A	[margiz] מַרְגִּיז
Zentrum 10A	[merkaz] מֶרְכָּז
zentral 16A	[merkazi] מֶרְכָּזִי
Balkon, Veranda 8A	[mir'peset] מִרְפֶּסֶת
zufrieden 18A	[mərutsé] מְרֻצֶּה
Suppe 14A	[marak] מָרָק
verrückt 7A	[məʃuga] מְשֻׁגָּע , מְשׁוּגָע
(irgend)etwas 14A	['maʃehu] מַשֶּׁהוּ
Spiel, Match 18A	[misxak] מִשְׂחָק
Polizei 6A	[miʃtara] מִשְׁטָרָה
ziehen, abheben 17A	[maʃax] מָשַׁךְ
	(לִמְשׁוֹךְ , יִמְשׁוֹךְ)
fortsetzen,	(לְהַמְשִׁיךְ , מַמְשִׁיךְ) , הִמְשִׁיךְ
fortfahren 17A	
Familie 1A	[miʃpaxa] מִשְׁפָּחָה
Getränk 10A	[maʃke] מַשְׁקֶה
Büro 2A	[misrad] מִשְׂרָד
tot, gestorben 11A	[mét] מֵת
Spannung 19A	['metax] מֶתַח
wann 3A	[matai] מָתַי

נ

Nun *(14. Buchstabe des hebr.*   [nun] נ
Alphabets, Zeichen der
Zahl 50) Einleitung

Auswahlmannschaft 18A	[niv'xeret] נִבְחֶרֶת
wurde gebaut 16A	[nivna] נִבְנָה
gegen 7A	['neged] נֶגֶד
Chauffeur, Fahrer 6A	[nehag] נֶהָג

herrlich, wunderbar 10A	[nehdar] נֶהְדָּר
	[neh'deret] נֶהְדֶּרֶת
bequem 8A	['noax] נוֹחַ
	[noxa] נוֹחָה
Reisender, Fahrgast 5A	[no'séʲa] נוֹסֵעַ
zusätzlich 20A	[nosaf] נוֹסָף
christlich 16A	[notsri] נוֹצְרִי
furchtbar 18A	[nora] נוֹרָא
normal 7A	[nor'mali] נוֹרְמָלִי
Schaden 21A	['nezek] נֶזֶק
nett 5A	[nexmad] נֶחְמָד
richtig, wahr 3A	[naxon] נָכוֹן
Hafen 5A	[namal] נָמָל
Reise, Fahrt 4A	[nəsiʲa] נְסִיעָה
fahren, reisen 1A, 16A	[nasa] נָסַע
	(לִנְסוֹעַ , נוֹסֵעַ)
angenehm 6A	[naʲim] נָעִים
	[nəʲima] נְעִימָה
siegen, gewinnen 18A	[nitsax] נִצַּח
	(לְנַצֵּחַ , מְנַצֵּחַ)
man hört *(wörtl.:*	[niʃma] נִשְׁמָע
wird gehört) 20A	
geben 5A	[natan] נָתַן
	(לָתֵת , נוֹתֵן)

ס

Samech *(15. Buchstabe des*   [samex] ס
hebr. Alphabets, Zeichen der
Zahl 60) Einleitung

herumgehen, sich	[savav] סָבַב
umdrehen 17A	(לָסוֹב , יָסוֹב)
hit. sich herum-	(מִסְתּוֹבֵב) הִסְתּוֹבֵב –
drehen, sich herumtreiben 17A	
leiden 17A	[saval] סָבַל
	(לִסְבּוֹל , סוֹבֵל)
erklären 6A, 19A	[savar] סָבַר
	(לְהַסְבִּיר, מַסְבִּיר)
geschlossen 12A	[sagur] סָגוּר
ordnen 8A	[sidér] סִדֵּר
	(לְסַדֵּר , מְסַדֵּר)

Ordnung 6A — ['séder] סֵדֶר

Typ, Sorte 7A — [sug] סוּג

Zucker 14A — [sukar] סוּכָּר

Schilf 17A — [suf] סוּף

Ende 5A — [sof] סוֹף

schließlich, endlich 5A — [sof-sof] סוֹף-סוֹף

Student 1A — [student] סְטוּדֶנְט

Ende, Abschluß 18A — [sijum] סִיוּם

Summe 16A — [sax] סַךְ

Zusammenfassung, Bilanz 19A — [sikum] סִכּוּם

zusehen, betrachten 16A — [histakél] (סכל) הִסְתַּכֵּל (מִסְתַּכֵּל)

Salon, Wohnzimmer 8A — [salon] סָלוֹן

Salat 9A — [salat] סָלָט

Sandwich, belegtes Brot 14A — ['sendvitʃ] סֶנְדְוִיץ'

(Sitz-)Bank 12A — [safsal] סַפְסָל

zählen 17A — [safar] סָפַר

Buch 11A — ['séfer] סֵפֶר

erzählen 13A — [sipér] (לְסַפֵּר, מְסַפֵּר) סִפֵּר

ע

Ajin *(16. Buchstabe des hebr. Alphabets, Zeichen der Zahl 70)* — ['ajin] ע

arbeiten 3A — [avad] עָבַד (לַעֲבוֹד, עוֹבֵד)

Arbeit 4A — [avoda] עֲבוֹדָה

passieren, vorbeigehen, durchkommen 6A, 7A — [avar] עָבַר (לַעֲבוֹר, עוֹבֵר)

Hebräisch 1A — [ivrit] עִבְרִית

Tomate 14A — [agvanija] עַגְבָנִיָּה

bis 7A — [ad] עַד

Kuchen 10A — [uga] עוּגָה

noch 2A — [od] עוֹד

ermutigen, anfeuern 18A — [odéd] עוֹדֵד (לְעוֹדֵד, מְעוֹדֵד)

Welt, Ewigkeit 19A — [olam] עוֹלָם

bestehen auf 20A — [oméd] עוֹמֵד

Saison, Jahreszeit 10A — [ona] עוֹנָה

verlassen, fortgehen 6A — [azav] עָזַב (לַעֲזוֹב, עוֹזֵב)

helfen 9A — [azar] עָזַר (לַעֲזוֹר, עוֹזֵר)

Hilfe 9A — [ezra] עֶזְרָה

Auge 20A — ['ajin] עַיִן

Ajin *(16. Buchstabe des hebr. Alphabets)* — ['ajin] עַיִן

müde 12A — [ajéf] עָיֵף

Stadt 2A — [ir] עִיר

jetzt 1A — [axʃav] עַכְשָׁו

auf 5A — [al] עַל

neben 5A, 11A, 16A — [al-jad] עַל-יַד

durch, mittels 16A — [al-jədéi] עַל-יְדֵי

davon, darüber, darauf 20A — [al-kax] עַל-כָּךְ

einsteigen 5A — [ala] עָלָה (לַעֲלוֹת, עוֹלֶה)

höher(e), Ober- 21A — [eljon] עֶלְיוֹן

Volk 2A — [am] עַם

mit 1A — [im] עִם

stehen 7A — [amad] עָמַד (לַעֲמוֹד, עוֹמֵד)

Seite (Blatt, Buch) 10A — [amud] עַמוּד

überlastet, verstopft 7A — [amus] עָמוּס

Volks- 2A — [amami] עֲמָמִי

antworten 4A — [ana] עָנָה (לַעֲנוֹת, עוֹנֶה)

Sache, Angelegenheit 15A — [injan] עִנְיָן

sich interessieren 18A — [injen] עִנְיֵן (לְהִתְעַנְיֵן, מִתְעַנְיֵן)

riesig 8A — [anaki] עֲנָקִי

Baum 11A — [ets] עֵץ

traurig 13A — [atsuv] עָצוּב

nervös 13A — [atsbani] עַצְבָּנִי

stehenbleiben 12A, *auch* verhaften 15A — [atsar] עָצַר (לַעֲצוֹר, עוֹצֵר)

Abend 2A — ['erev] עֶרֶב

arabisch 14A — [aravi] עֲרָבִי

machen 6A, 10A [asa] עָשָׂה
(לַעֲשׂוֹת , עוֹשֶׂה)
Zeitung 10A [iton] עִתּוֹן
alt, antik 16A [atik] עָתִיק

פ

Pe; *ohne Dagesch* Fe (פ [fe]) [pe] פ
(17. Buchstabe des hebr. Alphabets,
Zeichen der Zahl 80) Einleitung
hier 3A [po] פֹּה
politisch 19A [politi] פּוֹלִיטִי
weniger 12A [paxot] פָּחוֹת
Pizza 14A [pitsa] פִּיצָה
Pita *(oriental. Fladenbrot)* 14A ['pita] פִּיתָה
sich wundern 21A [hitpalé] הִתְפַּלֵּא
(לְהִתְפַּלֵּא, מִתְפַּלֵּא)
Wunder 17A ['pele] פֶּלֶא
Flüchtling 19A [palit] פָּלִיט
beten 16A [hitpalél] (פלל) הִתְפַּלֵּל
(לְהִתְפַּלֵּל, מִתְפַּלֵּל)
sich wenden *an, zu* 11A [pana] פָּנָה
(לִפְנוֹת , פּוֹנֶה)
Ecke 8A [pina] פִּנָּה
frei, leer, [panui] פָּנוּי
nicht besetzt 7A, 14A
Gesicht 8A [panim] פָּנִים
Eßecke 8A [pinat-'oxel] פִּנַּת־אֹכֶל
einmal 1A ['pa'am] פַּעַם
Beamter, Angestellter 2A [pakid] פָּקִיד
Einzelheiten 13A [pəratim] פְּרָטִים
privat 13A [prati] פְּרָטִי
Werbung 16A [pir'somet] פִּרְסֹמֶת
einfach 13A [pašut] פָּשׁוּט
plötzlich 6A [pit'om] פִּתְאֹם
geöffnet, offen 12A [pa'tu'ax] פָּתוּחַ
öffnen 8A [patax] פָּתַח
(לִפְתוֹחַ , פּוֹתֵחַ)
Lösung 19A [pitron] פִּתְרוֹן

צ

Zade *(18. Buchstabe des* [tsade] צ
hebr. Alphabets, Zeichen
der Zahl 90) Einleitung
Militär, Armee 19A [tsava] צָבָא
öffentlich 6A [tsiburi] צִבּוּרִי
Farbe 18A ['tseva] צֶבַע
farbig, bunt 18A [tsiv'oni] צִבְעוֹנִי
Seite 16A [tsad] צַד
recht haben 18A [tsadak] צָדַק
(לִצְדּוֹק , צוֹדֵק)
gelb 18A [tsahov] צָהוֹב
Mittag 8A [tsoho'rajim] צָהֳרַיִם
Zuschauer, Beobachter 18A [tsofe] צוֹפֶה
lachen 10A [tsaxak] צָחַק
Schatten 11A [tsél] צֵל
gelingen, [hits'li'ax] הִצְלִיחַ
Erfolg haben 13A (לְהַצְלִיחַ, מַצְלִיחַ)
photographieren 19A [tsilem] צִלֵּם
(לְצַלֵּם, מְצַלֵּם)
Anruf, Klang 13A [tsiltsul] צִלְצוּל
durstig 10A [tsamé] צָמֵא
[tsmé'a] צְמֵאָה
jung, junger Mann, [tsa'ir] צָעִיר
junge Frau 12A
schreien, rufen 7A, 21A [tsa'ak] צָעַק
(לִצְעוֹק , צוֹעֵק)
Norden 17A [tsafon] צָפוֹן
es ist nötig, man muß 5A [tsarix] צָרִיךְ
französisch 10A [tsarfatit] צָרְפָתִית

ק

Kof *(19. Buchstabe des* [kof] ק
hebr. Alphabets, Zeichen der
Zahl 100) Einleitung
Kibbuz 17A [kibuts] קִבּוּץ , קִיבּוּץ
Gruppe, Mannschaft 18A [kvutsa] קְבוּצָה
empfangen, be- [kibél] קִבֵּל
kommen 5A, 8A, 11A (לְקַבֵּל , מְקַבֵּל)
Grab 16A ['kever] קֶבֶר

Alphabetisches Wörterverzeichnis

heilig 16A	[kadoʃ] קָדוֹשׁ		sehen 5A, 9A	[raʲa] רָאָה
zuerst, zunächst 9A;	['kodem] קֹדֶם , קוֹדֶם			(לִרְאוֹת , רוֹאֶה)
vorher, früher 12A			Spiegel 8A	[rəʲi] רְאִי
zuerst, zuallererst 16A	['kodem kol] קֹדֶם כָּל		Kopf 13A	[roʃ] רֹאשׁ
hoffen 13A	[kiva] קִוָּה		Haupt- 16A	[raʃi] רָאשִׁי
	(לְקַוּוֹת , מְקַוֶּה)		Mehrheit, die meisten 10A	[rov] רֹב , רוֹב
Stimme 7A	[kol] קוֹל		Marmelade 9A	[riba] רִבָּה
Kino 14A	[kol'noʲa] קוֹלְנוֹעַ		Viertel 10A	['reva] רֶבַע
aufstehen 9A	[kam] קָם (קוּם)		Stadtteil, Viertel 16A	['rova] רֹבַע
	(לָקוּם , קָם)		zürnen 20A	[ragaz] רָגַז
klein 2A	[katan] קָטָן			(לִרְגֹּז , יִרְגַּז)
Abschnitt, Lesestück 20A	['keta] קֶטַע		hit. sich ärgern,	– הִתְרַגֵּז (מִתְרַגֵּז)
Kiosk 10A	[kiosk] קִיוֹסְק		sich aufregen 21A	
Kaiser 15A	[kéisar] קֵיסָר		hif. ärgern, erzürnen,	– הִרְגִּיז (מַרְגִּיז)
Wand 8A	[kir] קִיר		aufregen 20A	
leicht 3A	[kal] קַל		Fuß 16A	['regel] רֶגֶל
	[kala] קַלָּה		Moment 4A	['rega] רֶגַע
kaufen 6A	[kana] קָנָה		man sieht 5A	[roʲim] רוֹאִים
	(לִקְנוֹת , קוֹנֶה)		Wind 4A	['ruax] רוּחַ
gründlich, genau 17A	[kapdani] קַפְּדָנִי		geistig 19A	[ruxani] רוּחָנִי
Kasse 11A	[kupa] קֻפָּה		Rumänisch 10A	[rumanit] רוּמָנִית
Krankenkasse 17A	קֻפַּת־חוֹלִים		Russisch 10A	[rusit] רוּסִית
	[kupat-xolim]		Arzt 17A	[rofé] רוֹפֵא
Schlagsahne 14A	[ka'tsefet] קַצֶּפֶת		laufen 8A, 12A	[rats] רָץ (רוּץ)
etwas, ein bißchen 2A	[kətsat] קְצָת			(לָרוּץ , רָץ)
kalt 4A	[kar] קַר		breit 10A	[raxav] רָחָב
lesen 10A, 11A	[kara] קָרָא			[rəxava] רְחָבָה
	(לִקְרוֹא , קוֹרֵא)		Straße 7A	[rəxov] רְחוֹב
es ist geschehen,	[kara] קָרָה		weit 10A	[raxok] רָחוֹק
passiert 13A	(לִקְרוֹת, קוֹרֶה)			[rəxoka] רְחוֹקָה
nahe 19A	[karov] קָרוֹב		waschen 8A	[raxats] רָחַץ
zerreißen 20A	[kara] קָרַע			(לִרְחוֹץ , רוֹחֵץ)
schwer, schwierig 3A	[kaʃe] קָשֶׁה		hit. sich waschen,	– הִתְרַחֵץ
	[kaʃa] קָשָׁה		baden 16A	(לְהִתְרַחֵץ, מִתְרַחֵץ)
			Zug, Eisenbahn 17A	[ra'kevet] רַכֶּבֶת

ר

Resch *(20. Buchstabe des* [reʃ] ר
hebr. Alphabets, Zeichen
der Zahl 200) Einleitung

hoch, erhaben 7A	[ram] רָם
hungrig 8A	[raʲév] רָעֵב
Idee, Gedanke 8A	[rajon] רַעְיוֹן
Lärm 7A	['raʲaʃ] רַעַשׁ

ärztlich 17A	[rəfuʲi] רְפוּאִי
ernst, seriös, zuverlässig 11A	[rətsini] רְצִינִי
nur 2A	[rak] רַק
Liste 12A	[rəʃima] רְשִׁימָה
aufschreiben 13A	[raʃam] רָשַׁם (לִרְשׁוֹם, רוֹשֵׁם)

שׁ

Schin *(21. Buchstabe des hebr. Alphabets, Zeichen der Zahl 300) (Punkt auf der rechten Seite)* Einleitung	[ʃin] שׁ
Sin *(Punkt auf der linken Seite)* Einleitung	[sin] שׂ
daß 3A, 11A, 11B	[ʃe] ...שֶׁ
fragen 3A	[ʃaʲal] שָׁאַל (לִשְׁאוֹל, שׁוֹאֵל)
Frage 3A	[ʃəʲéla] שְׁאֵלָה
bleiben, übrigbleiben 14A	[niʃʲar] (שְׁאַר) נִשְׁאַר (לְהִשָּׁאֵר)
Woche 5A	[ʃaʲvuʲa] שָׁבוּעַ
zwei Wochen 5A	[ʃəvuʲajim] שְׁבוּעַיִם
loben 8A	[ʃibax] שִׁבַּח (לְשַׁבֵּחַ, מְשַׁבֵּחַ)
Streik 18A	[ʃvita] שְׁבִיתָה
schwören 21A	[niʃba] (שְׁבַע) נִשְׁבַּע
sieben *(f)* 9B1	['ʃeva] שֶׁבַע
siebzehn *(f)* 9B1	[ʃva-esré] שְׁבַע-עֶשְׂרֵה
sieben *(m)* 9B1	['ʃiva] שִׁבְעָה
siebzehn *(m)* 9B1	[ʃiva-asar] שִׁבְעָה-עָשָׂר
siebzig 13B3	[ʃivʲim] שִׁבְעִים
zerbrechen 21A [ʃavar]	(לִשְׁבּוֹר, שׁוֹבֵר) שָׁבַר
Sonnabend, Samstag (Sabbat) 12A	[ʃabat] שַׁבָּת
Allee, Boulevard 11A	[sdéra] שְׂדֵרָה
wieder 16A	[ʃuv] שׁוּב
Polizist 5A	[ʃotér] שׁוֹטֵר
Polizistin 12A	[ʃo'teret] שׁוֹטֶרֶת

etwas; *mit Verneinungswort* kein 20A	[ʃum] שׁוּם
man hört 5A	[ʃomʲim] שׁוֹמְעִים
Portier; *Sport* Torwart 18A	[ʃoʲér] שׁוֹעֵר
Richter, Schiedsrichter 18A	[ʃofét] שׁוֹפֵט
Markt 16A	[ʃuk] שׁוּק
Reihe 21A	[ʃura] שׁוּרָה
spielen 18A [sixék]	(לְשַׂחֵק, מְשַׂחֵק) שִׂחֵק
Spieler, Schauspieler 18A [saxakan]	שַׂחְקָן
schwarz 18A [ʃaxor]	שָׁחֹר, שָׁחוֹר
(Geld-)Schein 9A	[ʃtar] שְׁטָר
stellen, legen 7A, 11A [sam]	שָׂם (שִׂים) (לָשִׂים, שָׂם)
Lied 4A	[ʃir] שִׁיר
(Stadt-)Viertel 14A	[ʃxuna] שְׁכוּנָה
vergessen 13A	[ʃaxax] שָׁכַח (לִשְׁכּוֹחַ, שׁוֹכֵחַ)
Schnee 4A, 11A	['ʃeleg] שֶׁלֶג
Friede; *als Gruß* sei (Seien Sie) gegrüßt!; *auch* adieu! 3A	[ʃalom] שָׁלוֹם
drei *(f)* 9B1	[ʃaloʃ] שָׁלוֹשׁ
dreizehn *(f)* 9B1	['ʃloʃ-esré] שְׁלֹשׁ-עֶשְׂרֵה
drei *(m)* 9B1	[ʃloʃa] שְׁלוֹשָׁה
dreizehn *(m)* 9B1	[ʃloʃa-asar] שְׁלוֹשָׁה-עָשָׂר
dreißig 13B3	[ʃloʃim] שְׁלוֹשִׁים
schicken 6A	[ʃalax] שָׁלַח (לִשְׁלוֹחַ, שׁוֹלֵחַ)
Tisch 8A	[ʃulxan] שֻׁלְחָן
Schild 5A	['ʃelet] שֶׁלֶט
Herrschaft, Verwaltung, Behörde 16A	[ʃilton] שִׁלְטוֹן
bezahlen 5A	[ʃilém] שִׁלֵּם (לְשַׁלֵּם, מְשַׁלֵּם)
Name 6A	[ʃem] שֵׁם
dort 2A	[ʃam] שָׁם
links, Linke 16A, 16B	[smoel] שְׂמֹאל
acht *(f)* 9B1	[ʃmone] שְׁמוֹנֶה
achtzehn *(f)* 9B1 [ʃmone-esre]	שְׁמוֹנֶה-עֶשְׂרֵה

Alphabetisches Wörterverzeichnis

acht *(m)* 9B1 [ʃmona] שְׁמוֹנָה
achtzehn *(m)* 9B1 [ʃmona-asar] שְׁמוֹנָה־עָשָׂר
achtzig 13B3 [ʃmonim] שְׁמוֹנִים
froh, fröhlich 8A [sa'meʲax] שָׂמֵחַ
Freude 6A [simxa] שִׂמְחָה
hören 5A [ʃama] שָׁמַע
(לִשְׁמֹעַ , שׁוֹמֵעַ)
achten (auf), bewachen 14A [ʃamar] שָׁמַר
(לִשְׁמוֹר , שׁוֹמֵר)
Sonne 4A ['ʃemeʃ] שֶׁמֶשׁ
ändern 20A [ʃina] שִׁנָּה
(לְשַׁנּוֹת , מְשַׁנֶּה)
Jahr 4A [ʃana] שָׁנָה
Schlaf 20A [ʃéna] שֵׁנָה
Veränderung 18A [ʃinui] שִׁנּוּי
Stunde 5A [ʃaʲa] שָׁעָה
Uhr 14A [ʃaʲon] שָׁעוֹן
Lektion, Unterrichts- [ʃiʲur] שִׁעוּר
stunde 12A, 21A
Tor 16A ['ʃaʲar] שַׁעַר
zwei Stunden 10A [ʃəʲa'tajim] שְׁעָתַיִם
Sprache 3A [safa] שָׂפָה
Ufer, Küste 12A [safa] שָׂפָה
Meeresstrand 12A [sfat-jam] שְׂפַת־יָם
Scheck 9A [ʃek] שֵׁק
Ruhe 12A ['ʃeket] שֶׁקֶט
ruhig, still 12A [ʃakét] שָׁקֵט
Schekel *(isr. Währung)* 9A ['ʃekel] שֶׁקֶל
Dienst, Bedienung 8A [ʃérut] שֵׁרוּת
Toilette, WC 8A [ʃérutim] שֵׁרוּתִים
trinken [ʃata] שָׁתָה
(לִשְׁתּוֹת , שׁוֹתֶה)

ת

Taw *(22. Buchstabe des* [tav] ת
hebr. Alphabets, Zeichen der
Zahl 400) Einleitung
Grad, Titel 21A ['toʲar] תֹּאַר
sag!, erzähl! 20A, 20B [ta'gidi] תַּגִידִי

Tee 5A [té] תֵּה
danke 4A [toda] תּוֹדָה
Vielen Dank! 4A [toda raba] תּוֹדָה רַבָּה
Ergebnis 18A [tostaʲa] תּוֹצָאָה
Reihe, "Schlange" 9A [tor] תּוֹר
Einwohner 14A [toʃav] תּוֹשָׁב
denke daran!, [tizkəri] תִּזְכְּרִי!
erinnere dich! 20A, 20B
beginnen 9A [hitxil] הִתְחִיל
(לְהַתְחִיל , מַתְחִיל)
Bahnhof, Haltestelle, [taxana] תַּחֲנָה
Station 13A
Bushaltestelle 13A תַּחֲנַת־אוֹטוֹבּוּס
[taxanat-otobus]
Polizeirevier 13A תַּחֲנַת־מִשְׁטָרָה
[taxanat-miʃtara]
unter 15A ['taxat] תַּחַת
Mittel- 5A [tixon] תִּיכוֹן
unentschieden 18A ['teiku] תֵּיקוּ
Tourist 13A [tajar] תַּיָּר
Touristen 13A [ta'jeret] תַּיֶּרֶת
Tourismus 16A [tajarut] תַּיָּרוּת
sofort 7A ['téxef] תֵּכֶף
Kleidung, Kluft 18A [til'boʃet] תִּלְבֹּשֶׁת
Schüler 2A [talmid] תַּלְמִיד
Schülerin 2A [talmida] תַּלְמִידָה
Bild 8A [tmuna] תְּמוּנָה
immer 12A [tamid] תָּמִיד
gib!, geben Sie! 14A [tén, tni] תֵּן! תְּנִי!
Verkehr 2A [tnuʲa] תְּנוּעָה
Ausweis, Be- [təʲuda] תְּעוּדָה
scheinigung 17A
Flugwesen, Luftfahrt 5A [təʲufa] תְּעוּפָה
Orange, Apfelsine 5A [tapuz] תַּפּוּז
Apfel 14A [ta'puʲax] תַּפּוּחַ
Kartoffel [ta'puʲax adama] תַּפּוּחַ־אֲדָמָה
(wörtl.: Erdapfel) 14A
Aufgabe, Amt 13A [tafkid] תַּפְקִיד
Hoffnung 13A [tikva] תִּקְוָה
Antwort 4A [tʃuva] תְּשׁוּבָה

238

Geographische Namen

Österreich 15A ['ostria] אוֹסְטְרְיָה
Alpen 5A ['alpim] אַלְפִּים
Vereinigte Staaten אַרְצוֹת הַבְּרִית
 (von Amerika) 19A ['artsot habrit]
Galiläa 17A [hagalil] הַגָּלִיל
Deutschland 1A [ger'manja] גֶּרְמַנְיָה
Wien 15A ['vina] וִינָה
Haifa 17A ['xéifa] חֵיפָה
Tiberias 17A ['tverja] טְבֶרְיָה
Judäa 16A [jəhuda] יְהוּדָה
Mittelmeer 17A הַיָּם־הַתִּיכוֹן
 [hajam-hatixon]
See Genezareth 17A [jam-kineret] יָם־כִּנֶּרֶת
Totes Meer 17A [jam-ha'melax] יָם־הַמֶּלַח
Rotes Meer 17A [jam-suf] יָם־סוּף
Jaffa 14A [jafo] יָפוֹ
Jerusalem 4A, 7A [jeruʃa'lajim] יְרוּשָׁלַיִם
Israel 1A [jisraʲel] יִשְׂרָאֵל
Genezareth 17A [ki'neret] כִּנֶּרֶת
Lod (Stadt und Flug- [lod] לוֹד
 hafen bei Tel Aviv) 5A
München 1A ['minxen] מִינְכֶן
Negev 17A [ha'negev] הַנֶּגֶב
Naharija (in West- [naha'rija] נַהֲרִיָה
 Galiläa) 17A
Frankreich 19A [tsarfat] צָרְפַת
Rußland 19A ['rusja] רוּסְיָה
Ramat-Gan [ramatgan] רָמַת־גַּן
 ("Gartenhügel"; Stadt bei
 Tel Aviv) 18A
Tel Aviv 1A [télaviv] תֵּל־אָבִיב

Sachregister

(Die Zahlen verweisen auf die
Lektionsabschnitte)